実務必携Q&Aシリーズ

雇用契約変更の
実務必携Q&A
雇用を維持する合理化策と新しい働き方

三上安雄・増田陳彦・根本義尚・萩原大吾・村田浩一・瀬戸賀司 著

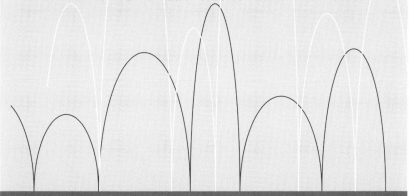

発行 🐝 民事法研究会

は し が き

　令和２年２月以降の新型コロナウィルス感染症（COVID-19）の感染拡大、度重なる緊急事態宣言等により、わが国経済は非常に厳しい状況に追い込まれ、企業の業績は悪化し、特に、観光業のうち、旅行業、交通産業、宿泊業、飲食産業などは企業存続の危機に瀕するなどの深刻な影響を受け、労働者の雇用環境も大きな変化を余儀なくされました。その結果、不況業種によっては、雇用の維持が困難となって人員削減等の施策を講じざるを得なくなった企業も相次ぎました。その一方で、近い将来にくるはずであろうCOVID-19終息後の企業運営に必要な人員を確保・維持しておく必要もあります。そこで、業績が厳しい状況の中でも、企業としては、人員削減等をせず、それまでの労働条件や勤務内容等を変更させるなどの措置を講じるなどして雇用の維持に努める必要もあります（なお、雇用調整助成金による特別措置等の行政施策の積極的な利用も推奨されています）。例えば、自社内での対応としては、配置転換・転勤、オフィス勤務からテレワークへの勤務場所の変更、賃金その他労働条件の不利益な変更、所定労働日の一部を休業扱いとして当該日については休業手当のみを支給する対応などをあげることができ、また、自社外での対応としては、出向、休業日などに副業・兼業の奨励、将来的に自社への復帰を前提とする転籍などをあげることができます。これは、業績不振等の状況によっても雇用を維持するために、雇用契約の内容を変更する一形態であるといえます（雇用を維持する合理化策としての雇用契約の変更の場面）。

　また、COVID-19以前である平成27年以降、政府は、「希望を生み出す強い経済」、「夢をつむぐ子育て支援」、「安心につながる社会保障」の「新・三本の矢」の実現を目的とする「一億総活躍社会」の実現に取り組むことを宣言しています。しかし、わが国の令和３年の合計特殊出生率は６年連続低下して「1.3」、出生数は６年連続過去最少を更新するなど、「超少子化」に歯

1

止めがかからず、平成19年から突入した「超高齢化社会」が急速に進んでいます。その結果、年金問題、老後の資金不足問題等がわが国の喫緊の課題となるとともに、各企業による働き手の確保の問題も大きくなってきます。企業においては、男女を問わず育児と仕事の両立や高年齢者の積極的な再雇用等を進めている中、その働き方の中で、テレワーク、勤務地・職種・勤務時間を限定する限定正社員、日本的ジョブ型雇用、副業・兼業、70歳までの高年齢者の雇用や業務委託、定年前退職者の再雇用など、新しい雇用形態をめぐる諸問題も生じてきています。これは、今までの「何時でも、何処でも、何でもやる」正社員とは異なる働き方に伴う問題ともいえるもので、これまでの雇用契約を変更する一形態であるともいえます（社会変容、時代変化に伴う新しい働き方に伴う雇用契約の変更）。

「雇用を維持する合理化策」および「社会変容、時代変化に伴う新しい働き方」に伴う雇用契約の変更という一見すると関係しないようなテーマとも思えますが、実は、現在のわが国が置かれている状況を企業においてどのように乗り切っていくかという点では同じであるといえます。本書では、雇用契約変更の具体的な場面をあげたうえで、Q&A形式でその場面ごとにおける具体的な対応の実務、実務上の留意点などを説明するとともに、必要に応じて書式例なども掲載しています。

人事労務はトラブルになる前の予防法務が重要であると思っていますが、本書が「雇用契約変更の場面」に関するトラブルを未然に防ぎ、また、トラブルが生じてしまったときの問題解決の一助となれば嬉しく思います。

最後になりましたが、民事法研究会代表取締役の田口信義様、同社編集部の都郷博英様には、本書の企画から刊行に至るまできめ細やかなご対応をいただき、大変お世話になりました。この場を借りて心より御礼申し上げます。

令和4年9月

執筆者代表　弁護士　根本　義尚

2

〈凡　例〉

3

適正把握ガイドライン	労働時間の適正な把握のために使用者が講ず べき措置に関するガイドライン
モデル規則	モデル「テレワーク就業規則」（在宅勤務規 程）
パワハラ指針	事業主が職場における優越的な関係を背景と した言動に起因する問題に関して雇用管理 上講ずべき措置等についての指針
兼業ガイドライン	副業・兼業の促進に関するガイドライン
ガイドライン解説	副業・兼業の促進に関するガイドラインわか りやすい解説
有識者懇談会報告書	「多様な正社員」の普及・拡大のための有識 者懇談会報告書

【文献】

民集	最高裁判所民事判例集
労判	労働判例
判タ	判例タイムズ
判時	判例時報
労経速	労働経済判例速報
労民集	労働関係民事裁判例集
ジャーナル	労働判例ジャーナル

第1章　雇用を維持する合理化策

> 感染症・疫病、震災その他企業外の事情により業績が悪化
> していますが、解雇等をせずに雇用を維持しつつ経営を合理
> 化する方策にはどのようなものがありますか。

> 労働者に対して、配転（配置転換・転勤）を命じたいと考
> えています。この場合どのような点に留意する必要がありま
> すか。
> また、育児や介護等の仕事と生活の調和（ワーク・ライ
> フ・バランス）等についてどのような配慮が必要でしょうか。

> 本業の業務縮小を考えており、それを理由に事務職の社員
> の配転を考えています。①入社からずっと事務職の業務を
> 行っており今まで現場経験のない社員を新たに始めた清掃の
> 現場職の業務に配置転換させる場合、職種限定合意があると
> して配転を拒否されることはありますか。
> また、②遠隔地にある新設の新しい事業所に転勤させる場

用関係はどのようになるのでしょうか。

　また、出向元と出向先で労働条件（賃金、労働時間、休日等）が異なる場合、出向者にいずれの労働条件を適用すべきでしょうか。

　業務命令としての出向を拒否する者や、雇用を維持するための出向を拒否し、休業手当を支払う休業の継続を求める者に対しどのように対応すべきでしょうか。

　出向元・出向先双方で労務提供を行う兼務出向を行うことはできますか。兼務出向を行う場合、どのような点に注意したらよいでしょうか。

　出向元から出向先に出向者の人事情報、賃金情報等の個人データを開示することはできますか。

　就業規則に配置転換、出向とともに転籍についても命じる旨の定めがありますが、その定めにより転籍を労働者に義務づけることはできますか。転籍に関する規程が定められている場合にはどうでしょうか。

　労働者の個別同意を得て転籍をさせる場合、転籍元・転籍先として留意すべきことはどのようなことがありますか。

2年間の出向を命じようとした出向予定先から出向元との労働契約関係を終了させ、転籍することを求められ、出向予定先の要請に応じることを検討しています。ただ、2年後に、出向予定先（転籍先）から出向元に復帰させたいのですが、どのような対応をしたらよいでしょうか。

転籍後に転籍先の会社が倒産し、転籍者が転籍元への復帰を求めた場合、転籍元で受け入れる義務はありますか。

雇用調整のための転籍を拒否する労働者を解雇することはできますか。

当社は労働者派遣業の許可を得ていますが、従来当社の業務に従事してきた従業員を派遣労働者化して、派遣先に派遣することはできるのでしょうか。

従来当社の業務に従事してきた従業員を派遣労働者化して派遣する場合、当社は、派遣元事業主として、派遣先を自由に決定して派遣してよいのでしょうか。

た。本人の同意を得て雇用保険、厚生年金保険および健康保険（以下、「社会保険等」といいます）の加入を打ち切ってよいでしょうか。

労働条件の変更が不利益にあたる場合とはどのような場合ですか。
また、不利益変更が認められる場合とはどのような場合ですか。

昨今の経済情勢を受け、当社では売上げが激減しました。当社としては売上げに見合った給与に減額し、また、休日数も他社並みに減らさないと事業の継続が困難です。そこで、給与の減額や休日数の減少を内容とする就業規則の変更をしたいのですが、可能でしょうか。
また、この新たな労働条件での雇用契約の締結を求めて解雇すること（いわゆる変更解約告知）は認められますか。

当社は急激な経営悪化を受け、従業員の給与も引き下げざるを得ない状況となりました。企業倒産を回避すべく、従業員の皆さんに賃金カット（一般社員は一律10％、管理職は一律15％カット）に協力してもらいたいと思います。どのように進めたらよいですか。

第2章　社会変容、時代変化に伴う新しい働き方

しょうか。

4 副業・兼業 ……………………………………………………… *188*

　　労働者から副業・兼業の届出や許可申請があった場合、許可をしないことができるのはどのような場合でしょうか。
　　週5日勤務のうち2日を休業している労働者からの許可申請であった場合はどうでしょうか。

　　本業と副業・兼業との労働時間は通算されるとのことですが、その概要はどのようなものでしょうか（「管理モデル」についてはQ51を参照）。
　　その労働時間の通算というのは労災認定に関しても影響を与えますか。

　　正社員の副業・兼業を認めることにしたのですが、副業・兼業先の労働時間については、どのように管理したらよいでしょうか。

　　週2日間の休業を続けている正社員が副業の賃金収入の継続を希望し、週5日勤務の本業のうち、週2日間については休業を継続するとして、自社での就労を拒否する労働者にはどのように対応したらよいでしょうか。

第 1 章

雇用を維持する
合理化策

1　総　論

Q1　解雇等をしない経営合理化策

感染症・疫病、震災その他企業外の事情により業績が悪化していますが、解雇等をせずに雇用を維持しつつ経営を合理化する方策にはどのようなものがありますか。

A　　自社で完結する方法として、配置転換や転勤、賃金の（時限的な）引下げ、労務提供を免除する休業が考えられます。

また、他社で業務を行う方法として、出向、転籍、労働者派遣などがあります。

1　解雇等をしない経営合理化策の重要性

解雇等、労働者の雇用を失わせる経営合理化策をとる場合、労働者は雇用を失うことになり、他方、使用者も業績が回復した場合に新たに労働者を採用することになるうえ、使用者が雇用調整助成金等の助成金の支給を受けている場合、助成金の支給率が引き下げられたり、助成金の支給が停止される可能性もあります。そのため、解雇等をせず、労働者の雇用を維持する経営合理化策を検討することは重要といえます。

以下では、解雇等をせず、労働者の雇用を維持する経営合理化策について、自社で完結する方法と他社で業務を行う方法に分けて解説します。

2　自社で完結する方法

⑴　配置転換・転勤

感染症・疫病、震災その他企業外の事情により一部の業務や一部の事業場で業務が減少しており、当該業務や当該事業場で業務を行う者を減らしたい

一方で、他の業務や他の事業場で受入れができる場合、配置転換や転勤が考えられます。

同一事業所（勤務地）内における所属配置の変更を「配置転換」といい、勤務地の変更を「転勤」といいます（Q2参照）。

(2) 賃金の（時限的な）引下げ

業績悪化により人件費を引き下げたい場合、賃金の（時限的な）引下げという方法も考えられます。

賃金が就業規則（賃金規程）の賃金テーブル等で定められている場合、就業規則を改定し、（時限的に）賃金を引き下げる旨を定めることになります。就業規則の不利益変更にあたっては、原則として全従業員の同意を得るか（労契法9条）、または、変更後の就業規則を周知し、かつ合理性があれば不利益変更ができると定められています（同法10条）（Q27～Q32等参照）。

(3) 休　業

使用者は労働者に休業を指示することもできます。

ただし、「使用者の責に帰すべき事由」により休業を指示した場合、平均賃金の60％以上の休業手当を支給する必要があります（労基法26条）。ここにいう「使用者の責に帰すべき事由」とは、「使用者側に起因する経営、管理上の障害を含」み（最判昭和62年7月17日労判499号6頁〔ノースウエスト航空事件〕）、企業の経営者として不可抗力を主張し得ないすべての場合（例えば、経営上の理由により休業する場合）を含むとされています（東京地決昭和25年8月10日労民集1巻4号666頁〔国際産業事件〕、厚生労働省労働基準局編『労働法コンメンタール3　令和3年版　労働基準法（上）』378頁）。感染症や震災、豪雨の場合の「使用者の責めに帰すべき事由」に関する厚生労働省の解釈は「新型コロナウイルスに関するQ&A（企業の方向け）」4-問1以下や「東日本大震災に伴う労働基準法等に関するQ&A（第3版）」Q1-4以下、「令和2年（2020年）7月豪雨による被害に伴う労働基準法や労働契約法に関するQ&A」Q1-4以下でも紹介されており参考になります。

3

　さらに、使用者の「責に帰すべき事由」（民法536条2項。特約により排除可）により労働者の労務の提供を拒んだ場合、労働者に対し100％の賃金を支払う必要があります。同条項にいう「責に帰すべき事由」とは、一般には、使用者の故意・過失または信義則上これと同視すべき事由をいうとされ（遠藤浩ほか編『民法(5)契約総論〔第4版〕』118頁）、その有無については、「帰休制実施によって労働者が被る不利益の程度、使用者側の帰休制実施の必要性の内容・程度、労働組合等との交渉の経緯、他の労働組合又は他の従業員の対応等を総合考慮して判断すべきであり、右合理性がある場合は、使用者が帰休制を実施して労働者からの労働の提供を拒んだとしても、民法536条2項にいう『債権者ノ責ニ帰スヘキ事由』が存在しない」とされています（横浜地判平成12年12月14日労判802号27頁〔池貝事件〕）。また、休業を指示し100％の賃金を支払う場合、当面の人件費は減りませんが、後に整理解雇を行うことになった場合に、整理解雇を有効とする事情である解雇回避努力と評価されます。

3　他社で業務を行う方法

(1)　出　向

　出向（在籍出向）とは、労働者が自己の雇用先の企業に在籍のまま、他の企業の従業員（ないし役員）となって相当長期間にわたって当該他企業の業務に従事することをいいます（菅野和夫『労働法〔第12版〕』735頁）（Q5参照）。

(2)　転　籍

　転籍とは、労働者が自己の雇用先の企業から他の企業へ籍を移して当該他企業の業務に従事することをいいます（前掲・菅野735頁）（Q11参照）。

　出向と転籍との違いは、転籍は元の企業との雇用関係が終了するのに対し、出向は元の企業との雇用関係が維持される点にあります（Q13参照）。

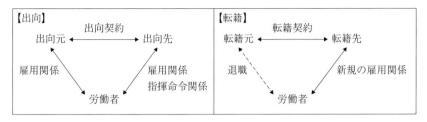

⑶　労働者派遣

　労働者派遣とは、「自己の雇用する労働者を、当該雇用関係の下に、かつ、他人の指揮命令を受けて、当該他人のために労働に従事させることをいい、当該他人に対し当該労働者を当該他人に雇用させることを約してするものを含まないものとする」（労働者派遣法2条1号）とされています。

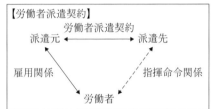

　出向と労働者派遣との違いは、労働者派遣は派遣先が派遣労働者を雇用しない（労働者派遣法2条1号）のに対し、出向は出向先が出向者を雇用する点にあります。

　また、出向を行う場合には、許可等の手続は必要ありませんが、労働者派遣を業として行う（労働者派遣法2条3号「労働者派遣事業」）場合、厚生労働大臣の許可を受ける必要があり（同法5条）、許可を受けるためには、許可の欠格事由（同法6条）に該当せず、許可基準（同法7条1項）をすべて満たす必要があります。

　他社への派遣を予定していない労働者を他社に派遣する場合、労働者派遣法32条2項が「派遣元事業主は、その雇用する労働者であって、派遣労働者として雇い入れた労働者以外のものを新たに労働者派遣の対象としようとするときは、あらかじめ、当該労働者にその旨（新たに紹介予定派遣の対象としようとする場合にあっては、その旨を含む。）を明示し、その同意を得なければならない」と定めているため、当該労働者の同意を得る必要があります。

（村田浩一）

② 配置転換・転勤

Q2 労働者に対して、配転を命じる際の留意事項

　労働者に対して、配転（配置転換・転勤）を命じたいと考えています。この場合どのような点に留意する必要がありますか。

　また、育児や介護等の仕事と生活の調和（ワーク・ライフ・バランス）等についてどのような配慮が必要でしょうか。

A　就業規則上に配転の規定があったとしても、配転命令が権利濫用として無効とならないように、①業務上の必要性がない場合、②不当な動機・目的が認められる場合、③労働者に通常甘受すべき程度を著しく超える不利益を負わせる場合に該当しないよう留意する必要があります。また、生活上の不利益について、仕事と生活の調和（ワーク・ライフ・バランス）に対する社会的要請が高まってきていることから、育児・介護、夫婦や家族の一体性等の家庭の事情に対して配慮するなど、丁寧に対応していくことも重要です。

1　配転の意義

　労働者の職務内容または勤務地を相当の長期間にわたって変更することを「配転」といいます。配転のうち同一事業所（勤務地）内における所属配置の変更を「配置転換」といい、勤務地の変更を「転勤」といいます。

　日本では、正社員の場合、長期雇用を予定している場合が多く、職務内容や勤務地を限定せずに採用し、企業内で教育を行い、職業能力の向上をさせるために、また解雇が容易にできないという背景もあり、労働力の補充・調整のために人員を異動させる必要があることから、広範に配転が行われてき

たという実態があります。

2 労働契約上の根拠

　配転を命ずるためには、まず労働契約上の根拠があるのかという点を考える必要があります。通常、就業規則に、配転（配置転換・転勤）を命ずることができる旨の包括的な規定がおかれていることが多く、実務上この点で問題となることはあまりありません。

　なお、職種や勤務地を限定する旨の合意がある場合は、就業規則に包括的な規定があっても配転命令権が制限されることになりますので、別途留意する必要があります（職種限定合意あるいは勤務地限定合意については、Q3で詳述します）。

3 配転命令権の限界（権利濫用）

　使用者に配転命令権の根拠がある場合でも、無条件に認められるものではなく、(1)業務上の必要性が存しない場合、業務上の必要性があっても(2)不当な動機・目的が認められる場合、もしくは(3)労働者に通常甘受すべき程度を著しく超える不利益を負わせる場合には、配転命令権は権利濫用（労契法3条5項）として無効となります（最判昭和61年7月14日労判477号6頁〔東亜ペイント事件〕）。

(1) 業務上の必要性がない場合

　業務上の必要性については、余人をもっては容易に替えがたいといった高度の必要性に限定することは相当でなく、労働力の適正配置、業務の能率増進、労働者の能力開発、勤務意欲の高揚、業務運営の円滑化等企業の合理的運営に寄与する点が認められる限りは、業務上の必要性を肯定すべきであると判示されています（前掲・東亜ペイント事件）。

(2) 不当な動機・目的が認められる場合

　不当な動機・目的が認められる場合の具体例としては、労働者を退職勧奨

拒否に対する嫌がらせのために行われた場合（大阪地判平成12年8月28日労判793号13頁〔フジシール（配転・降格）事件〕）や経営陣に批判的なグループを代表する立場にあった者を排除し、あるいは配転に応じられずに退職することを期待する等のために行われた場合（東京地決平成7年3月31日労判680号75頁〔マリンクロットメディカル事件〕）等があげられます。

⑶　労働者に通常甘受すべき程度を著しく超える不利益を負わせる場合

　労働者に通常甘受すべき程度を著しく超える不利益を負わせる場合とは、配転命令の業務上の必要性（と人選の合理性）に比して、労働者の生活上や職業上の不利益が通常甘受すべき程度を著しく超える場合をいいます。

⒜　生活上の不利益

　生活上の不利益としては、労働者の病気、その家族の病気・育児・介護等の事情があげられます。日本では、伝統的に長期雇用システムの下、解雇権濫用法理（労契法16条）の厳格な運用により、解雇は使用者に対して厳しく判断をする一方で、企業内における人材の調整については使用者の裁量を広く認め、労働者に厳しい判断をする傾向にあります。そのため、労働者に通常甘受すべき程度を著しく超える不利益があるとして配転命令の権利濫用が認められた裁判例は、労働者が病気の母親、兄、妹の家族3人の面倒を自らみていたのにもかかわらず遠方への転勤を命じられた事案（東京地判昭和43年8月31日判時539号15頁〔日本電気転勤・出向拒否事件〕）や労働者が病気の子ども2人と近隣に住む体調不良の両親の面倒をみていたのにもかかわらず遠方への転勤を命じられた事案（札幌地決平成9年7月23日労判723号62頁〔北海道コカ・コーラボトリング事件〕）等の特別な事情のある事案が多い状況にありました。

　その後、平成13年に改正された育児介護休業法には、子の養育または家族の介護の状況に関する使用者の配慮義務に関する規定（26条）が定められ、また平成19年に制定された労契法の3条3項でも、労働契約の締結や変更については「仕事と生活の調和」に配慮すべきことが定められました。これ以

降も依然として労働者側に厳しい判断をする傾向にありますが、要介護状態にある老親や転居が困難な病気をもった家族を抱え、その介護や世話をしている従業員に対する遠隔地への転勤命令を行った裁判例（大阪高判平成18年４月14日労判915号60頁〔ネスレ日本事件〕。結論として転勤命令無効）において、育児介護休業法26条に言及し、その配慮を前提とする判断をしました（その他、東京地決平成14年12月27日労判861号69頁〔明治図書出版事件〕、札幌高判平成21年３月26日労判982号44頁〔東日本電信電話事件〕等）。

　かかる立法の動向だけではなく、仕事と生活の調和（ワーク・ライフ・バランス）に対する社会的要請が高まっている社会的状況があり、今後の労働者の生活上の不利益が通常甘受すべき程度を著しく超えるか否かの判断については、より慎重な配慮を示す必要があると思われます。なお、介護等の事情があるからといって、労働者に通常甘受すべき程度を著しく超える不利益を負わせる場合に該当するかといえば必ずしもそうではなく具体的な状況をみていく必要があります。例えば、労働者の両親が高齢（父親が82歳、母親が72歳）であり、母親が要支援２級の認定を受けていた事案で、母親が１人で自転車に乗って買物に出かけ、買物袋を右手で持っていること等から、母親および父親の日常生活に支障があるとは認められないことや、弟（両親の息子）も両親と同じ市内に在住し、週１回両親宅を訪れていること等から、当該労働者に対する配転命令が通常甘受すべき程度を著しく超えたものであるとは認められないと判断した裁判例（大阪地判平成28年10月６日判例秘書L07151092〔パナソニック事件〕）があり、生活上の不利益がどの程度のものであるかは個別具体的に検討をして判断する必要があります。

　以上から実務対応としては、配転を命じる場合であっても、業務上の必要性があるという理由のみで押し切るのではなく、入社時や定期的に家族の状況や異動の希望等を記載してもらう自己申告書をとったり、面談を行ったりして家庭の状況等を確認し、また実際に配転を命ずる場合にも、共働きで単身赴任となる場合に単身赴任手当の支給・帰郷の際の旅費負担の検討、転勤

先の居住先の案内等、育児・介護、夫婦や家族の一体性等の家庭の事情に関して、労働者へ一定の配慮を行い丁寧に対応する姿勢を示すことが今後の労務管理には必要となってきていると思われます。また、かかる労働者への配慮を尽くしているか否かについても、生活上の不利益が通常甘受すべき程度を著しく超えるか否かの判断の大きな要素となり得ます。

(B)　職業上の不利益

　職業上の不利益としては、キャリア形成への期待等の不利益が考えられます。キャリア形成に関しては、「企業は、効率性を追求しなければならない組織体であるから、従業員各自の適性に応じた人員の配置を行う必要があり、その際、従業員の学歴、経歴、希望やキャリア形成に配慮することが各自の労働意欲・労働能力の維持・向上を図るために望ましいとは言えるとしても、これらは、各自の適性以上に考慮しなければならないものではない。ある部門・職種から他の部門・職種への異動や配置転換が、異例なものであったり、当該従業員の意に沿わないものであったとしても、その適性に応じたものであれば、労働者として通常甘受すべきものというべきであり、それが直ちに不当又は違法と評価されるべきものではない」と判示し、使用者側の裁量を広く認めキャリア形成に関する職業上の不利益を否定し配転を有効とした裁判例（さいたま地判平成28年10月27日労判1170号63頁〔ホンダ開発事件〕）があります。なお、控訴審（東京高判平成29年4月26日労判1170号53頁）では、異動命令が無効であるとまで認めることはできないとしながら、上司の配慮を欠く言動と異動を一体として考えれば不法行為には該当するとして慰謝料請求を認めていますので留意する必要があります。

　一方で、職業上の不利益を理由として配転を無効とした裁判例もあります。当該裁判例は、情報システム専門職としての経歴と能力が見込まれて中途採用された者に対して倉庫係といった異職種への配転をした事案について、「情報システム専門職としてのキャリアを形成していくことができるとする期待は、合理的なものであり、法的保護に値する」とし、当該期待に対する

相応の配慮をせず、また理解を求める等の実質的な手続を履践することもなく漫然と配転命令をしたとして権利濫用を認めたものであり（東京地判平成22年2月8日労判1003号84頁〔エルメスジャパン事件〕）、使用者側に裁量があるとしても労働者へ配転の必要性を説明し理解を求める等、丁寧な対応を心がける必要があります。

4　賃金を引き下げる配転の場合

　なお、上記のように使用者の裁量を広く認められてきた背景には、長期雇用システムの下で、基本的に賃金が下がらないうえで配転が行われてきたためという事情がありました。もっとも、職務内容と基本給が連動する職務等級制度を採用している場合等、配転によって職務内容が変わる場合に賃金の引下げを検討する場合も生じうるかと思います。賃金の引下げを伴う場合には、どのような場合に賃金の引下げとなるのかを定めた契約上の根拠規定（就業規則等）が必要となりますし（規定がない場合は、賃金の減額に関して個別の同意が必要となります）、それが肯定される場合でも、賃金の減少が大きい場合には、労働者の不利益が著しいとして配転自体が権利濫用であると判断されやすくなるものと考えられます。

【書式1】　辞令例（配転）

<table>
<tr><td colspan="2"></td><td>○年○月○日</td></tr>
<tr><td>○○○○　殿</td><td colspan="2"></td></tr>
<tr><td colspan="3" align="center">辞　令</td></tr>
<tr><td colspan="2"></td><td>株式会社○○○○
代表取締役○○○○</td></tr>
<tr><td colspan="3">　当社は貴殿に対し、就業規則第○条第○項に基づき、○年○月○日付で、○○（※配置転換の場合は所属配置の変更先・転勤の場合は勤務地の変更先を記載）への異動を命ずる。　　　　　　　　　　　　　　　　　　　　　　　　　　　　　　以上</td></tr>
</table>

（注）　なお、異動に際し、労働条件の変更がある場合には、変更後の労働条件についても明示することがトラブル防止の観点から望ましいと思われます。

（瀬戸賀司）

11

Q3 職種限定合意・勤務地限定合意

本業の業務縮小を考えており、それを理由に事務職の社員の配転を考えています。①入社からずっと事務職の業務を行っており今まで現場経験のない社員を新たに始めた清掃の現場職の業務に配置転換させる場合、職種限定合意があるとして配転を拒否されることはありますか。

また、②遠隔地にある新設の新しい事業所に転勤させる場合に、勤務地限定合意があるとして配転を拒否されることはありますか。

A 労働条件通知書等の業務内容や勤務地の記載は雇入れ直後の業務内容や勤務地を示すものと考えられますが、①入社当時全く予定されていない業務であり、また入社からずっと事務職の業務のみに従事してきたという場合には、職種限定合意が認められ拒否される可能性があると思われます。また、②遠隔地にある新設の新しい事業所であり、こちらも入社当時全く予定されていないものと思われ、全国転勤が予定されている、入社時には新設の事業所に転勤する可能性があることの説明をしていた等の事情がない限りは、勤務地限定合意が認められ、拒否される可能性があると思われます。

1 職種限定合意あるいは勤務地限定合意の法的意義

職種限定合意あるいは勤務地限定合意がある場合には、就業規則に配転の規定があったとしても、当該合意に反する配転命令をすることはできません（労契法7条ただし書）。

そのため、配転を命ずるためには、別途職種や勤務地を変更する内容の合意が必要となります（労契法8条）。

2 合意の認定

⑴ 合意の有無

職種限定合意あるいは勤務地限定合意があるか否かは、労働契約書等に明示される場合のほかは、使用者の事業規模・内容、配転の実績、労働者の職種、業務内容、特殊な技能・資格の有無、過去の経歴、採用の際の募集条項、面接時の説明内容等の諸般の事情から総合的に判断されます。

⑵ 職種限定合意の認定

職種限定合意が認められるのは、一般に医師、看護師、ボイラー技士、大学教員等の特殊の資格や技能を有している場合が典型例としてあげられます。

裁判例の傾向としては、日本では、さまざまな職種に従事させながら企業内で教育を行っていく長期雇用システムを背景に、職種限定合意の認定については消極的な傾向にあります。

職種限定合意の認定の判断枠組みに関して、就業規則に配転を命じる規定がある場合には、「職種限定としての労働契約が締結されたと認め得るためには、就業規則の例外が定められたと認め得るに足りる契約書の記載や客観的な事情が必要である」と判示した裁判例（京都地判平成30年2月28日労判1177号19頁〔KSAインターナショナル事件〕）があり参考となります。当該裁判例では、雇用契約書には「従事すべき業務の内容」として「経営管理本部（本部長付）・監査室（室長）関連業務およびそれに付随する業務全般」と記載されていましたが、この点について雇用契約書や労働条件通知書において当面従事すべき業務を記載することは通常行われることであるから、当該記載をもって直ちに職種を限定する趣旨であると認めることはできない旨、判示されています。また、その他、会社に入社後、種々の業務についており、特定の業務のみに従事してきたわけではないこと等から、就業規則の例外が定められたと認め得るに足りる契約書の記載や客観的な事情がないと判断され、職種限定合意は否定されました。

13

なお、労働契約の締結に際して労働条件通知書等の書面で労働条件を明示する必要がありますが、明示が必要な労働条件の１つに「就業の場所及び従事すべき業務に関する事項」があります（労基法15条１項、同法施行規則５条１項１の３号）。この点、雇入れ直後の就業の場所および従事すべき業務を明示すれば足りるものとされており（「労働基準法の一部を改正する法律の施行について」（平成11年１月29日基発第45号））、労働条件通知書等に従事すべき業務の記載があることのみで職種限定合意があったとすることは困難です。

(3)　勤務地限定合意の認定

勤務地限定合意について、上記同様、労働条件通知書等に勤務地の記載があったとしても、それはあくまで雇入れ直後の就業の場所を意味するものであって、それのみでは勤務地限定合意があったといえるわけではありません。

また、全国に支社や営業所がある会社で、長期雇用を予定しているような場合には、勤務場所を特定せずに、どこでも勤務する旨の労働契約の内容となっていると考えるのが通常と思われます。なお、かかる場合でも、採用の際に家庭の事情等を理由に転勤に応じられない旨を明確に述べたうえで、何らの留保も説明もなく採用されたという経緯があるような場合には、勤務地限定の合意があると判断される場合がありますので注意が必要です（大阪地判平成９年３月24日労判715号42頁〔新日本通信事件〕）。

もっとも、本社で採用された将来幹部となるべき社員ではなく現地採用された現場労働者で、慣行上配転（転勤）がなかった場合に、配転（転勤）を命ずることは労働契約の範囲を逸脱した無効なものである（労働契約の変更として本人の同意が必要）とされています（福岡地小倉支決昭和45年10月26日判時618号88頁〔新日本製鉄事件〕）。一方で、現地採用の労働者であっても、就業規則上の転勤条項を明確に承知したうえで雇用されたものであって、配転（転勤）が会社の経営合理化方策の一環として行われた分社化に伴う余剰人員の雇用維持と本社工場の新規生産部門への要員確保を目的として会社全体として行われた人事異動である場合には、配転（転勤）命令が有効と認めら

れています（東京高判平成12年5月24日労判785号22頁〔エフピコ事件〕）。

3　本設問の考察

　労働条件通知書等の業務内容や勤務地の記載は雇入れ直後に当面従事すべき業務内容や勤務地を示すものと考えられます。

　もっとも、①新たに始めた清掃の現場職の業務は、入社当時全く予定されていない業務であり、また入社からずっと事務職の業務のみに従事してきており、清掃の業務についても全く違う現場の仕事であるという場合には、職種限定合意が認められる可能性があると思われます。

　また、②配転予定先が遠隔地にある新設の新しい事業所である場合には、こちらも入社当時全く予定されていないものと思われます。全国に支社や営業所があり全国転勤が当然に予定されていた、あるいは入社時には当該事業所が新設され転勤する可能性があることを説明されていた等の事情がある場合は別ですが、そうでない限りは、勤務地限定合意が認められる可能性があります。

　そのため、職種限定合意あるいは勤務地限定合意があるとして配転を拒否することができ、かかる場合に配転を命ずるためには、労働者との間で職種や勤務地を変更する合意を得る必要があり、同意書をとるという対応が考えられます。

（瀬戸賀司）

Q4　配転の打診を拒否された場合の対応

事業所閉鎖や部門廃止をする場合、解雇を避けるために労働者に配転の打診を行いましたが、これを拒否されました。当該労働者に対しどのように対応すべきでしょうか。

A　配転拒否を理由として労働者を解雇する場合、配転命令の有効性の問題のほか、解雇権濫用法理の適用があります。そのため、配転の必要性の説明や配転拒否の理由への検討や必要に応じて一定の配慮をする等、直ちに解雇をするのではなく手続にも配慮をして慎重に進める必要があります。

1　配転拒否の場合の対応

　配転の対象労働者が配転命令を拒否した場合には解雇等の処分を検討することになります。なお、懲戒処分を甘受することにより配転拒否ができることになると、配転に応じるよりも（懲戒解雇以外の）懲戒処分を受けたほうが労働者の利益が大きいということにもなりかねませんので、配転拒否の場合は原則として解雇（多くは普通解雇）を検討することになるかと思います。

　職種や勤務地限定合意（Q3参照）がなく、また配転命令が権利濫用に該当せず、有効な業務命令と認められる場合には、配転拒否は重大な業務命令違反となります。そのため、原則として普通解雇が認められることが多いですが、配転命令の有効性の問題のみならず、別途解雇権濫用法理（労契法16条）の適用がありますので留意する必要があります（大阪地判平成26年11月6日ジャーナル37号48頁〔ダスキンヘルスケア事件〕）。当該裁判例では、解雇の有効性に関して、配転命令を受けた後もその業務に従事せず、その他の業務も拒絶し、また他の事業所への異動も拒否し従前の業務に固執した等の事情から、本件解雇は客観的に合理的な理由があり、社会通念上も相当なものと

して、有効というべきあるとして解雇を認めています。

　配転拒否をされた場合の実務対応としては、配転拒否をした場合に、解雇権の濫用であるといわれるリスクを下げるために、直ちに解雇をするのではなく手続を慎重に進めるべきと思われます。例えば、①配転拒否をする理由を労働者に明確にさせ、②配転拒否の理由に配慮すべき理由がある場合には、配慮する措置を追加したうえで、会社に配転命令権があること、配転の必要性等を再度説明し、③それにもかかわらず拒否し続ける場合には普通解雇に踏み切る等といった対応が考えられます。

2　整理解雇

　事業所閉鎖や部門廃止の場合の解雇の場合、使用者の経営上の理由による解雇であり、いわゆる「整理解雇」であると構成することも考えられます。もっとも、整理解雇の場合は、労働者の落ち度によるものではないため、解雇の有効性については通常の解雇の場合よりも厳格に判断されることになります。そのため、使用者としては配転が有効に認められる場合には、上記のように業務命令違反を理由とした解雇と構成するのが一般的かと思います。

　なお、整理解雇の有効性の判断については、①人員削減の必要性、②解雇回避の努力、③人員選定の合理性、④手続の妥当性の４つの要素の観点から判断されます（東京高判昭和54年10月29日労民集30巻５号1002頁〔東洋酸素事件〕等）。事業所閉鎖や部門廃止の場合の配転は、②解雇回避の努力として評価されうるものです。

　また、事業所閉鎖や部門廃止の場合であっても、職種や勤務地限定合意がある場合には、配転を拒否したとしても業務命令違反とはならず、整理解雇の枠組みで判断されることになります。この点、職種や勤務地限定合意であっても、他の職種等への配転による解雇回避努力が求められるのかという点について、学部廃止を理由とする整理解雇が争われた事案で「原告らの所属学部及び職種が同学部の大学教員に限定されていたか否かにかかわらず、

同学部の廃止及びこれに伴う本件解雇について原告らに帰責性がないことにかわりはなく、被告の主張する原告らの所属学部及び職種限定の有無は、本件解雇の効力を判断する際の一要素に過ぎないと解される」とし解雇回避努力を求めた裁判例があります（東京地判令和元年5月23日労判1202号21頁〔学校法人大乗淑徳学園事件〕）。そのため、職種や勤務地限定合意があるとしても、個別の同意があれば配転等を行うことができますので、配転等の検討や打診をせずに直ちに整理解雇に踏み切るのは相当ではないと思われます。

【書式２】　異動命令書例（事業所閉鎖、転勤を拒否された場合）

○年○月○日

○○○○　殿

異動命令書

株式会社○○○○
代表取締役○○○○

　当社は貴殿に対して、○年○月○日付辞令を発令しましたが、貴殿から応じられない旨の意向を示されました。以下、貴殿に対し異動に関して説明の上、再度○年○月○日付で、○○へ勤務地の変更を命じます。

第１　転勤の契約上の根拠について

　　当社は就業規則第○条において、業務上必要がある場合に、労働者に対して勤務地の変更を命ずることができる旨の規定があります。

　　また、当社と貴殿との間には勤務地を限定する特約が記載された契約書や採用の際に勤務地を限定するようなやりとりをしたという事情もありません。

第２　転勤の必要性について

　　当社は、○事業所を○年○月末をもって閉鎖をする予定であり、○事業所に所属する従業員については、それぞれ別の事業所に転勤をしていただく必要があります。

　　また、貴殿は○事業所ではなく、○事業所への転勤を希望されておりますが、貴殿は○業務の経験者であり、○業務の経験者が少ない○事業所が適任であると考え、○事業所への転勤を命じています。

第３　転勤の不利益への配慮について

　　転勤の際の不利益が少なくなるように、当社といたしましては、支度金（○万円）の支給を行う予定です。また、○年○月○日付異動通知書を交付した際には、○事業所近辺の住宅情報についても当社で調べ、住宅案内を○件分を貴殿にお渡しいたしました。

第４　介護の状況について

　　貴殿からはご両親の介護のために遠方への転勤は困難である旨の申出を受けましたが、貴殿からのヒアリングをした限りでは、介護施設の利用や近隣に住む○が近くで介護をしていることから、介護の状況として十分であると考えております。

第５　結語

　　当社といたしましては、○年○月○日付辞令に記載の転勤命令を撤回するつもりはございませんので、貴殿は直ちに○営業所への転勤に応じてください。○年○月○日までに、○事業所への転勤命令に応じない場合には、当社は貴殿に対し、しかるべき処分を行う予定です。

以上

19

【書式3】　解雇通知書例（転勤拒否）

○年○月○日

○○○○　殿

解雇通知書

株式会社○○
代表取締役○○○○

　貴殿は、○年○月○日付辞令による、同年○月○日からの○事業所への転勤命令を拒否し、同年○月○日より無断欠勤をするに至りました。その後、書面や口頭での度重なる当社からの出勤の督促に対しても、貴殿は応じませんでした。

　以上の貴殿の行為は、本来であれば、当社就業規則第○条第○項第○号に該当するものであり懲戒解雇に該当いたしますが、貴殿の今後の就職活動への影響等に鑑み、当社就業規則第○条第○項第○号及び第○号に該当するものとして、普通解雇といたします。

　また、労働基準法20条の定めによる解雇予告手当金○万○円について、本日貴殿の給与口座にお支払いいたします。

　なお、退職に伴う諸手続きについては別途、通知いたします。

以上

（瀬戸賀司）

③　出向・雇用シェア契約

Q5　出向の正当な目的と出向命令権

　感染症・疫病、震災その他企業外の事情により本業で雇用を維持することが難しくなっており、労働者をグループ外の企業に出向させたいと考えています。違法な労働者供給事業にあたることはないでしょうか。

　また、使用者が労働者に一方的に出向を命じても問題ないのでしょうか。

> **A**　違法な労働者供給事業に該当しないよう、「業として行われる」（職業安定法44条）にあたらないことが必要とされています。
>
> 　また、労働者出向は、使用者が変更するため、原則として労働者の同意が必要です。就業規則の包括的同意でもかまいませんが、労働者の利益に配慮した出向規程で出向中の身分関係等ある程度定めておく必要があると考えられます。

1　出向の意義

⑴　出向とは

　「出向」（在籍出向）とは、労働者が自己の雇用先の企業に在籍のまま、他の企業の従業員（ないし役員）となって相当長期間にわたって当該他企業の業務に従事することをいいま

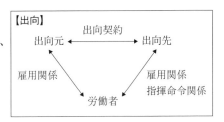

【出向】

出向元 ←出向契約→ 出向先

雇用関係　　　　　雇用関係
　　　　　　　　　指揮命令関係

労働者

す（菅野和夫『労働法〔第12版〕』735頁）。また、近時、一時的に雇用過剰となった企業が労働者の雇用を守るために、人手不足等の企業に在籍出向を行うことを「雇用シェア」と呼ぶこともあります。

(2)　他の概念との違い

　類似する概念のうち、転籍や労働者派遣との違いについてはＱ１で前述したため、ここでは労働者供給契約との違いにつき解説します。

　労働者供給契約とは、「労働者派遣」に該当しない形態で自己の支配下にある労働者を他人に供給すること（自己の支配下にある者を他人の指揮命令下にその他人のための労働に従事させること）をいい（職業安定法４条７項）、これを業として（一定の目的をもって反復継続して）行うことは職業安定法44条により禁止されています。出向は、雇用主と出向先企業との間で出向契約が締結され、形式上は同法４条７項の労働者供給契約に該当しますが、通常の出向は業として行われるものではないので、職業安定法の禁止の対象とはならないとされています。

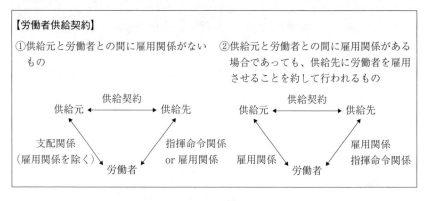

2　「業として行われる」（職業安定法44条）

　上記の労働者供給契約との区別のため、「業として行われる」（職業安定法44条）に該当しないことが必要です。この点については、利益を目的として行われていないことがポイントと考えます。行政解釈では、出向の「形態は、労働者供給……に該当するので……出向が『業として行われる』」場合には「労働者供給事業に該当する」、「ただし、在籍型出向と呼ばれているものは、通常、①労働者を離職させるのではなく、関係会社において雇用機会を確保

する、②経営指導、技術指導の実施、③職業能力開発の一環として行う、④企業グループ内の人事交流の一環として行う等の目的を有しており、出向が行為として形式的に繰り返し行われたとしても、社会通念上業として行われていると判断し得るものは少ないと考えられる」とされています（厚生労働省職業安定局「労働者派遣事業関係業務取扱要領」（令和4年4月）10頁）。逆に、労働局の是正指導書をみると、上記行政解釈の裏返しではありますが、「出向契約とは認められない事由」として、「①出向労働者を出向元である貴社において離職させるのではなく、出向先において雇用機会を確保させることを目的とするものでないこと。②経営指導・技術指導の実施を目的とするものでないこと。③職業能力の開発の一環として行っているものでないこと。④企業グループ内の人事交流の一環として行っているものでないこと。⑤自己の雇用する労働者を営利を目的として反復継続して出向させていること。⑥出向により企業利益をあげるという形態を継続して行っていること」が記載されており、特に⑤および⑥をみると利益を目的として行われていないことがポイントと理解でき、出向にあたって、給料と社会保険料を計算のうえ、その金額を出向料が超えないよう細かい計算をしている企業もあります。

3　個別同意の要否

　出向には労働者の個別同意が必要とする見解もありますが、この労働者の同意の意義については、多数説および多くの裁判例において個別同意は必要なく事前の包括的同意でよいと解されており、具体的には、「業務上の必要により出向を命ずることがある」といった単なる抽象的規定では足りず、就業規則や労働協約において、出向の対象企業、出向中の労働条件、服務関係、期間、復帰の際の労働条件の処理について出向労働者の利益に配慮した詳細な規定が設けられていることが必要と解されています（最判平成15年4月18日労判847号14号〔新日本製鐵（日鐵運輸第2）事件〕等、菅野和夫ほか編『論点体系　判例労働法3』24頁）。

　もっとも、実際のところ、出向中の具体的な業務内容や出向の対象企業まで規程で定めていなければならないとすると、柔軟性に欠けると思われるので、具体的な業務や対象企業等詳細については現実に出向となるときに明らかになっていれば足りるでしょう。

4　出向命令の権利濫用

　出向命令の権利濫用についてはQ6で詳述します。

【書式4】　就業規則の規定例（配転・転勤・出向）

第○条（配置転換、転勤、出向）
　会社は、業務上必要があるときは、従業員に対し職務変更、配置転換、転勤、出向を命ずることがある。
2　前項の場合において、従業員は正当な理由なくこれを拒んではならない。

（村田浩一）

Q6 想定していなかった企業への出向、賃金の下がる出向

本業の業務縮小を理由に雇用シェア先など入社時には想定していなかった企業への出向を命じることはできますか。

また、賃金が下がる出向を命じる場合の注意点はありますか。

A 　出向命令権が認められるとしても、業務上の必要性がない場合、労働者に著しい不利益がある場合、不当な動機・目的がある場合、人選の合理性がない場合には、出向命令権の濫用と判断されることがあります。

　入社時に想定していなかった企業への出向だからといって直ちに出向命令権が否定されるわけではありませんが、出向命令権の濫用にあたらないか確認すべきです。

　また、出向後の賃金は不利益性を判断するうえで重要な要素と判断されるため、出向により賃金が下がる場合、出向手当等を支給し、不利益を緩和することも検討すべきでしょう。

1 出向労働者の利益に配慮した規定の必要性

　出向に必要な労働者の同意の意義については、就業規則や労働協約において、出向の対象企業、出向中の労働条件、服務関係、期間、復帰の際の労働条件の処理について出向労働者の利益に配慮した詳細な規定が設けられていることが必要と解されています（最判平成15年4月18日労判847号14号〔新日本製鐵（日鐵運輸第2）事件〕等、菅野和夫ほか編『論点体系　判例労働法3』24頁）（Q5参照）。

　後述する出向規程例（【書式5】）のように、上記各事項や、出向先についても可能な範囲で定めておくとよいでしょう。

2　出向命令権の濫用

　出向命令権が認められ「出向を命ずることができる場合」（労契法14条）で
あるとしても、同条が「当該出向の命令が、その必要性、対象労働者の選定
に係る事情その他の事情に照らして、その権利を濫用したものと認められる
場合には、当該命令は、無効とする」と規定しているとおり、出向命令権の
濫用とならないことが必要です。

　出向命令権の濫用に関しては、前掲・新日本製鐵（日鐵運輸第2）事件が、
事例判断ではありますが、「被上告人〔筆者注：出向元〕が構内輸送業務の
うち鉄道輸送部門の一定の業務を日鐵運輸に委託することとした経営判断が
合理性を欠くものとはいえず、これに伴い、委託される業務に従事していた
被上告人の従業員につき出向措置を講ずる必要があったということができ、
出向措置の対象となる者の人選基準には合理性があり、具体的な人選につい
てもその不当性をうかがわせるような事情はない。また、本件各出向命令に
よって上告人らの労務提供先は変わるものの、その従事する業務内容や勤務
場所には何らの変更はなく、上記社外勤務協定による出向中の社員の地位、
賃金、退職金、各種の出向手当、昇格・昇給等の査定その他処遇等に関する
規定等を勘案すれば、上告人ら〔筆者注：出向者〕がその生活関係、労働条
件等において著しい不利益を受けるものとはいえない。そして、本件各出向
命令の発令に至る手続に不相当な点があるともいえない。これらの事情にか
んがみれば、本件各出向命令が権利の濫用に当たるということはできない」
と判示しており、出向命令の業務上の必要性、対象労働者の人選の合理性、
出向者の生活関係、労働条件等の著しい不利益性および手続の相当性が総合
考慮されるとされています。

3　入社時に想定していなかった企業への出向

　入社時に想定していなかった企業への出向だからといって、直ちに出向命

令権が認められないわけではありません。前掲・新日本製鐵（日鐵運輸第２）事件も、入社後に構内輸送業務の合理化で生じた、入社時に想定していなかった企業への出向の事例ですが、出向命令権は認められています。ただし、出向規程等で出向を制限してしまっていないかは注意すべきです。

　また、２で述べた出向命令権の濫用にあたらないよう、出向の必要性や人選の合理性等については確認すべきです。

4　賃金が下がる出向

　出向後の賃金は不利益性を判断するうえで重要な要素と判断されます。

　光洋自動機事件（大阪地判昭和50年４月25日労判227号37頁）では、「月額463円の賃金減額を生じた」ことについて、「減少は僅少」で「将来において十分回復する可能性がある」と評価し、「既得の権利利益を著るしく損なうようなものでもない」と判断しています。他方、兵庫県商工会連合会事件（神戸地姫路支判平成24年10月29日労判1066号28頁）は、「出向後の給与額は非常に重要な要素」としたうえで、出向後に「月額３万5700円という相当額の管理職手当が支給されないことが予定されていた」ことを指摘し、結論として出向命令権の濫用と判断しています。

　そのため、出向により賃金が下がる場合、実務的には出向手当等を支給し、不利益を緩和することは有効と考えられます。

【書式5】　出向規程例

出向規程

　本規程では株式会社○○（以下、「会社」という。）就業規則第○条第○項の規定に基づく従業員の出向に関する事項について定める。

第1条（身分）

　出向者は、会社に従業員として在籍したまま、会社の命ずるところにより、出向先に勤務し、出向先の指揮命令に従うものとする。

2　会社は、出向先に出向する従業員（以下、「出向者」という。）の労働条件等が出向によって不利益とならないよう配慮するものとする。

3　出向者は、出向の目的を達成するため、出向先の指揮命令に従い、出向先の職員と協力し、誠実に勤務しなければならない。

第2条（出向者の所属）

　出向者が出向する間の会社における所属は、総務部人事課とする。

2　ただし、会社は必要に応じて、前項に規定する所属先を出向時に所属していた組織とすることができる。

第3条（出向期間）

　出向期間は、原則として3年以内とする。ただし、業務上必要な場合、出向者の意見を聴いてこれを延長することができる。

2　出向期間は、会社の勤続年数に通算する。

第4条（出向先）

　会社が出向者に出向を命じる出向先は、原則としてグループ会社及び取引先等とする。ただし、業務上必要な場合、その他の出向先への出向を命じることがある。

第5条（労働条件）

　出向者の出向先における服務規律、勤務時間、休日・休暇等の労働条件（給与及び諸手当は除く。）は、原則として出向先の就業規則その他の諸規程に従うものとする。

2　出向先の就業規則その他の諸規程により出向者に賞罰を行う必要が生じた場合は、諭旨退職または懲戒解雇を除き、出向先の就業規則その他諸規程により出向先が取り扱う。ただし、会社と出向先が協議のうえ、出向先および会社が賞罰を行うことがある。

3　出向先において諭旨退職または懲戒解雇に該当する行為があった場合は、復帰を命じたうえで、会社の就業規則の定めにより会社が取り扱う。

第6条（給与・賞与の支給）

　出向者の給与、時間外労働手当、休日労働手当、深夜労働手当、賞与は、会社の規程により会社が支給する。

2　前項の給与及び諸手当は、原則として出向先が負担する。

第7条（旅費及び費用）

　　出向者が出向先に赴任するときの旅費は、会社の規程により会社が支給し、出向先が負担する。

2　出向者が会社に帰任するときの旅費は、会社の規程により会社が支給および負担する。ただし、自己都合による帰任及び出向者が出向後6か月未満で退職する場合には、会社は帰任費用を負担しない。

3　出向期間中の出向先の業務に係る出張旅費その他出向者が出向先の業務遂行上要した費用は、出向先の規程により出向先が支給及び負担する。

第8条（社会保険及び災害補償等）

　　出向者の社会保険及び雇用保険は、会社での加入を継続し、保険料の事業者負担金は、出向先が負担する。

2　労働者災害補償保険は、出向先の負担で出向先が付保する。

第9条（退職金の支給）

　　出向者が出向期間中に退職（死亡を含む。）する場合の退職金は、会社の退職金規程により会社が支給及び負担する。

第10条（健康管理及び安全衛生管理）

　　出向者の健康管理及び安全衛生管理は、原則として出向先の就業規則その他の諸規程の定めるところにより、出向先で行う。

第11条（復帰）

　　出向者が次の各号のいずれかに該当する場合は、会社に復帰させるものとする。

　(1)　出向期間が満了した場合

　(2)　出向期間中に退職する場合

　(3)　出向先の就業規則による解雇、諭旨退職、懲戒解雇または休職の事由に該当した場合

　(4)　その他出向が不適当と会社が認めた場合

第12条（その他）

　　出向者の取扱いについて、本規程に定めのない事態が生じた場合、または、本規程の定めと異なる取扱いをする必要がある場合は、会社及び出向先で協議の上、定めるものとする。

附　　則

この規程は、令和○年○月○日から施行する。

（村田浩一）

Q7　労働基準法、就業規則等の適用関係

　出向では、出向労働者は、出向元および出向先の双方とそれぞれ労働契約関係があるとのことですが、労働基準法の適用関係はどのようになるのでしょうか。

　また、出向元と出向先で労働条件（賃金、労働時間、休日等）が異なる場合、出向者にいずれの労働条件を適用すべきでしょうか。

　労務提供については出向先が使用者の立場にたち、労務提供を前提としない契約上の地位の喪失等については出向元が使用者の立場にたちます。

　就業規則の適用関係については、出向契約の定めによりますが、記載がない場合は問題となる規定の内容ごとに検討します。

1　労働基準法の適用関係

　出向（在籍出向）では、出向労働者は、出向元および出向先の双方とそれぞれ労働契約関係があるため、労基法の適用上、出向元と出向先のいずれが使用者となるのかが問題になります。

　この点に関して、行政通達（「労働者派遣事業の適正な運営の確保及び派遣労働者の就業条件の整備等に関する法律(第3章第4節関係)の施行について」昭和61年6月6日基発第333号）では、「在籍型出向の出向労働者については、出向元及び出向先の双方とそれぞれ労働契約関係があるので、出向元及び出向先に対しては、それぞれ労働契約関係が存する限度で労働基準法等の適用がある。すなわち、出向元、出向先及び出向労働者三者間の取決めによって定められた権限と責任に応じて出向元の使用者又は出向先の使用者が出向労働者について労働基準法等における使用者としての責任を負うものである」とされています（昭和59年10月18日労働基準法研究会報告「派遣、出向等複雑な労働

関係に対する労働基準法等の適用について」も同旨）。

　具体的には、出向（在籍出向）の本質が、労働者が出向元企業に在籍したまま、出向先企業においてその指揮命令の下で労務を提供する点にあることに鑑み、原則として、労務の提供を前提とする権利・義務については出向先が、そうでない部分については出向元が、それぞれ労基法上の使用者に該当することになると解されます。

〔表１〕　労基法の適用関係

労基法の規定		出向元	出向先
総則に関する規定（1章） 労働条件の決定（1条、2条）、均等待遇（3条）、男女同一賃金の原則（4条）、強制労働の禁止（5条）、中間搾取の排除（6条）、公民権の保障（7条）		○	○
労働契約に関する規定 （2章）	退職時の証明（22条）、金品の返還（23条）	○	○
	解雇（19条〜20条）	○	
賃金（3章）および割増賃金（37条）※		○	○
労働時間・休憩・休日・年次有給休暇（4章）	労働時間（32条）、変形労働時間制（32条の2、32条の4、32条の5）、フレックスタイム制（32条の3）、休憩（34条）、休日（35条）、事業場外みなし時間（38条の2）、裁量労働制（38条の3、38条の4）、年次有給休暇（39条）、管理職等適用除外（41条）		○
	時間外、休日労働（33条、36条）		○
安全衛生（5章）			○
年少者（6章）	最低年齢（56条）、年少者の証明書（57条）	○	○
	未成年者の労働契約等（58条、59条）、帰郷旅費（64条）	○	
	女性・年少者の労働時間、休日（60条、64条の2）、深夜業（61条）、就業制限（62条、64条の3）、坑内労働禁止（63条、64条の2）		○
妊産婦等（6章の2） 産前産後の休業（65条）、妊産婦の時間外、休日労働、深夜業（66条）、育児時間（67条）、生理日の措置（68条）		○	○
技能者の養成（7章） 徒弟の弊害排除（69条）、職業訓練の特例（70〜72条）		○	○

災害補償（8章）		○
就業規則に関する規定（9章）	○	○
寄宿舎（10章）	○	○
監督機関（11章）	○	○
雑則（12章） 報告（104条の2）、法令等の周知義務（106条）、労働者名簿（107条）、賃金台帳（108条）、記録の保存（109条）	○	○

※　最終的な賃金支払義務者が出向元の場合は出向元、出向契約で出向先が賃金支払い義務を負っている場合には出向先。

〔表2〕　保険の加入

労災保険		出向先
雇用保険		主たる報酬の支払元
健康保険・厚生年金保険		報酬の直接支払元 （以下のとおり、場合により保険者を選択）
	報酬（賃金）の本人への支払元	①出向元で全額支給 →出向元で加入
		②出向先で全額支給 →出向先で加入するのが論理的だが、実務上は出向元で加入するケースが多い
		③出向元と出向先から双方で支給 →二以上事業所勤務届を提出し被保険者本人が選択

2　就業規則の適用関係

　出向元と出向先の就業規則の規定が異なっている場合に、どちらの規定が適用されるかについては、出向契約の定めによります。そのため、これらについて労働契約において定めておくことが適切です。

　これを定めていなかった場合には、出向の本質を考慮し、以下のように決定されることになります。

⑴　始業・終業時刻、労働時間、休日、休暇などの勤務形態

　出向労働者は、出向先企業においてその指揮命令の下で労務を提供するため、労務提供に関する始業・終業時刻、労働時間、休日、休暇などの勤務形

態についての規定は、原則として、出向先企業の就業規則が適用されることになります。

(2)　服務規律

出向者は出向先企業においてその指揮命令の下で労務を提供するため、労務提供の方法に関する服務規律についても、原則として、出向先企業の就業規則が適用されることになると考えます。

(3)　懲戒関係

出向者は出向先企業においてその指揮命令の下で労務を提供し、また、出向先の職場秩序維持の観点からも、原則として、出向先企業の就業規則が適用されることになります。ただし、懲戒解雇については、出向先は出向労働者を解雇する権限を有していないため、出向元の就業規則が適用されます。出向者を懲戒解雇する場合、出向者を出向元に復帰（なお、復帰命令には労働者の同意は不要と解されています（最判昭和60年4月5日民集39巻3号675頁〔古河電気工業・電子燃料工業事件〕））させたうえで、出向元が懲戒解雇をすることになります。

(4)　賃金関係

賃金については、出向契約の定めによりますが、どちらの規定が適用されるか明らかでない場合には、原則として、出向元の就業規則によると考えるべきと考えます。なぜなら、出向元での労働条件が維持されると考えることが、当事者の合理的意思に合致すると考えられるためです。

(5)　定年制、退職金、解雇等

定年制、退職金、解雇等は、出向元にある契約の基盤にかかわるものであり、出向元の就業規則が適用されることになります。

出向者から退職の申出があった場合、出向者を出向元に復帰させたうえで退職処理をすることになります。

(6)　休職関係

休職とは、ある従業員について労務に従事させることが不能または不適当

33

な事由が生じた場合に、使用者がその従業員に対し労働契約そのものは維持させながら労務への従事を免除すること、または禁止することをいいます（菅野和夫『労働法〔第12版〕』742頁）。

休職については、労務提供の側面と契約上の地位の喪失に至らせる側面に分けて検討することが適切と考えます。

まず、休職の契約上の地位の喪失に至らせる側面、具体的には、私傷病休職における休職期間の要件については、基本的な労働契約関係の当事者である出向元の規定を適用する必要があると考えます。

次に、休職の労務への従事を免除する側面、具体的には、私傷病休職（業務外の傷病による長期欠勤が一定期間に及んだときに行われる休職）における欠勤の要件については、労働力の利用処分権限を有する出向先の規定を適用することが考えられます。

ただ、出向とは通常、①労働者を離職させるのではなく、関係会社において雇用機会を確保する、②経営指導、技術指導の実施、③職業能力開発の一環として行う、④企業グループ内の人事交流の一環として行う等の目的に基づいて行われるところ（Ｑ5参照）、休職に至った場合には、当該目的を果たすことはできなくなるため、出向者を出向元に復帰させたうえで、休職させることが適切と考えます。

(7)　安全衛生、災害補償

出向労働者は、出向先企業においてその指揮命令の下で労務を提供するため、労務提供に関する安全衛生、災害補償についての規定は、原則として、出向先企業の就業規則が適用されることになります。

安全配慮義務については出向元も責任を負う可能性があります。安全配慮義務とは、使用者が従業員の生命および健康等を危険から保護するよう配慮すべき義務をいい、最高裁判所は、自衛隊員に関する自衛隊車両整備工場事件（最判昭和50年2月25日民集29巻2号143頁）において、「安全配慮義務は、ある法律関係に基づいて特別な社会的接触の関係に入った当事者間において、

当該法律関係の付随義務として当事者の一方又は双方が相手方に対して信義則上負う義務として一般的に認められるべきもの」と判示し、使用者が「公務員の生命及び健康等を危険から保護するよう配慮すべき義務（以下『安全配慮義務』という。）を負っている」ことを認めました。現在では、労契法5条において「使用者は、労働契約に伴い、労働者がその生命、身体等の安全を確保しつつ労働することができるよう、必要な配慮をするものとする」と規定され、安全配慮義務が認められています。

　出向は、出向元に在籍したまま出向先の指揮命令に服するものであり、指揮命令を行う出向先が安全配慮義務を負うことは当然ですが、出向元が責任を負うかは問題となります。

　たとえば、A鉄道（B工業C工場）事件（広島地判平成16年3月9日労判875号50頁）は、出向者が毎日3時間程度の残業と土曜出勤を行うなどし、出向後に精神疾患を発症した事案について、出向先の安全配慮義務について、「使用者は、その雇用する労働者に従事させる業務を定めてこれを管理するに際し、業務の遂行に伴う疲労や心理的負荷等が過度に蓄積して労働者の心身の健康を損なうことがないよう注意する義務を負う」と判示し、一般論として出向先の安全配慮義務を認めましたが、業務が過重でなかったことを理由に出向先の安全配慮義務違反を否定しました。

　そして、出向元の安全配慮義務については、「当該職員が出向先での仕事に困難が生じたとして相談してきた場合には、出向先での業務の遂行に伴う疲労や心理的負荷等が過度に蓄積して労働者の心身の健康を損なうことがないように配慮し、出向先の会社に勤務状況を確認したり、出向の取り止めや休暇取得や医師の受診の勧奨等の措置をとるべき注意義務を負う」と判示し、一般論として出向元の安全配慮義務も認めましたが、予見可能性がなかったことを理由に出向元の安全配慮義務違反を否定しました。

　また、協成建設工業ほか事件（札幌地判平成10年7月16日労判744号29頁）は、出向者（太郎）が出向後に自殺した事案について、出向先の安全配慮義務に

ついて、「適宜本件工事現場を視察するなどして本件工事の進捗状況を
チェックし、工事が遅れた場合には作業員を増加し、また、太郎の健康状態
に留意するなどして、太郎が工事の遅れ等により過剰な時間外勤務や休日出
勤をすることを余儀なくされ心身に変調を来し自殺をすることがないように
注意すべき義務があったところ、これを怠り、本件工事が豪雪等の影響で遅
れているのに何らの手当もしないで事態の収拾を太郎に任せきりにした結果、
右一のとおり、太郎を自殺させた」と判示し、安全配慮義務違反を認めまし
た。

　そして、出向元の安全配慮義務については、「太郎を在籍のまま被告会社
に出向させているとはいえ、休職扱いにしているうえ、本件工事を請け負っ
たのが被告会社〔筆者注：出向先〕であって被告組合〔筆者注：出向元〕と
しては本件工事の施行方法等について被告会社等を指導する余地がなかっ
た」と判示し、安全配慮義務違反を否定しました。

　このように、出向先のみならず、出向元も、予見可能性および結果回避義
務違反によっては責任を負う可能性があります。

（村田浩一）

Q8　出向を拒否する者への対応

業務命令としての出向を拒否する者や、雇用を維持するための出向を拒否し、休業手当を支払う休業の継続を求める者に対しどのように対応すべきでしょうか。

A　業務命令としての出向命令の場合、これを拒否する者に対しては、原則として懲戒解雇等の重めの処分を選択することになると思われます。

整理解雇を回避するための出向命令の場合、希望退職を募ったり、普通解雇や整理解雇を検討することになるでしょう。

1　業務命令としての出向命令の場合

出向命令が有効といえる場合、出向命令に応じる不利益より、これを拒否し懲戒処分を受ける不利益の方が小さい場合、出向命令を拒否することを選択する者が現れるため、業務命令としての出向命令拒否者に対しては、懲戒解雇等の重めの処分を選択することが多くみられます。

例えば、小野・セメント事件（東京地判昭和45年6月29日労判106号42頁）や日本ステンレス・日ス梱包事件（新潟地高田支判昭和61年10月31日労判485号43頁。なお、形式的には別会社への出向であるが、実質的には社内の配転と評価された事案）、ハイクリップス事件（大阪地判平成20年3月7日労判971号72頁。なお、他の非違行為も認められた事案）では、出向命令違反等を理由とする懲戒解雇が有効と判断されています。

2　整理解雇を回避するための出向命令の場合

他方、整理解雇を回避するための出向命令は、会社の出向命令権というより、解雇回避努力の履行であり、その拒否に対して懲戒処分をもって対応す

37

ることは望ましくないと考えます。通常は、出向を命じるとともに出向に応じられない者のために、退職金を加算するなどして希望退職を募ります。希望退職に応じないから出向を命じるとすると、不当な目的ありとされることがあるので、施策の順番は慎重に検討する必要がありますが、一般的には出向と希望退職を同時に提案します。

しかし、退職を選択せず、有効な出向命令にも従わないという場合は、解雇もやむなしといえます。ただし、もともとは会社都合に起因する出向命令ですので、懲戒解雇でなく普通解雇とすべきでしょう。

また、出向命令が有効と判断される場合に、出向命令に応じなかった者を、整理解雇の対象とすることもあり得ます。ただし、整理解雇の有効性は、①人員削減の必要性、②解雇回避措置の相当性、③人員選択の合理性、④手続の相当性の各要素を総合的に考慮して判断されます。本書執筆時点において、行政が雇用調整助成金を利用した雇用の確保を推奨している特殊な状況があり、雇用調整助成金の支給を受けるまでの間、休業手当の支給を継続する財政的基盤があるにもかかわらず、雇用調整助成金を利用せずに解雇を行い、②解雇回避措置の相当性が低いと判断された事例（仙台地決令和2年8月21日労判1236号63頁〔センバ流通（仮処分）事件〕）もあるので、注意が必要です。

3　出向命令が有効とされにくい場合や、解雇が難しい場合

自社で業務がなく、労働者に他社への出向を求めたり、退職勧奨や整理解雇を行いたいものの、出向先が出向規程で想定されていない出向先であるなど、出向命令が有効とされにくい場合や、助成金の支給を受けているなどの理由により解雇等を行うことが難しい場合、休業を指示することが無難です。ただ、休業となった場合、休業手当を得られるうえに、休業中に副業を行い、副業先から賃金を得られることもあり、出向に応じた者との間で不公平を生じないよう、人事考課や賞与評価などで差をつけるべきと考えます。

（村田浩一）

（Q9）　出向元・出向先双方で労務提供を行う兼務出向

出向元・出向先双方で労務提供を行う兼務出向を行うことはできますか。兼務出向を行う場合、どのような点に注意したらよいでしょうか。

A　兼務出向も認められます。この場合、出向元での労務提供部分については出向元に労基法や出向元の就業規則の規定が適用され、他方、出向先での労務提供部分については出向先に労基法や出向先の就業規則の規定が適用されます。

　　また、出向元および出向先の労働時間が通算される点にも注意が必要です。

1　兼務出向の可否

　出向とは、出向元と出向者との間にある権利義務の一部を合意（出向契約）により出向先に移転させるものであり、その配分については、出向契約の当事者である出向元と出向先の間で合意により決められると考えます。そのため、出向者が出向元と出向先の両方の業務に従事する形態の出向（兼務出向）も認められると考えます。実際に、近時、企業グループ間においてはこのような出向もしばしばみられます。

　出向（後述の「出向者が出向元と出向先の両方の業務に従事する形態の出向（兼務出向）」と区別して、「従来型の出向」ともいいます）においては、労務提供に関する労働時間、休日、休暇などについては、労務提供先である出向先に労基法が適用され、労務提供先である出向先の就業規則の規定が適用されていました。

　他方で、出向者が出向元と出向先の両方の業務に従事する形態の出向（兼務出向）においては、出向元も出向先も労務提供先となるため、出向元での労務提供部分については、労務提供先である出向元に労基法が適用され、出

向元の就業規則の規定が適用され、他方、出向先での労務提供部分について
は、労務提供先である出向先に労基法が適用され、出向先の就業規則の規定
が適用されると考えます。

　実務上は、出向契約において出向元・出向先における各々の権利義務関係
（①労働日ごとの出向元・出向先の勤務日、②労働日の時間帯ごとの出向元・出向
先の勤務時間、③①や②にかかわらず、業務ごとの出向元・出向先勤務、など）
を明確に定めるとともに、出向労働者にも十分な説明を行うことが肝要です
（石嵜信憲『配転・出向・降格の法律実務〔第 2 版〕』349頁）。

2　労働時間の通算

　出向者が出向元と出向先の両方の業務に従事する形態の出向において、別
会社における労務提供だからといって労働時間を別個にカウントすることは
できず、両社における労働時間は通算されます（労基法38条 1 項。労働時間の
通算については、Q50、Q51、「副業・兼業の場合における労働時間管理に係る労
働基準法第38条第 1 項の解釈等について」（令和 2 年 9 月 1 日基発0901第 3 号）等
を参考にしてください）。労働時間の通算（原則的な労働時間管理の方法または
管理モデルの実施）の結果、時間外労働が生じた場合は、割増賃金を支払わ
なければなりません。

　割増賃金の負担については、出向元、出向先の順に所定労働時間を通算し、
出向元と出向先がそれぞれ自らの事業場の労働時間制度における法定外労働
時間の労働について割増賃金を負担するのが本来です。ただ、兼務出向の場
合、賃金は出向元または出向先の一方が出向者にまとめて支払い、他方が支
払いを行った者に対し、給与負担金等の形で自己の負担分を支払い、割増賃
金についても同様となるでしょう。

（村田浩一）

Q10　出向先への出向者の個人情報の開示

　出向元から出向先に出向者の人事情報、賃金情報等の個人データを開示することはできますか。

　個人データの第三者提供になり原則として本人の同意が必要ですが、「共同利用」の措置を講ずれば個人データを提供することができます。

1　個人データの第三者提供

　個人情報保護法（以下、「法」といいます。また、法令については令和4年4月1日施行の改正法を前提とし、念のため旧法の条数も併記します）17条（旧15条）1項は「個人情報取扱事業者は、個人情報を取り扱うに当たっては、その利用の目的……をできる限り特定しなければならない」と定め、法27条（旧23条）1項柱書では「個人情報取扱事業者は、次に掲げる場合を除くほか、あらかじめ本人の同意を得ないで、個人データを第三者に提供してはならない」と定めており、個人データの第三者提供には原則として本人の同意が必要です。

　ここで、「個人情報取扱事業者」とは、「個人情報データベース等」を事業の用に供している者をいい（法16条2項（旧2条5項））、「個人情報データベース等」とは、①特定の個人情報をコンピュータを用いて検索することができるように体系的に構成した、個人情報を含む情報の集合物、または、②コンピュータを用いていない場合であっても、紙面で処理した個人情報を一定の規則（五十音順など）に従って整理し、目次、索引等を付し、特定の個人情報を容易に検索することができるように体系的に構成した情報の集合物をいいます（法16条1項（旧2条4項））。取引先の名刺や従業員の人事記録を扱う通常の事業者は「個人情報取扱事業者」にあたるでしょう。

そのため、出向元から出向先に出向者の人事情報、賃金情報等の個人データを開示することは個人データの第三者提供になり原則として本人の同意が必要です。

2　共同利用

ただし、「共同利用」に該当すれば、出向者の同意なく、出向先に個人データを提供することができます（法27条（旧23条）5項3号）。この場合、①共同利用する者、②共同して利用される個人データの項目、③共同して利用する者の範囲、④利用する者の利用目的、⑤当該個人データの管理について責任を有する事業者の氏名または名称について、あらかじめ本人に通知し、または、本人が容易に知りうる状態におくことが必要です。

3　マイナンバー

マイナンバーを含む個人情報を特定個人情報といい（番号法2条8項）、特定個人情報を提供、収集または保管することができるのは番号法19条各号に定める場合に限られます（同法19条、20条）。

出向に関しては、従業者等（従業者、法人の業務を執行する役員または国もしくは地方公共団体の公務員）の出向・転籍・退職等があった場合において、当該従業者等の同意があるときは、出向・転籍・退職等前の使用者等（使用者、法人または国もしくは地方公共団体）から出向・転籍・再就職先等の使用者等に対して、「その個人番号関係事務を処理するために必要な限度」で当該従業者等の特定個人情報を提供することができるとされています（同法19条4号）。

この同意は、出向・転籍前の事業者が、当該従業者等の出向・転籍先の決定以後に、特定個人情報の具体的な提供先を明らかにしたうえで、当該従業者等から取得する必要があります（デジタル庁「よくある質問：民間事業者における取扱いについて」の「Q4-5-1」参照〔2021年9月回答〕）。

　また、番号法19条４号に基づき提供が認められる特定個人情報の範囲は、社会保障、税分野に係る健康保険・厚生年金保険被保険者資格取得届、給与支払報告書や支払調書の提出など、出向・転籍・再就職等先の使用者等が「その個人番号関係事務を処理するために必要な限度」に限定されるため、例えば、従業者等の氏名、住所、生年月日等や前職の給与額等については同号に基づく提供が認められ、他方、前職の離職理由等については、同号に基づく提供は認められないと解されます（個人情報保護委員会「特定個人情報の適正な取扱いに関するガイドライン（事業者編）」平成26年12月11日（令和４年３月一部改正）。

4　雇用管理上の個人情報に関する同意書

　上記のような疑義を生じないよう、入社時等に雇用管理上の個人情報を第三者に開示する可能性があることも含めて同意書（【書式６】）を取得しておくとよいでしょう。

【書式６】　雇用管理上の個人情報に関する同意書例

株式会社○○○○

代表取締役　○○○○　殿

雇用管理上の個人情報に関する同意書

　私は、下記事項について現在御社が保有する雇用管理上の個人情報及び今後私が提供又は御社が取得する私の雇用管理上の個人情報について、次のとおりその取得、利用、提供（所定の第三者提供を含む）について同意いたします。

記

１．雇用管理情報の種類と利用・取扱い目的等

提供する情報	利用・取扱い目的
基本情報（住所・氏名・生年月日・年齢・性別・電話番号等）	事務連絡、人事労務管理、人事配置（出向・転籍等を含む。）、指導その他の業務管理、賃金決定・支払、給与計算、源泉徴収手続・社会保険、福利厚生、保安、適正な健康管理、各種台帳の作成、法律上の諸手続（以下、「基本利用」という。）その他雇用管理上の必要
賃金関係情報（初任給・昇給・等級・賃金形態・年収・月収・賞与・諸手当・退職金ポイント・源泉・貸金生保控除等）	基本利用、退職金、財産形成、企業年金その他雇用管理上の必要
人事情報（学歴・職歴・職位・資格・人事異動歴・自己申告・目標管理シート・免許・人事評価・賞罰・研修歴・破産、兼職、社会活動、特技等）	基本利用、人事評価、昇・降格等、研修、社会・セキュリティ管理、ボランティア活動、その他雇用・労務管理上の必要
家族・親族情報（家族・就学構成、扶養関係、出生死亡等の変更、通勤経路、就業・就学関係、その他）	基本利用、諸手当の決定及び支払、社会保険関係、災害補償、事故・死亡時の給付、福利厚生の提供、育児・介護休業法等の適用、その他雇用管理上の必要
健康関係情報（健康の状態、病歴、自覚症状、治療・持病健康診断結果、身体状況、通院、血液型等）	基本利用、健康管理、就労上の措置、休職復職等の決定、就労管理、事故等の応急措置・職業病対策等
交通事故情報（免許・資格・事故・違反歴その他）	安全管理（事故対応）、安全運転管理（安全運転センターへの照会を含む）、就業管理その他雇用管理上の必要

身体的識別情報（写真、映像、身体特性等）	身分証明、セキュリティ管理、事故対応等雇用・労務管理の必要
社員（扶養家族を含む）の特定個人番号	社員（扶養家族を含む）に係る個人番号関係事務（源泉徴収、特別徴収に関する事務、社会保険に関する事務、国民年金に関する事務等）のため
社員の配偶者に関する個人番号関係事務（国民年金の第三号被保険者の届出等）のため	
上記以外の雇用管理情報（右の目的により取得・利用の情報）	福利厚生、労働組合との協定、商法、会社法、金融商品取引法その他法令の実施（登記・登録・届出等を含む）広報、報道、その他対外関係等

2．情報システム及び防犯カメラ等によるモニタリング又は私の電子メールの送受信を含むコンピューター操作等をモニタリングすること及びその調査等に従うこと

3．本同意書は貴社退職後も有効とします。

令和　　年　　月　　日

　　　　　　　　　　　　住所
　　　　　　　　　　　　氏名　　　　　　　　　　　　　　　　　印

（村田浩一）

45

4　転　籍

Q11　転籍を義務づけることはできるか

就業規則に配置転換、出向とともに転籍についても命じる旨の定めがありますが、その定めにより転籍を労働者に義務づけることはできますか。転籍に関する規程が定められている場合にはどうでしょうか。

 　出向とは異なり、転籍については、特段の事情がない限り、規則に転籍命令を定めるだけでは足りず、労働者の個別同意が必要となり、慎重な対応が必要となります。

1　転籍の意義および形態

転籍は、それまで雇用されていた使用者（転籍元）との労働契約関係を終了させ、新たな使用者（転籍先）との労働契約関係を成立させる企業間の人事異動のことをいい、①転籍元がその労働者に対する労働契約上の地位を転籍先に譲渡する場合、②労働者が転籍元を退職して雇用身分を失い、転籍先と労働契約を新たに生じさせることで、転籍元との関係では、新労働契約の締結を停止条件とする労働契約の合意解約をする場合があります。①の場合は「使用者は、労働者の承諾を得なければ、その権利を第三者に譲渡することができない」と定める民法625条1項の承諾として、②の場合は退社・入社に伴うものとして、いずれであっても労働者の同意が必要となりますが、実務上は②の場合が一般的です。転籍は、実務上、「移籍型出向」と呼ばれることもあり、同じ企業間の人事異動である「出向」と似ていると評価されます。

2 規定・規程に基づく転籍命令

(1) 原則──出向とは異なり、個別同意が必要

出向は、労働者が使用者（出向元）との労働契約に基づく身分を保有しながら第三者（出向先）の指揮命令の下で労務を提供するもので、出向元との労働契約が残り、いずれ同社に復帰することが前提となるため、労働条件その他具体的な内容を定めた出向規程等に基づいて（労働者による事前の包括同意があったことになります）労働者に出向を義務づけることが法的にも可能です。

これに対し、転籍は、転籍元との労働契約関係を終了させるとともに、転籍先との労働契約関係を新たに成立させるという重大な法律関係の変更を伴います。そのため、就業規則の転籍に関する規定や別規則の転籍規程の定めによって転籍を労働者に義務づけることはできず、転籍の法的効果を得るためには、労働者の個別同意が必要となります（東京地判平成7年12月25日労判689号31頁〔三和機材事件〕）。

(2) 例外──特段の事情

ただ、一定数以上のグループ会社経営をしている企業集団では、適材適所への人員配置を行いつつ、当該配置先に本籍を置かせ、さらには当該配置先のみの労働契約関係とすることによって労働者の自覚および覚悟を芽生えさせるため、また、労働者間の公平性を保つために、転籍規程に基づく包括的な労働者の同意を根拠にした転籍命令を実施したいと考えることもあり、実際にも転籍規程を設けている企業もあります。

裁判例の中には、「特段の事情のない限り」就業規則に転籍命令に関する規定があっても、労働者の個別同意が必要であると判断しているものがあり（前掲・三和機材事件）、例外的に、個別同意を得ることなく、就業規則等の定めにより転籍を労働者に義務づけることができる場合があると考えられます。

47

　採用時の入社案内に勤務場所の1つとして明記され、採用面接時にその勤務場所に転籍する可能性があることが説明され、労働者も異議がないと同意しており、労働協約等に転籍が整備され、転籍についても長年にわたって運用されてきたような会社のケースにおいて、転籍先の労働条件等が著しく不利益であったり、不利益な事情変更により、当初の同意を根拠に転籍を命じることが不当と認められるなど特段の事情のない限り、入社時の包括的同意を根拠に転籍を命じることができると判断した判決があります（千葉地判昭和56年5月25日労判372号49頁〔日立精機事件〕）。もっとも、この事案では、転籍先が転籍元の一部署を独立させた会社で資本関係も、役員の兼務もあり、退職金の支払いも行っていないような実質的にはグループ内の配置転換や出向と同視できるような事案であったことに留意する必要があります。

3　転籍元との労働契約が終了する点を重視すべき

　例外的に、転籍規程等の定めによって、転籍を労働者に義務づけることができるケースもありますが、それは、労働条件等が転籍によって下がることがなく、将来の雇用および労働条件も転籍元で約束された内容と同レベルであって、転籍先が転籍元の一部署とみなせるなど、同一グループ企業間の人事異動と同視できるような非常に例外的なケースに限られるものと考えておく必要があります。冒頭でも指摘しましたが、転籍は、転籍元との労働契約関係が終了するという重大な法律関係の変更を伴いますので、転籍にあたっては、その時点において、労働者の個別の同意を取る慎重な対応をすべきです。

（根本義尚）

Q12 転籍元・転籍先の留意事項

　労働者の個別同意を得て転籍をさせる場合、転籍元・転籍先として留意すべきことはどのようなことがありますか。

 　転籍元との労働契約関係を終了させ、転籍先との間で労働契約を新たに成立させる「転籍」については、労働者の個別同意が必要となり、その条件等も明確にしておく必要があるため、諸条件をまとめた「転籍同意書」を労働者から提出させるべきです。

1　転籍同意書取得の重要性

　転籍は、転籍元との労働契約関係を終了させ、転籍先との労働契約関係を新たに成立させる企業間の人事異動となり、労働者の「転籍同意」は、転籍元との関係では退職の意思表示、転籍先との関係では入社の意思表示（以下、両方をあわせて「転籍の意思表示」といいます）となる重大な法律関係の変更を伴うものですので、明確にしておく必要があります。そのため、転籍の意思表示は口頭のみでも成立するものですが、その意思表示を客観的なものとするべく労働者から「転籍同意書」（【書式7】）を転籍元および転籍先の双方に提出してもらうようにすべきです。

　この「転籍同意書」では、転籍先会社名・所在地・就労場所、転籍元退職日・転籍先入社日、転籍後の雇用身分・役職・賃金・その他労働条件について定めるのが一般的です。加えて、転籍先からみれば、労働者を新たに採用することになりますので、当該労働者に対して労働条件を明示しなければなりません（労基法15条1項）。そのため、それらの内容について、「転籍同意書」の中に明記するのか、転籍先から労働者に別途交付するのか、また、基本的労働条件を定めた就業規則および賃金規程を交付するのかなどを検討しておく必要があります。

　転籍元の退職は、転籍先との労働契約が成立することが条件となっていると解され、転籍先との間で労働契約が成立しなかった場合には、転籍元の退職の条件が成就しておらず、転籍元との労働契約が継続していると解されることがありますので、転籍元においては、労働者から「転籍同意書」の提出を受けた場合であっても、この点には注意が必要です（東京地判平成5年6月11日労判634号21頁〔生協イーコープ・下馬生協事件〕）。このようなことからも、転籍については、労働者・転籍元・転籍先の三者合意が前提となっています。そこで、「転籍同意書」の提出あて先は、転籍元および転籍先連名とすることが多いですが、別々に提出する形を採用しても構いません。

　また、労働者は、転籍先への入社となりますので、労働条件等の具体的な内容の明示等については、労働者の理解を促進させ転籍をスムーズに進めるため、さらには、労働者に転籍についての不安や誤解を生じさせないようにするべく、転籍先人事担当者から労働者に対して説明する機会を設けたほうがよいです（この時に労基法が定める労働条件通知書を手交することもあります）。場合によっては、転籍の意思表示が錯誤により民法95条によって取り消されることもあり得ます（東京高判昭和43年8月9日判タ229号308頁〔日立電子事件〕参照）。

2　転籍先への個人データの提供

　転籍によって労働者が企業間の人事異動となる場合、転籍先としては労働者から新たにすべての資料を入手するよりも転籍元から個人情報等の提供を受けられれば受けたいと考えるのが通常です。

　しかし、転籍元と転籍先は別法人格となるため、転籍元が保有する労働者の個人データを転籍先に提供することは個人情報保護法が定める「第三者提供」に該当するため、原則として、労働者本人の同意を得なければそのような対応はできません。逆に、転籍同意書の中で、労働者において、転籍元が保有している自身の個人データを転籍先に提供することに同意をすれば、個

人データの提供も個人情報保護法上問題がなくなります（個人情報保護法27条1項）。

　また、いわゆるマイナンバーについても、令和3年9月1日施行の改正番号法19条4号により労働者本人の同意があれば転籍元から転籍先への提供も可能になりました。

3　転籍後の労働条件

　転籍は、転籍元を退職して転籍先に新たに入社することになりますので、転籍後については、「転籍同意書」（【書式7】）等個別の同意がなければ、すべて転籍先の労働条件のみが適用となります。

　転籍元としては、できる限り、さらには速やかに、労働者に転籍先への転籍に同意してもらいたいところです。そこで、転籍同意を得やすくするための手法として、転籍元が設定した期限までに「転籍同意書」を提出した労働者に対し、特別割増退職金の支給をする対応をとることも実務上多くみられるところです。転籍先の賃金水準等労働条件全般が転籍元よりもよいケース、同等であるケースばかりではないですので、その一定程度の補填見合いとして、特別割増退職金の支給を提案するということです。この内容についても、「転籍同意書」に定めておく必要があります。

　また、以下の点については、ケースに応じて記載することを検討します。
・年次有給休暇の計算についてだけ転籍元勤続年数との通算を認めるケース
・転籍元から特別割増退職金の支給があるケース

【書式7】　転籍同意書例

令和〇年〇月〇〇日

〇〇〇〇株式会社（転籍元）
代表取締役　〇〇〇〇　殿

株式会社〇〇〇〇（転籍先）
代表取締役　〇〇〇〇　殿

転籍同意書

氏　　名　　　　　　　　印
電話番号
住　　所
転籍後住所

　私は、〇〇〇〇株式会社（転籍元）を令和〇年〇月〇〇日付にて退職し、下記事項について了承のうえ、令和〇年〇月〇日付にて株式会社〇〇〇〇（転籍先）に転籍入社することに同意いたします。

　また、転籍元での最終出勤日及び引継ぎについては、転籍元所属長と調整の上、決定し、業務に支障を生じないようにいたします。

記

1．転籍先	：	株式会社〇〇〇〇
2．転籍先就労場所	：	〒〇〇〇－〇〇〇〇　東京都千代田区…
		及び転籍先より指示された場所
3．転籍入社日	：	令和〇年〇月〇日付
4．転籍後の雇用身分等	：	正社員、〇〇部所属〇〇課長（人事異動あり）
5．転籍後の月額賃金	：	基本給〇〇万〇〇〇〇円
		諸手当等については転籍先賃金規程による。
6．転籍先退職金制度	：	退職一時金制度及び確定拠出年金制度あり。
7．その他転籍先の 　　労働条件	：	転籍先作成「労働条件通知書」、転籍先就業規則その他諸規則類による。 転籍入社後に諸規則類の改定があった場合には改定後の内容による。
8．情報の提供等	：	転籍元が保有する個人データに関する一切の情報を転籍先に提供すること。

以　　上

（根本義尚）

Q13　出向予定先から出向元の労働契約を終了させて転籍することを求められた場合の対応

　２年間の出向を命じようとした出向予定先から出向元との労働契約関係を終了させ、転籍することを求められ、出向予定先の要請に応じることを検討しています。ただ、２年後に、出向予定先（転籍先）から出向元に復帰させたいのですが、どのような対応をしたらよいでしょうか。

　転籍は、出向とは異なり、転籍元との労働契約関係が終了しますが、転籍元と労働者との間において、転籍元に復帰を約束する書面の取り交しを行う対応を取ればよいです。

1　出向と転籍の違い

　出向および転籍ともに、指揮命令を行う使用者が変わる、すなわち、労働契約が一部または全部移転することになるので、民法625条１項が定める「使用者は、労働者の承諾を得なければ、その権利を第三者に譲り渡すことができない」との定めとの関係で、労働者の同意が必要となる点で共通するといえます。

　もっとも、両者の間には、出向元や転籍元の使用者との間において労働契約関係が存続するか否かの点で大きな違いがあり、その違いから労働者に求める同意のレベルが異なってきます。出向元との労働契約関係が存続する出向については出向規程等の定めなどの事前の包括同意で足り、転籍については労働者の個別同意が必要と解されています（次頁の図を参照）。

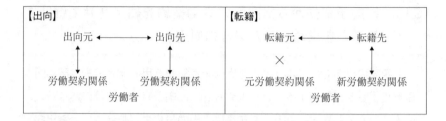

2　実質的には出向でも転籍を求められるケース

　労働者の立場からは、出向であれば出向元への復帰が予定されているため、安心して使用者からの出向命令に従うことができますが、転籍元との労働契約関係が終了してしまう転籍についてはそうはいきません。

　しかし、実務上、出向先候補から出向元の労働契約関係を終了させることを求められることがあり、出向元としては対応を迫られることもあります。たとえば、民間企業と自治体との連携や交流促進のために行われる出向等については、地方自治体の職員としての身分と民間企業の労働者としての身分が混在すると法律関係が複雑になるということを理由に、出向元との労働契約関係をいったん終了させることを求められるといったことがあります。このような場合に、労働者の個別同意を得られないことを理由に出向・転籍を実現できないというのでは人材活用・交流の面、さらには企業間や自治体との連携・交流の見地からも好ましいものではありません。そのため、出向元・転籍元として、出向・転籍を実現させるためにどのような対応を取りうるか、取るべきであるかを検討することになります。

3　復帰を約束する確認書の取り交し

　出向元・転籍元としては、労働者に個別同意書を提出してもらえるように、当該出向・転籍について丁寧かつ十分な説明を行い、理解してもらう必要があります。理解を得るためには、転籍によって労働者の雇用身分や労働条件がどのようになるのかを説明することはもちろんのこと、労働者が出向・転

籍に応じたことで不利益を受けないような取扱いを約束することが重要になってきます。その手続の中において、転籍元と労働者との間で、転籍期間満了に伴い、転籍元に復帰する旨を定める確認書の取り交しを行う必要があります。転籍に際して、このような確認書が作成されていた事案において、当該確認書の存在をもって転籍が出向に変化するものではないと判断したうえで、転籍期間満了時に転籍元への労働契約関係の復帰を認めた裁判例もあります（大阪高判平成14年10月30日労判847号69頁〔京都信用金庫（移籍出向）事件〕）。

　この転籍に伴って取り交す確認書には、少なくとも、転籍期間（延長の可能性の有無、労働者の同意が必要であることなど）、復帰の日付、復帰の際の職位、年次有給休暇・退職金・休職等に関する勤続年数の通算、転籍期間中の賃金減額や労働時間・休日の違いに関する手当等による補填の有無、その他の事項等を定めておくべきです。いずれにしても、出向元・転籍元としては、労働者に対して丁寧な説明を行い、理解を得るよう努力すべきこととなります。

（根本義尚）

Q14　転籍者が復帰を求めた場合の対応

転籍後に転籍先の会社が倒産し、転籍者が転籍元への復帰を求めた場合、転籍元で受け入れる義務はありますか。

A 転籍元への復帰や雇用保障を約束するなどといった特段の事情がない限り、転籍先との労働契約関係は終了しているため、転籍先倒産後に転籍元で雇用する義務は生じません。

1　転籍後の労働契約関係

転籍は、転籍元との労働契約関係を終了させ、転籍先との労働契約関係を新たに成立させる企業間の人事異動です。そして、転籍元の退職は、転籍先との労働契約が成立することが条件となっていると解され、転籍先との間で労働契約が成立しなかった場合には、転籍元の退職の条件が成就しておらず、転籍元との労働契約が継続していると解されます（東京地判平成5年6月11日労判634号21頁〔生協イーコープ・下馬生協事件〕）。しかし、転籍元での退職手続が完了し、転籍先との間で労働契約関係が成立し、転籍の効力が生じた段階で、転籍元との労働契約関係は完全に解消され、労働契約上の使用者としての義務は転籍先のみが負うことになり、労働者が転籍元への復帰を要求してきてもそれに応じることはありません。

この点については、転籍先が倒産するに至ってしまった場合も同様で、仮に、労働者から転籍元に復帰を求めたとしても、転籍元が受け入れる義務などは生じません。

2　転籍元が例外的に雇用責任を負う場合

⑴　グループ間での転籍、転籍元への復帰や雇用保障の約束があったと評価される場合

　もっとも、転籍の効力が生じた後、転籍元には一切雇用責任が生じないと解することも妥当ではありません。例えば、Q13で説明した転籍元への復帰を約束していたような場合（大阪高判平成14年10月30日労判847号69頁〔京都信用金庫（移籍出向）事件〕）や転籍先での労働契約関係が終了した際には転籍元での定年退職年齢までの雇用継続を約束していたような場合には、転籍先が倒産し、労働契約関係が終了した後に、転籍元での雇用責任が生じ、転籍元で受け入れる義務が生じることがあり得ます。

　また、Q11で説明した実質的にはグループ内の配置転換や出向と同視できるような転籍元と転籍先との関係にあり、労働者の個別同意を得ずに、転籍規程に基づく包括同意を根拠に転籍を命じていたような場合（千葉地判昭和56年5月25日労判372号49頁〔日立精機事件〕のような事案）には、転籍先が倒産し、労働契約が終了した後に、転籍元での雇用責任が生じ、転籍元で受け入れる義務が生じることもあり得るのではないかと考えられます。

⑵　法人格否認の法理の適用がある場合

　また、転籍先の法人格が形骸化しているか、濫用されている場合には、その法人格が否認され得るという「法人格否認の法理」（最判昭和44年2月27日民集23巻2号511頁）により、転籍先が転籍元と同一の企業であるとみなされることがあり得ます。この場合には、労働者が外形的に転籍先に転籍した場合であっても、法的には、転籍元と労働契約関係があるとみなされることになるものと解されます。

　このような主張がなされた事案も実際にありましたが、裁判所は、法人格が全くの形骸にすぎないとはいえないと判断して法人格否認の法理適用の主張を認めず、労働者が転籍元を退職したことによって、転籍元との労働契約

関係は終了したと判断しています（東京地決昭和57年 7 月19日労判391号62頁
〔千葉総業事件〕）。

3　実務上の対応

　転籍については、転籍元での退職手続が完了し、転籍先との間で労働契約
関係が成立した段階で、転籍元との労働契約関係は解消されますので、その
後、転籍先が倒産した場合であっても、労働者が転籍元への復帰を要求して
きてもそれに応じることはありません。また、例外的に転籍元が雇用責任を
負う場合もありますが、それは非常に例外的なケースにすぎません。

　そのため、実務上も、転籍後、労働者から転籍元への復帰を要求されても、
転籍元がその要求に応じないのが原則であり、そのような対応で問題ありま
せん。もっとも、転籍元が復帰を要求してきた労働者との間において、労働
契約関係を成立させるという判断をすることは自由ですので、そのような判
断をする転籍元もあるでしょう。ただ、その場合に、支払った退職金の取扱
い、転籍直前の賃金や職位等を維持するのかなど検討課題も多く残されてい
ますので、労働者と十分に話し合ったうえで、復帰の場合の労働条件を新た
に提示する必要があるものと解されます。一度、労働契約関係が解消され、
退職金の支払いなど退職諸手続を経た後の復帰となり、また、他にも転籍し
た労働者もいると思いますので、特別な対応としての復帰という点も考慮し、
新規の採用と同視した対応をするのが一般的な対応ではないかと思われます。

（根本義尚）

(Q15) 転籍を拒否する労働者の解雇

雇用調整のための転籍を拒否する労働者を解雇することはできますか。

 　転籍は出向と異なり、労働者の個別同意がなければその効力を生じないことから、労働者としては転籍に応じる義務はなく、雇用調整による解雇としてその有効性が判断されることになり、法的に解雇が有効となるためのハードルは高いといえます。

1　転籍に同意しなかった場合の解雇とは

　Q11で説明したとおり、転籍は、転籍元との労働契約関係を終了させるとともに、転籍先との労働契約関係を新たに成立させるという重大な法律関係の変更を伴うことなどから、転籍の法的効果を得るためには、労働者の個別同意が必要となります。そのため、労働者が転籍に同意しなければ、転籍元との労働契約関係が維持されるにすぎないことになり、転籍を拒否した（同意しなかった）労働者を解雇しても理論的には解雇は権利濫用（労契法16条）により無効と解されるはずです（なお、Q11で説明した転籍規程等による包括的同意に基づく転籍命令が有効となる場合に、労働者が当該転籍を拒否した場合の解雇は原則として有効となると解されます）。

　しかし、転籍については、実務上、転籍元において余剰人員となった労働者の雇用調整のために行われることも多く、その場合には、整理解雇の有効性に関する判断となります（東京高判平成5年3月31日労判629号19頁〔千代田化工建設（本訴）事件〕）。

2　整理解雇の有効性判断に関する4要素

　裁判所は、労働者の責に帰すべき事由がなく、使用者側の事情による整理解雇については、以下の4つの要素に関し、事案ごとに個別具体的な事情を

総合考慮して、解雇が有効か否かを判断する傾向にあります（東京地決平成12年1月21日労判782号23頁〔ナショナル・ウエストミンスター銀行（三次仮処分）事件〕、大阪高判平成28年3月24日労判1167号94頁〔日本航空（客室乗務員）事件〕）。

---

① 人員削減の必要性

　⇒人員削減の実施が不況、斜陽化、経営不振等による企業経営上の十分な必要性に基づいていることないしはやむを得ない措置と認められること。

② 解雇回避の努力（人員削減の手段として整理解雇を選択することの必要性）

　⇒経費の削減（時間外労働の停止による残業代の削減を含む）、派遣労働者の人員削減、役員報酬の削減、従業員賞与の削減（不支給）、労働時間の短縮、有期雇用労働者の雇止め、新規採用の停止、昇給の停止、配転、出向、一時帰休、ワークシェアリング、希望退職の募集など。

③ 被解雇者選定の合理性

　⇒客観的で合理的な基準を設定し、これを公正に適用すること。

④ 労働者側への説明および協議を実施するなどの解雇手続の相当性

　⇒労使交渉、個別面談等が必要で、極力情報の公開を行う必要がある。

3　転籍拒否者に対する解雇の適法性

　前掲・千代田化工建設（本訴）事件は、転籍に応じなかった労働者に対する整理解雇の要件が緩和されるものではなく、さらに、転籍を拒否することが労働契約上の信義にもとり、権利を濫用するものとも認められないと指摘するなどして、転籍に同意した者と拒否した者との処遇の公平さのために整理解雇が許容されることにはならず、合理的な人選の基準が定められる必要があると指摘し、転籍に応じなかった1名についての整理解雇を無効と判断

しました。

　転籍元としては、業績悪化に伴う雇用調整のために企画した転籍に同意した労働者との公平性の観点から転籍に同意せずに転籍元との労働契約関係を維持することは避けたいと考えることも理解できます。しかし、あくまでも、転籍には労働者の個別同意が必要になり、その同意は任意であることが前提となります。そのため、労働者が転籍に同意しなかったことを理由に当該労働者を解雇した場合には、雇用調整に伴う解雇となりますので、整理解雇の適法性の問題として上記 4 要素を考慮して判断されることになりますが、解雇が有効となるには、相当にハードルが高いものと考えておくべきです。

（根本義尚）

5　労働者派遣の活用

Q16　社員の派遣労働者化

当社は労働者派遣業の許可を得ていますが、従来当社の業務に従事してきた従業員を派遣労働者化して、派遣先に派遣することはできるのでしょうか。

 当該従業員が、派遣社員となる前提での採用ではない場合には、個別に同意を得たうえで、派遣労働者として派遣先に派遣することができると考えます。

1　従業員の派遣労働者化と異動配転条項

正社員等として採用し、会社の指揮命令の下に、会社の事業場で業務に従事している従業員を、派遣労働者として派遣できるか、については、当該従業員との労働契約において、派遣労働者となることが前提とされているかによります。

しかし、多くの場合、自社で勤務する従業員は派遣労働者となることは前提にされていないと思われます。その場合に、就業規則の異動配転条項において職種変更をすることがある旨の定めがあることをもって、派遣労働者に職種変更ができるでしょうか。この点については、派遣労働者としての働き方は、就業の場所や業務内容が変わるほか、使用者ではない派遣先から指揮命令を受けることになるため、労働契約内容の主要部分に大きな変化をもたらすものといえます。

そのため、労働契約において派遣労働者となることが前提となっていない場合において、就業規則における異動配転条項を根拠として、一方的に派遣労働者に職種変更をすることはできないものと考えられます。

　他方、採用時に派遣労働者となる可能性があることが明示されているなど派遣労働者となることが前提となっている労働契約の場合には、異動配転条項による一方的な職種変更も一応可能といえますが、業務上の必要性があるかどうか、業務上の必要性がある場合でも他の不当な動機目的があるかどうか、労働者に対し通常甘受すべき程度を著しく超える不利益を負わせるものかどうか、により権利濫用となることがあります（最判昭和61年7月14日労判477号6頁〔東亜ペイント事件〕参照）。そして、会社が派遣先を自由に決定できるかについては、別途検討を要するといえます（Q17参照）。

2　従業員の派遣労働者化と個別同意

　労働契約において派遣労働者となることが前提となっていない場合、自社で業務従事する従業員を、一方的に派遣労働者へと変更をすることはできず、派遣労働者として従事してもらうには、当該従業員の個別の同意を得る必要があります（労働者派遣法32条2項）。

　派遣労働者化する理由や、派遣先、その他派遣就業に伴う労働条件について、個別に説明のうえで、同意を得ることになりますが、派遣就業をすることに伴って、賃金額を一方的に減額変更する場合には、同意を得ることが難しいと思われ、賃金額は基本的に維持することが望ましいです。もっとも、派遣就業に伴い、勤務時間や業務負荷が変更となる場合には、それに伴う賃金額の変更について説明したうえでの個別合意による変更はあり得ると考えられます。また、業績悪化等による雇用維持のために派遣労働者化する場合には、派遣先からの派遣料金との関係で賃金減額となることもやむを得ないことを説明し、同意を得ることが考えられます。ただし、いずれの賃金変更の合意も就業規則（賃金規程）を下回る条件とすることはできません（労契法12条）。

（増田陳彦）

Q17　派遣労働者化した場合の派遣先決定

　　従来当社の業務に従事してきた従業員を派遣労働者化して派遣する場合、当社は、派遣元事業主として、派遣先を自由に決定して派遣してよいのでしょうか。

> **A**　派遣労働者化した従業員が、同意する場合は派遣先を自由に決定できると考えますが、自由に決定してもよいという同意を得ることは難しいように思われます。また、仮に同意があったとしても、就業条件が著しく悪化するような派遣先の場合には、人事権の濫用として、派遣先の決定が無効となる可能性があります。

1　派遣労働者化と派遣先の決定

　労働契約において派遣労働者となることが前提となっていない自社で業務に従事する従業員についても同意を得た場合には、派遣労働者化することができます（労働者派遣法32条2項）。この同意を得る際には、派遣業務の内容や派遣先をあらかじめ特定して説明のうえで、個別に同意を得ることが適切です。では、従業員を派遣労働者化する際に、事業者は派遣先を自由に決定できるでしょうか。

　まず、従業員を派遣労働者化する際には、就業の場所や業務内容、派遣先で指揮命令を受けるという点で、労働条件が大きく変わることになりますので、従業員の個別同意を得る必要があります。特定の派遣先について同意を得て派遣労働者化したとしても、就業の場所や業務内容が変わる他の派遣先に自由に派遣できるものではないと考えられます。従業員が派遣労働者化について個別に同意したとしても、就業の場所や業務内容、指揮命令関係という主要な労働条件が自由に変わることについてまでの同意をしているものとはいえないからです。

　もっとも、たとえば、経営状態の悪化等で、自社での業務が縮小し、雇用確保のために派遣労働者化するような場合に、当該従業員としても、雇用維持を優先して、派遣先を自由に決定してもよい、という包括的な同意をすることがあるかもしれません。このような場合であれば、一応は派遣先を自由に決定できるということになります。

　ただし、自社の従業員が派遣労働者化すること自体も大きな労働条件の変更への同意であり、派遣先を自由に決定してもよい、という包括的な同意を得ることは通常は難しいと思われます。

2　派遣先の決定とその限界

　仮に派遣労働者化した従業員が、事業者が派遣先を自由に決定してよいという包括的な同意をしたとしても、本当に自由に決定できるかは別問題であると考えられます。すなわち、仮に自由に派遣先を決定することの事前の包括的な同意がある場合であっても、派遣先の決定は、一種の異動配転権に基づく人事権の行使であると考えられ、人事権行使には限界があります。

　この点、東亜ペイント事件判決（最判昭和61年7月14日労判477号6頁）は、転勤命令について「業務上の必要性が存しない場合又は業務上の必要性が存する場合であっても、……他の不当な動機・目的をもってなされたものであるとき若しくは労働者に対し通常甘受すべき程度を著しく超える不利益を負わせるものであるとき」には権利濫用になるという判断枠組みを示しています。

　従業員を派遣労働者化した際に、事前の包括的な同意のもとに派遣先を自由に決定できる場合であるとしても、業務上の必要性の有無、不当な動機目的の有無、著しい不利益の有無、を考慮し、派遣先の決定が権利濫用となる可能性もありますので、留意が必要です。

　派遣先の決定は、当該従業員にとって重要な労働条件となりますので、基本的には事前説明をして個別に同意を得て派遣先を決定することがトラブル

回避の観点から望ましいと思料します。もっとも、人事権の行使については本来個別同意は不要ということが原則であるため、事前説明をしたものの同意を得ることが困難な場合には、業務上の必要性、不当な動機目的の有無、著しい不利益の有無を考慮しつつ、やむを得ず一方的に人事権の行使により派遣先を決定することもあり得ます。この場合の人事権行使の有効性は個別事情により判断されることになります。

（増田陳彦）

⑥　休業・一時帰休・ワークシェアリング

Q18　感染症の濃厚接触者である従業員への休業手当

　わが社の従業員が、強い感染力を有する感染症の濃厚接触者であると
されました。この場合、この従業員に休業を指示する場合に休業手当の
支払いは必要でしょうか。

　また、従業員自身ではなく、従業員の家族が濃厚接触者である場合は
どうでしょうか。

　各場合において、従業員の同意を取得した場合、休業手当を不支給と
してよいでしょうか。

A　濃厚接触者の従業員に休業を指示する場合、使用者は当該従業員に休業手当を支払う必要があります。また、従業員の家族が濃厚接触者であることにより従業員に対して休業を指示する場合も同様です。なお、従業員の同意を得て休業手当を不支給とすることは法的に可能ですが、取扱いに注意が必要です。

1　休業指示と休業手当

⑴　休業手当（労基法26条）とは

　労基法26条は「使用者の責に帰すべき事由による休業」の場合、使用者に
対して、休業期間中の平均賃金の60％以上の手当を支払うことを規定してお
り、この手当を休業手当と呼びます。そして、同条は強行法規であり、労働
条件の最低限度の内容を定めたものですので、就業規則によって平均賃金の
60％以上を休業手当として定めることは可能ですが、平均賃金の60％未満を
休業手当と規定をしたとしてもその規定は無効になり、平均賃金の60％が休
業手当となります。

⑵　休業手当を支払う必要がある場合

　それでは、使用者が休業手当を支払う必要がある「使用者の責に帰すべき事由」とはどのような場合が該当するのでしょうか。この点については、ノースウエスト航空事件（最判昭和62年7月17日労判499号6頁）において、使用者側に起因する経営、管理上の障害を含むものと解する、と判断されています。具体的には、不可抗力による休業の場合は、上記使用者の責に帰すべき事由に該当せず、使用者に休業手当の支払義務はありません。そして、ここでいう不可抗力とは、①その原因が事業の外部より発生した事故であること、②事業者が通常の経営者として最大の注意を尽くしてもなお避けることのできない事故であること、という2つの要件を満たすものでなければならないと考えられています。

⑶　100％の賃金を支払う必要がある場合

　また、従業員が、強い感染力を有する感染症の濃厚接触者に該当し、その理由が使用者の責に帰すべき事由（故意・過失）である場合、たとえば使用者の出張命令に従い他の事業所に出張したところ、当該事業所において感染症のクラスターが発生し、出張者も濃厚接触者に該当する場合には、使用者は休業手当ではなく、100％の賃金を支払う必要があります（民法536条2項参照）。

　もっとも、同条項は任意規定で適用を除外できると解されています。裁判例（横浜地判平成12年12月14日労判802号27頁〔池貝事件〕）においても、一般論として、「帰休制実施によって労働者が被る不利益の程度、使用者側の帰休制実施の必要性の内容・程度、労働組合等との交渉の経緯、他の労働組合又は他の従業員の対応等を総合考慮して判断すべきであり、右合理性がある場合は、使用者が帰休制を実施して労働者からの労働の提供を拒んだとしても、民法536条2項にいう『債権者ノ責ニ帰スヘキ事由』が存在しない」という判断があります。

　そこで、就業規則において、たとえば「使用者が労働者を休業させた場合

は、休業１日につき労働基準法第26条に基づきその賃金の６割を支給する」という規定を、有効性は個別事情によるところですが、民法536条２項の適用を排除することを明記するために、「使用者が労働者を休業させた場合は、民法第536条第２項の適用を除外し、賃金の支給は行わず、休業１日につき労働基準法第26条に基づきその賃金の６割を支給する」とすることが考えられます。

2　休業指示と休業手当の支払い

⑴　従業員が濃厚接触者である場合

　まず、前提として、従業員が強い感染力を有する感染症に罹患した場合、それが業務上の事由でなければ、「使用者の責に帰すべき事由」には該当しないので、使用者は従業員に対して休業手当を支払う必要はありません。

　これに対して、従業員が濃厚接触者と判断された場合、当該従業員の職務の継続が可能であり、かつ、使用者の休業指示により従業員を休業させるのであれば、上記の「不可抗力」には該当しないと考えられるため、使用者は当該従業員に対して休業手当を支払う必要があると考えられます。しかしながら、当該従業員に発熱がある場合など就労が難しい場合には、当該従業員の事情に基づく就労不能なので、原則として使用者には賃金を支払義務はありませんが、当該従業員に対して、病気欠勤や年次有給休暇の取得を促すことで、当該従業員に通常の賃金を得させる方法もとり得るところです。

⑵　従業員の家族が濃厚接触者

　次に、従業員の家族が濃厚接触者と判断され、使用者が当該従業員に対して、休業指示をする場合、上記の「不可抗力」には該当しないと考えられるため、使用者は当該従業員に対して休業手当を支払う必要があると考えられます。この場合においても、当該従業員に対して、年次有給休暇の取得を促して通常の賃金を得させる方法もとり得るところです。

3　従業員の同意による休業手当の放棄の可否

⑴　休業手当は「賃金」に該当するのか

　まず、労基法24条 1 項は使用者に対して、賃金の全額払いの原則を規定しているところ、そもそも休業手当は同項が規定する「賃金」に該当するのでしょうか。この点については、休業手当の支払い時期との関係で、休業手当を賃金と解し、同条 2 項に基づく所定の賃金支払日に支払うべきものと解されています（通達「労働基準法関係解釈例規について」（昭和63年 3 月14日付基発第150号））。

⑵　同意による賃金の放棄

　次に、従業員の同意を得て、賃金の全額払いの原則が該当する休業手当を放棄させることは法律上可能でしょうか。この点については、賃金債権の放棄は労働者の自由な意思に基づくものであると認めるに足る合理的な理由が客観的に存在するときに限り、賃金債権の放棄の意思表示は有効であると判断されています（最判昭和48年 1 月19日判時695号107頁〔シンガー・ソーイング・メシーン事件〕）。

　しかしながら、この賃金を放棄するという従業員の同意の有効性についてはたびたび裁判で争われているので、取扱いには注意が必要です。特に従業員の同意を口頭で得た場合、当該同意を紛争時に証明することは困難と考えられます。そこで、例えば使用者が賃金債権の放棄を要請せざるを得ない理由を記載した書面を作成し、その書面の下部に従業員が署名する形式をとるという方式をとることが考えられるところです。

【書式8】　休業指示書例

〇〇年〇月〇日

〇〇〇〇殿

株式会社〇〇〇〇
総務部長　〇〇〇〇

休業指示書

　〇〇年〇月〇日、貴殿の申し出により、貴殿が〇〇〇感染症の濃厚接触者に該当した旨の報告を受け取りました。当社総務部内で検討した結果、念のため、当社内における感染症の拡大を防止する見地から、厚生労働省等のガイドラインに基づき、本日付で貴殿に〇〇日間の休業を指示いたします。貴殿が既に当該感染症の検査を受診している場合、及びこれから受診する場合、受診結果について速やかに総務部にご報告をお願いいたします。当該結果を確認した後、おって貴殿の出社可能日を連絡いたします。

　現時点で貴殿に感染症の病状は出てないことは何よりであるところ、万が一、発熱などの症状が出た場合には医療機関への受診をし、貴殿の体調が悪化しないようにご留意をお願いいたします。

１．休業期間
　〇〇年〇〇月〇〇日から〇〇年〇〇月〇〇日まで
　但し、検査結果に基づき、上記期間を延長することがある。

２．休業時の待遇
（1）　賃金
　　検査結果が出るまでの間の賃金は100％支給する。
　　検査結果が出た後の賃金はその結果に基づき決定する。
（2）　出勤率
　　検査結果が出るまでの間は出勤したものとみなす。
　　検査結果が出た後はその結果に基づき決定する。

以上

（萩原大吾）

Q19 行政からの要請による休業に伴う休業手当

　政府、地方自治体から法令に基づく外出自粛要請や時短営業等の協力要請があった場合に、この要請に対応して（一部）休業をする場合、休業させる労働者に対して休業手当の支払いは必要でしょうか。

　当社の店舗が入るショッピングモール全体の休業に伴い、当社の店舗も休業せざるを得ない場合や、建設関係の元請業者の休業に伴い下請けである当社が休業せざるを得ない場合にはどうでしょうか。

A　行政から法令に基づく外出自粛要請や時短営業等の協力要請に応じて使用者が事業を休業する場合、使用者は当該労働者が在宅での勤務など他の場所で労務を提供できないなどの場合、使用者は休業手当を支払う必要があると考えられます。また、ショッピングモール全体の休業や建設関係の元請業者の休業による場合も同様と考えられます。

1　行政から法令に基づく要請に対応して休業する場合

⑴　休業手当の支払いが必要な場合

　労基法26条では、使用者の責に帰すべき事由による休業の場合、使用者は休業期間中の休業手当（平均賃金の100分の60以上）を支払わなければならないとされています。

　そして、この「使用者の責に帰すべき事由」については、ノースウエスト航空事件（最判昭和62年 7 月17日労判499号 6 頁）において、使用者側に起因する経営、管理上の障害を含むものと解する、と判断されております。具体的には、不可抗力による休業の場合は、上記使用者の責に帰すべき事由に該当せず、使用者に休業手当の支払義務はないと考えられています。また、この不可抗力とは、①その原因が事業の外部より発生した事故であること、②

事業者が通常の経営者として最大の注意を尽くしてもなお避けることのできない事故であることの2つの要件を満たすものでなければならないと考えられています。

⑵　不可抗力による休業といえるのか

⒜　その原因が事業の外部より発生した事故といえるか

政府、地方自治体から法令に基づく外出自粛要請や時短営業等の協力要請があり、使用者がこの要請に対応して事業を一部休業する場合、①その原因が事業の外部より発生した事故であること、に該当するのでしょうか。

この点については、例えば、感染力の強い感染症の拡大を防止するために行政が法令に基づく外出自粛要請や時短営業等の協力要請をしたのであれば、使用者が感染症やその拡大の原因をつくったわけではありません。そのため、このような場合は上記「①その原因が事業の外部より発生した事故であること」に該当するものと考えられます。

⒝　事業者が通常の経営者として最大の注意を尽くしてもなお避けることのできない事故といえるか

次に、政府、地方自治体から法令に基づく外出自粛要請や時短営業等の協力要請があり、使用者がこの要請に対応して事業を一部休業する場合、②事業者が通常の経営者として最大の注意を尽くしてもなお避けることのできない事故であること、に該当するのでしょうか。

この点については、使用者として休業を回避するための具体的努力を最大限尽くしているといえる必要があると考えられています。具体的には、在宅勤務などの方法により労働者を業務に従事させることが可能な場合に在宅勤務の可能性を十分に検討しているか、労働者に他につかせることができる業務があるにもかかわらず休業させていないか、などの事情から判断することが考えられます。

そして、通常、オフィス内でデスクワークをしている労働者についてみれば、自宅のパソコンにて在宅勤務に従事させることが可能と考えられます。

そのため、この場合には上記「②事業者が通常の経営者として最大の注意を尽くしてもなお避けることのできない事故」には該当せず、休業手当の支給は必要と考えられます。

これに対して、飲食店が行政の要請に応じて全面的に休業する場合、当該店舗で働く労働者が勤務をすることは困難であるため、原則として上記「②事業者が通常の経営者として最大の注意を尽くしてもなお避けることのできない事故」に該当し、手当の支給は不要と考えられます。もっとも、店舗の責任者などが日々の業務管理を在宅で行うことが可能であれば、当該業務の在宅勤務が可能と考えられるため、上記②には該当しないと考えられます。また、飲食店が行政の要請に応じて一部休業する場合、労働者は短時間であったとしても当該店舗で勤務することは可能であるため、上記②には該当せず、手当の支給は必要と考えられます。

2　ショッピングモール全体の休業に伴う店舗休業の場合

ショッピングモール全体の休業に伴って、使用者が自社の店舗を休業しなければならない場合、まず、上述のとおり、そもそも使用者が感染症やその拡大の原因をつくったわけではありません。そのため、このような場合は上記「①その原因が事業の外部より発生した事故であること」に該当するものと考えられます。

次に、ショッピングモール全体の休業に伴い、ショッピングモール内の飲食店や雑貨店などが休業せざるを得ない場合、当該店舗で働く労働者は通常自宅で労務を提供することは困難であることから、原則として上記「②事業者が通常の経営者として最大の注意を尽くしてもなお避けることのできない事故」に該当し、休業手当の支給は不要と考えられます。ただし、店舗の責任者などが日々の業務管理を在宅で行うことが可能であれば、当該業務の在宅勤務の可能性が肯定されることから、上記②には該当せず、手当の支給は必要と考えられます。

3　元請業者の休業に伴う下請会社の休業の場合

　建設関係の元請業者の休業に伴って、下請会社が休業を余儀なくされる場合、まず、上述のとおり、そもそも使用者が感染症の拡大など、元請業者の休業の原因をつくったわけではありません。そのため、このような場合は上記「①その原因が事業の外部より発生した事故であること」に該当するものと考えられます。裁判例（東京地判平成12年2月23日労判784号58頁〔最上建設事件〕）においても、建設工事の元請会社が雨天の天気予報により工事を中止した場合、天候次第で元請会社が工事を中止することがあり、その場合には労働者に賃金が支払われないことを下請会社の労働者が理解していたという事情を前提として、下請会社の労働者が労務を提供できなかったことは下請会社の責めに帰すべき事由による休業に該当せず、下請会社に休業手当の支払義務はないという判断があります。

　次に、元請業者の休業により建設関係の現場での作業が全面的に休業となった場合、現場で働いている下請会社の労働者は自宅で労務を提供することは困難と考えられます。したがって、原則として上記「②事業者が通常の経営者として最大の注意を尽くしてもなお避けることのできない事故」に該当し、手当の支給は不要と考えられます。

（萩原大吾）

Q20　シフト勤務社員への休業指示に伴う休業手当

　シフト勤務の社員に対し、シフトが未定の期間について休業を指示する場合、休業手当の支払いは必要でしょうか。アルバイトについてはどうでしょうか。

　また、支払いが必要な場合において、正社員、契約社員、パートタイマーなどの雇用形態に応じて休業手当の支給率に差を設けることはできますか。

A　シフト勤務の社員の就労日数である労働日は通常就業規則に基づいて決まっていることから、シフト未定により勤務ができないことは労基法26条の「使用者の責に帰すべき事由による休業」に該当し、休業手当の支払いが必要と考えられます。また、毎月や毎週の勤務日数が定められているアルバイトについても同様と考えられます。

　また、休業手当の支払いが必要な場合、雇用形態に応じて休業手当の支給率に差を設けることは法律上可能です。しかし、平均賃金の60％を下回ることや通常の労働者と同視すべき短時間・有期雇用労働者に対する差別的取扱い禁止に違反しないことが必要です。

1　シフト勤務の労働者に対する休業手当の支払いの要否

⑴　シフト勤務の社員の場合

(A)　賃金支払義務や休業手当の支払義務の有無

　まず、前提として、シフト勤務の社員に対し、シフトが未定の期間について休業を指示する場合、シフトが決まっていないことにより労働日が確定していないため、そもそも使用者には労働者に対する賃金支払義務や休業手当

の支払義務がないとも考えられます。

　しかしながら、シフト勤務の場合でも無期雇用契約の社員についてみれば、通常、就業規則により休日日数が定められ1週間、月間および年間の労働日数が特定されています。そのため、使用者はシフトが決まっていないとしても当該社員に対しては賃金支払義務を負っているものと考えられます。

　(B)　不可抗力による休業

　労基法26条では、使用者の責に帰すべき事由による休業の場合、使用者は休業期間中の休業手当（平均賃金の100分の60以上）を支払わなければならないとされています。

　しかしながら、不可抗力による休業の場合は、上記使用者の責に帰すべき事由に該当せず、使用者に休業手当の支払義務はないと考えられています。また、この不可抗力とは、①その原因が事業の外部より発生した事故であること、②事業者が通常の経営者として最大の注意を尽くしてもなお避けることのできない事故であることの2つの要件を満たすものでなければならないと考えられています。

　この点についてはシフト勤務の労働者に対してもあてはまります。具体的には、例えば、感染力の強い感染症の拡大を防止するために行政が法令に基づく外出自粛要請や時短営業等の協力要請をしたのであれば、使用者が感染症の拡大の原因をつくったわけではありません。そのため、このような場合は上記①に該当するものと考えられます。

　また、シフト勤務の労働者に対しても、使用者として休業を回避するための具体的努力を最大限尽くしている場合には、使用者は当該社員に対して休業手当を支払う必要がありません。具体的には、在宅勤務などの方法により労働者を業務に従事させることが可能な場合に在宅勤務の可能性を十分に検討しているか、労働者に他につかせることができる業務があるにもかかわらず休業させていないか、などの事業から判断することが考えられます。

　そして、通常、オフィス内で働くデスクワークをしているシフト勤務の社

員についてみれば、自宅のパソコンにて在宅勤務に従事させることが可能と考えられます。そのため、この場合には上記「②事業者が通常の経営者として最大の注意を尽くしてもなお避けることのできない事故」には該当せず、休業手当の支給は必要と考えられます。

　これに対して、飲食店が行政の要請に応じて全面的に休業する場合、当該店舗で働くシフト勤務の社員が勤務をすることは困難であるため、原則として上記②に該当し、手当の支給は不要と考えられます。

⑵　アルバイトの場合

　シフト制で勤務するアルバイトについても、上記⑴と同様に考えることができます。使用者とアルバイトとの間の有期雇用契約により 1 週間や月間の労働日数がすでに決まっている場合、シフトが未定であったとしても使用者はアルバイトに対して、所定の労働日数に対する賃金支払義務を負っているものと考えられます。そのため、上記⑴の不可抗力の場合に該当しないのであれば、使用者はアルバイトに対して、休業手当の支払義務を負っているものと考えられます。

2　休業手当の支給率に差を設けることの可否

⑴　労基法26条が定める休業手当の内容

　労基法26条は、使用者に対して、休業期間中の休業手当として、平均賃金の100分の60以上を支払うよう規定しています。そのため、使用者は就業規則に休業手当を規定する場合、平均賃金の100分の60以上を支払うよう規定することができますが、100分の60を下回る内容を規定することはできません。また、同条は労働契約によって休業手当の内容に差を設けることを否定していません。

　以上のことから、正社員、契約社員、パートタイム労働者などの雇用形態に応じて休業手当の支給率に差を設けることは、平均賃金の100分の60を上回る限り、労基法26条に違反しないものと考えられます。

(2)　差別的取扱いの禁止

　しかしながら、雇用形態に応じて休業手当の支給率に差を設けることは、パート・有期法8条や同法9条に違反するおそれがあります。

(A)　パート・有期法8条

　同法8条は、短時間・有期雇用労働者の基本給、賞与その他の待遇のそれぞれについて、当該待遇に対応する通常の労働者の待遇との間において、当該短時間・有期雇用労働者および通常の労働者の業務の内容および当該業務に伴う責任の程度（以下、「職務の内容」といいます）、当該職務の内容および配置の変更の範囲その他の事情等を考慮して不合理と認められる相違を設けてはならない、という不合理な待遇を禁止しています。そのため、無期雇用の社員と契約社員やパートタイム労働者のなどの有期雇用の社員との間に職務の内容の責任や配置の変更等を考慮して、その差異が軽微なものであれば、両者の間に休業手当の支給率に差異を設けることは上記不合理な待遇の禁止に該当しないものと考えられます。

(B)　パート・有期法9条

　また、同法9条は、職務の内容が通常の労働者と同一の短時間・有期雇用労働者（以下、「職務内容同一短時間・有期雇用労働者」といいます）であって、当該事業所における慣行その他の事情からみて、当該事業主との雇用関係が終了するまでの全期間において、その職務の内容および配置が当該通常の労働者の職務の内容および配置の変更の範囲と同一の範囲で変更されることが見込まれるもの（以下、「通常の労働者と同視すべき短時間・有期雇用労働者」といいます）については、短時間・有期雇用労働者であることを理由として、基本給、賞与その他の待遇のそれぞれについて、差別的取扱いをしてはならない、といわゆる均等待遇を規定しています。

　そのため、無期雇用の社員と契約社員やパートタイム労働者などの有期雇用の社員との間においてその職務の内容および配置が同様といえる場合、両者の間に差異を設けることは上記差別取扱いに該当するものと考えられます。

　したがって、このような場合、両者の間に休業手当に差を設けることは同法9条に違反するものと考えられます。

（萩原大吾）

Q21　休業手当支給率減少と不利益変更

　これまで休業手当として平均賃金の100％を支給してきましたが、支給率を減少することは労働条件の不利益変更にあたるのでしょうか。

　　　　就業規則において休業手当を平均賃金の100％を支給すると規定していた場合や長年の労使慣行として平均賃金の100％を休業手当として支給していた場合、休業手当の支給率を減少することは労働条件の不利益変更に該当すると考えられます。

1　就業規則において休業手当の支給率が平均賃金の100％と規定されていた場合

⑴　就業規則と休業手当の関係

　通常、使用者がその雇用する多数の労働者の労働条件を個別的に決定することは事実上困難であるので、労働条件を公平・統一的に設定し、かつ職場規律を規則として設定して、効率的に事業経営を行うことが望ましいと考えられます。そこで、使用者が労働条件等を規定した規則はその名称を問わず就業規則に該当すると考えられています。

　そして、この就業規則に規定すべき事項は労基法89条に規定されていますが、同条は明示的に休業手当を就業規則の記載事項に列記していません。

　したがって、使用者は休業手当に関する事項を就業規則に規定することも規定しないことも可能と考えられます。また、労基法26条は、使用者に対して、休業期間中の平均賃金の60％以上の手当を支払うことを規定しているところ、就業規則により平均賃金の60％以上の手当を支払うことを規定することも可能と考えられます。

⑵　支給率の変更と労働条件の不利益変更

　使用者が休業手当を就業規則に規定した場合（例えば、「休業手当は平均賃

81

金の100％とする」という内容を規定した場合）、就業規則を変更して休業手当の支給率を変更することは労働条件の不利益変更に該当するのでしょうか。この点については、使用者が就業規則に規定した内容は、使用者と労働者との間の労働条件の内容になるものと考えられています（労契法7条参照）。

　そして、使用者が休業手当の支給割合を100％から60％に変更することは、休業手当の支払いを受ける労働者側からみて受け取る金額が減少するから、労働条件の不利益な変更に該当するものと考えられます。

⑶　労働条件の不利益変更

　まず、使用者は、労働者と合意をすることにより、たとえ労働者に不利益となる内容であったとしても労働者との間の労働契約の内容を変更することができます（労契法8条、9条参照）。しかしながら、使用者がその雇用するすべての労働者と個別に合意をすることは現実的ではありませんし、労働者の一部が不利益となる労働契約の変更に合意しない可能性もあります。

　そこで、使用者は、労契法10条に規定に従って、労働条件の不利益変更の手続を経ることが考えられます。

　具体的には、まずは労働条件の変更の必要性、なぜ休業手当の支給率を平均賃金の100％から減少させる必要があるのか、を検討する必要があります。例えば、赤字でもない経営状況で休業手当の支給率を減少するためには、その理由づけが重要になります。これに対して、感染症の拡大による休業、およびそれに伴う経営状況の悪化などの事情は、休業手当の支給率の減少の必要性を補うものと考えられます。

　次に、労働者の受ける不利益の程度、減少率は10％（支給率＝平均賃金の90％）なのか、40％（支給率＝平均賃金の60％）なのか、また段階的措置はとられるのか、を検討する必要があります。支給率の減少幅が大きいほど、上記の休業手当を減少させる必要性の強い理由づけが必要となり、また、段階的措置を設ける必要性が高くなると考えられます。

　そして、変更後の就業規則の内容の相当性、例えば支給率の減少率は労働

条件の変更の必要性との関係で合理的・相当な内容であるのか、などを考慮する必要があります。この点については、上記で述べた内容、すなわち経営状況に基づく休業手当を減少させる必要性、その減少幅や段階的措置の有無などを総合的に判断するものと考えられます。

さらに、使用者と労働組合や従業員との間でその変更内容の交渉や説明を行う必要があります。例えば、大多数の従業員が加盟している労働組合があるのであれば、使用者は労働組合に対して休業手当を変更する必要性、その内容を説明したうえで、労働組合から質問を受け付けたり、その修正の有無などを協議したりすることが考えられます。他方、労働組合がない場合や従業員の大半までは加入していない労働組合しかない場合、使用者は労働組合に対する説明・協議とともに従業員に対しても全体説明会などを開催して、その内容を説明し、質疑応答を受け付ける必要があると考えられます。

以上の内容などを総合的に判断して、その労働条件の変更が合理的なものであり、使用者が変更後の就業規則を労働者に周知させたときは、使用者と労働者との間の労働契約の内容である労働条件は、当該変更後の就業規則（ここでは支給率を減少した休業手当）になると考えられます（労契法10条参照）。

2　労使慣行として休業手当の支給率が平均賃金の100%で あった場合

(1)　労使慣行とは

労働関係では、労働条件や職場規律などについて就業規則などの成文の規範に基づかない集団的な取扱いが長期間反復・継続して行われることが多々見受けられます。このような状態が使用者と労働者の双方に対して事実上の行為準則として機能することがあります。そして、このような行為準則がときに労働契約の内容となり、労使慣行としてその効力が認められるものがあります。すなわち、このような慣行が使用者と労働者との間で行為の準則として意識されることにより黙示の意思表示が成立し、または当事者がこの慣

習による意思を有しているとして事実たる慣習が成立することで、労働契約の内容になるものと考えられます。具体的には、このような慣行について、当該事項について決定権限を有する管理者が当該慣行を規範として意識して、それに従ってきたことが必要になると考えられます（大阪高判平成5年6月25日労判679号32頁〔商大八戸ノ里ドライビングスクール事件〕参照）。

⑵　労使慣行の不利益変更

　休業手当の支給率を平均賃金の100％とする取扱いが労使慣行と認められる場合、使用者がこのような労使慣行を労働者に不利益に変更することは認められるのでしょうか。この点については、労使慣行は使用者と労働者との間の労働契約の内容になるものと考えられることから、労働条件を変更する場合、すなわち上記1⑶の就業規則の不利益変更と同様の方法をとることが必要と考えられます。具体的には、使用者は全労働者からこのような労使慣行を変更する旨の個別の合意を取得する、もしくは、当該不利益変更について就業規則をもって明示的に規定し、その不利益変更の手続を行う方法が考えられます。

　これに対して、休業手当の支給率を平均賃金の100％とする取扱いが労使慣行とまでは認められない場合、使用者は特段の手続を経ることなく休業手当の支給率を減少させることは可能と考えられます。

（萩原大吾）

(Q22) 一時帰休（休業）の場合の休業手当

一時帰休（休業）を指示するにあたり60％の休業手当では足りず100％の賃金を支払わなければならないのはどのようなケースでしょうか。

完全月給制の場合はどうでしょうか。

　　就業規則に規定がある場合、使用者の責めに帰すべき事由によって労働者が労務を提供できない場合には、使用者は労働者に対して100％の賃金を支払う必要があります。また、完全月給制の場合には、常に使用者は労働者に対して100％の賃金を支払う必要があります。

1　休業時に支払いが必要な休業手当および100％の賃金

⑴　休業手当（労基法26条）とは

労基法26条は「使用者の責に帰すべき事由による休業」の場合、使用者に対して、休業期間中の平均賃金の60％以上の手当を支払うことを規定しており、この手当を休業手当と呼びます。なお、同条は強行法規であり、労働条件の最低限度の内容を定めたものなので、就業規則によって休業手当を平均賃金の60％以上と定めることは可能ですが、平均賃金の60％未満と定めることは無効になります。

それでは、使用者が休業手当を支払う必要がある「使用者の責に帰すべき事由」とはどのような場合が該当するのでしょうか。この点については、ノースウエスト航空事件（最判昭和62年7月17日労判499号6頁）において、使用者側に起因する経営、管理上の障害を含むものと解する、と判断されています。具体的には、不可抗力による休業の場合は、上記使用者の責に帰すべき事由に該当せず、使用者に休業手当の支払義務はありません。そして、

ここでいう不可抗力とは、①その原因が事業の外部より発生した事故であること、②事業者が通常の経営者として最大の注意を尽くしてもなお避けることのできない事故であることの2つの要件を満たすものでなければならないと考えられています。

⑵ 休業時に100％の賃金の支払いが必要な場合

まず、就業規則上、欠勤や休業時に100％の賃金を支払う旨の規定がある場合、使用者は労働者に対して休業時にも100％の賃金を支払う必要があります。

これに対して、就業規則上、休業時の賃金の支払いに関する特段の規定がない場合はどうでしょうか。この点については、民法の規定を考慮する必要があります。具体的には、民法536条2項が規定する債務負担が関係します。同条項は、「債権者の責めに帰すべき事由によって債務を履行することができなくなったときは、債権者は、反対給付の履行を拒むことができない」と規定しており、労働契約における賃金の支払いの場面において、「債権者」とは使用者のことをいいます。そのため、使用者の責めに帰すべき事由によって債務者である労働者が債務である労務の提供を履行することができない場合、使用者は労働者に対する反対給付である賃金の支払いを拒むことができないことになります。

裁判例（東京高判平成27年3月26日労判1121号52頁〔いすゞ自動車事件〕）においても、平成20年秋以降の世界同時不況の影響を受け、国内外の景気の悪化による商用車受注の急激かつ大幅な減少およびそれによる経営状況の悪化を理由として生産計画、生産実績の大幅な減少とそれに伴う要員計画がなされたことにより、一時帰休を命じられた有期雇用契約の労働者に対して、契約期間内に限っての雇用継続およびそれに伴う賃金債権の維持については期待が高く、その期待は合理的なものと評価すべきであることや無期雇用の正社員に対しては100％の賃金保証がされていたことなどを理由として、使用者が有期雇用契約労働者の労務提供を受領拒絶したことは、使用者の責めに

帰すべき事由による債務の受領拒絶（民法536条2項）に該当するとし、裁判所は使用者に対して平均賃金の100％の支払いを命じています。

(3)　民法536条2項と労基法26条の関係

上記(1)および(2)のとおり、民法536条2項と労基法26条の双方ともに、債権者の責めに帰すべき事由によって債務を履行することができない場合を規定していることから、債権者である使用者は休業時に休業手当を支払うことで民法536条2項に基づく100％の賃金の支払いを免れるかのようにも考えられます。

もっとも、同条項は任意規定で適用を除外できると解されています。裁判例（横浜地判平成12年12月14日労判802号27頁〔池貝事件〕）においても、一般論として、「帰休制実施によって労働者が被る不利益の程度、使用者側の帰休制実施の必要性の内容・程度、労働組合等との交渉の経緯、他の労働組合又は他の従業員の対応等を総合考慮して判断すべきであり、右合理性がある場合は、使用者が帰休制を実施して労働者からの労働の提供を拒んだとしても、民法536条2項にいう『債権者ノ責ニ帰スヘキ事由』が存在しない」という判断があります。

そこで、就業規則において、例えば「使用者が労働者を休業させた場合は、休業1日につき労働基準法第26条に基づきその賃金の6割を支給する」という規定を、有効性は個別事情によるところですが、民法536条2項の適用を排除することを明記するために、「使用者が労働者を休業させた場合は、民法536条2項の適用を除外し、賃金の支給は行わず、休業1日につき労働基準法26条に基づきその賃金の6割を支給する」とすることが考えられます。そして、このような場合には民法536条2項ではなく労基法26条が規定する平均賃金の60％の休業手当の支払いで足りるものと考えられます。

2　完全月給制の場合

⑴　完全月給制とは

　まず、完全月給制とはいかなる制度を指すのか明確にすると、そもそも完全月給制については労基法等における明確な規定はありません。そこで、賃金の支払方法から完全月給制の内容を考えることになります。この点について、月給制は毎月決まって支給される賃金の支払期間の単位が月単位の制度をいいます。そして、賃金の支払期間が月単位であり、かつ、基本給の額は日額で決まっている場合を日給月給制といいます。これに対して、賃金の支払期間が月単位であり、かつ、基本給の額が月額で決まっている場合を完全月給制といいます。

　この日給月給制と完全月給制の違いは賃金カットの場面に現れます。日給月給制の場合、通常、就業規則の規定に基づいて遅刻・欠勤を理由とする時間単位での賃金カットがなされるのに対して、完全月給制の場合には遅刻・欠勤時にも賃金カットは生じません。

⑵　完全月給制における休業時の賃金の支払い

　上記⑴のとおり、完全月給制の場合、遅刻・欠勤時にも賃金カットは生じません。この点については休業時の賃金の取扱いも同様であり、休業時にも使用者は完全月給制の労働者に対しては100％の賃金を支払う必要があります。

（萩原大吾）

Q23　一時帰休（休業）から無給の休職への切替え

業績悪化により休業を指示していた社員から、感染症に罹患したと申出がありました。休業から無給の休職に切り替えてよいのでしょうか。

復職させる際の注意点についてもあわせて教えてください。

A　感染症に罹患した社員を使用者が休業手当を支給する休業から無給の休職に切り替えることは可能と考えられます。また、当該社員を復職させる場合、他の社員に感染症を罹患させるリスクがない状態で復職させる必要があります。

1　休業手当を支払う必要の有無

⑴　休業手当の支払いが必要な場合とは

労基法26条では、使用者の責に帰すべき事由による休業の場合、使用者は休業期間中の休業手当（平均賃金の100分の60以上）を支払わなければならないとされています。

そして、この「使用者の責に帰すべき事由」については、ノースウエスト航空事件（最判昭和62年7月17日労判499号6頁）において、使用者側に起因する経営、管理上の障害を含むものと解する、と判断されております。具体的には、不可抗力による休業の場合は、上記使用者の責に帰すべき事由に該当せず、使用者に休業手当の支払義務はないと考えられています。また、この不可抗力とは、①その原因が事業の外部より発生した事故であること、②事業者が通常の経営者として最大の注意を尽くしてもなお避けることのできない事故であることの2つの要件を満たすものでなければならないと考えられています。

⑵　業績悪化による休業は不可抗力による休業といえるのか

この点について、まず、感染症の蔓延により、使用者の営業活動に支障が

出たことによる業績悪化の場合、使用者が感染症の原因をつくったわけではありませんので、上記「①その原因が事業の外部より発生した事故であること」に該当する可能性があると考えられます。

しかしながら、使用者の業績が悪化したとしても、労働者は使用者に対する労務を提供することは通常可能であると考えられます。したがって、業績悪化という事情のみでは事業者が通常の経営者として最大の注意を尽くしてもなお避けることのできない事故とまではいえないと考えられます。

したがって、業績悪化による休業の場合、使用者は労働者に対して原則として休業手当の支払いが必要となります。

⑶　休業手当の支払いが不要な場合

これに対して、労基法26条は、使用者の責に帰すべき事由による休業の場合、使用者は休業期間中の休業手当を支払う必要があると規定しています。この規定を解釈すると、労働者の責めに帰すべき事由による休業の場合、使用者は労働者に対する休業期間中の休業手当の支払いは不要になります。

そして、労働者が私生活上の事情により感染症に感染した場合、この感染症の罹患の原因は労働者にありますので、上記労働者の責めに帰すべき事由による休業に該当し、使用者は労働者に対する休業期間中の休業手当の支払いは不要になると考えられます。なお、労働者が業務の遂行中に感染症に罹患した場合（例えば、他の事業場に出張し、その出張先で感染症のクラスターが発生した場合等）には、この感染症の罹患の原因は使用者側にありますので、上記労働者の責めに帰すべき事由には該当しません。

本件では、業績悪化による休業が始まっており、休業中の当該社員は業務の遂行中に感染症に罹患することはないと考えられますので、当該社員の感染症の罹患の原因は労働者にあると考えられます。したがって、このような場合、使用者は当該社員の休業に対する休業手当の支払いは不要と考えられます。

2 感染症に罹患した社員の復職時の注意点

⑴ 使用者が社員の復職時に注意すべき点

感染症に罹患した社員が復職する場合、使用者が注意をしなければならない点は他の社員に対する感染症の蔓延を防止すること、および、当該社員が完全な労務提供を行えることの確認が必要となります。

⑵ 他の社員への感染リスクがない状態の確認

まず、感染症に罹患した社員がその感染症から回復し、復職を希望した場合、使用者は当該社員の申出のみで復職を許可するべきではありません。なぜなら、社員の自己判断では他の社員への感染リスクがない状態といえるか不明だからです。特に感染力の強い感染症の場合、感染症に罹患した社員の復職に伴い、他の社員が感染症に罹患することを恐れ、就労拒否をすることまで考えられます。

そこで、使用者は、当該社員に対する医師の診断書の提出を義務づけ、もしくは、厚生労働省や専門機関が発表する他者への感染リスクがない待機期間の経過の確認を行うなど他の社員への感染リスクがない状態を確認してから、復職を検討することが肝要と考えられます。

⑶ 復職時に確認すべき完全な労務の提供

次に、使用者は、復職する社員が完全な労務の提供をできる状態にあることを確認する必要があります。社員が不完全な労務しか提供できない、例えば所定労働時間8時間の労働が不可能な場合、使用者は原則として当該社員による労務の提供を受領する義務はなく、また、当該社員の体調を考慮してもそのような状態で無理に復職させる必要はないと考えられます。

なお、復職を検討する場合には、従前の業務だけではなく他の業務を検討しなければならないことがあるという点に注意が必要です。この点について、片山組事件（最判平成10年4月9日労判736号15頁）において、最高裁判所は、労働者が職種や業務内容を特定せずに労働契約を締結した場合においては、

現に就業を命じられた特定の業務についての労務の提供が従前にはできないとしても、その能力、経験、地位、当該企業の規模、業種、当該企業における労働者の配置・異動の実情および難易等に照らして、当該労働者が配置される現実的可能性があると認められる他の業務についての労務の提供をすることができ、かつ、その提供を申し出ているのならば、なお債務の本旨に従った履行の提供があると解するのが相当である、と判断しています。

（萩原大吾）

（Q24） 再雇用の合意の有効性

業績悪化により一度雇用を終了し、業績が回復したら再度雇用をする合意をしてもよいでしょうか。

また、この場合にも失業手当は支給されるのでしょうか。

 　使用者と労働者が、使用者の業績悪化を理由として労働者が退職をすること、今後、業績が回復したら再度雇用する旨の内容の合意をすることは可能です。このような場合、労働者に失業手当が支給されない可能性はあります。

1　退職と再雇用の合意

⑴　雇用関係の終了方法①——解雇

使用者の業績悪化を理由として、使用者が労働者との間の雇用関係を終了させる場合、その方法としては使用者が労働者を解雇する方法、使用者と労働者との間で退職の合意をする方法が考えられます。

まず、使用者が労働者を解雇する場合、解雇は使用者による一方的な行為であるので、労働者の合意は不要となります。この場合、労基法20条1項に基づき、使用者は労働者に対して30日前に解雇を予告するか、解雇予告手当として30日分の平均賃金を支払う必要があります。

しかしながら、労働者が、使用者の解雇に不満がある場合、その解雇の有効性を争う可能性が生じます。この点については、業績不良を理由として多数の労働者を解雇することはいわゆる整理解雇といわれています。そして、この整理解雇は、人員削減の必要性、解雇回避努力、被解雇者選定の合理性および解雇手続の相当性の存否およびその程度を総合考慮して、本件解雇が客観的に合理的な理由があり、社会通念上相当として是認できるか否か（東京地判平成30年3月29日判タ1456号191頁〔新井鉄工所事件〕）、により当該解雇

の有効性が判断されます（労契法16条参照）。具体的には、どの程度業績が悪化したのか、経費削減などの解雇回避努力を尽くしたのか、なぜ当該労働者が解雇の対象者となったのか、労働組合や労働者との間で話合いの機会をもったりしたのかなどの要素を複合的に検討することになるため、一概に業績悪化という一事情のみをもってして社会通念上の相当性が肯定されるとはいい切れないところです。

　なお、労働者側からみて、解雇されることにより得られるものは解雇予告手当があげられます。後述のとおり、使用者と労働者との間で再度の雇用の合意がなされることを踏まえて、両者による紛争回避の見地から、労働者が解雇予告手当を受領し、さらに解雇に同意をする、という対応をとることも考えられます。

⑵　雇用関係の終了方法②――合意退職

　使用者の業績悪化を理由として、使用者が労働者との間の雇用関係を終了させる場合、解雇のほかに合意退職があげられます。この場合、合意を前提とすることから、労働者が退職することに同意をしていることが前提となります。

　なお、解雇と比較して、合意退職の場合には使用者が労働者に対して解雇予告手当を支払う必要はありません。ただし、使用者が労働者との間で退職の話合いを進めるうえで、解雇予告手当相当分の金銭を支払うという条件を出して、その話合いを進展させるなどの対応も検討することが考えられます。

2　再雇用の合意と失業手当

　それでは、使用者の業績悪化を理由に一時的に労働者を退職させるとともに使用者と労働者との間で再雇用の合意がある場合、労働者は失業手当を受給することができるのでしょうか。この点について、いわゆる失業手当と呼ばれる基本手当の支給について、雇用保険法13条1項は、「基本手当は、被保険者が失業した場合……支給する」と規定しています。そして、「失業」

の定義について、同法4条3項は、「この法律において『失業』とは、被保険者が離職し、労働の意思及び能力を有するにもかかわらず、職業に就くことができない状態にあること」と規定しています。すなわち、失業手当は雇用の予約や就職が内定および決定しない状態の場合に支給されることになります。

　以上のことからすると、使用者との間で再雇用の合意がある労働者は、雇用の予約がある状態に該当するおそれがあり、失業手当が支給されない可能性があります。このような判断は行政機関の個別的な判断に基づくものであり、また、個別事情によって結論が異なるものと考えられます。例えば、使用者が労働者との間で書面をもって数カ月後に再雇用する旨の記載がある場合、その合意は再雇用の合意に該当し、当該労働者は失業状態にないと判断される可能性が高いと考えられます。これに対して、使用者が「業績が回復したら再雇用できると思う」という程度の使用者と労働者との口約束であれば、その実現可能性は高いとまではいえず、この口約束は再雇用の合意には該当しないと判断される可能性もあります。

（萩原大吾）

Q25 休業対象者の選別方法と留意点

業績の悪化に伴う業務量の減少により労働者の半分を休業させる予定です。休業対象となる労働者は使用者が任意に選んでよいでしょうか。あわせて退職勧奨をしてもよいでしょうか。

　　使用者が業績悪化に伴う業務量の減少により労働者の半分を休業させる場合、使用者は休業対象となる労働者を任意に選ぶことは可能です。また、あわせて退職勧奨を行うことも可能です。しかしながら、休業対象者の選別や退職勧奨がパワーハラスメントや不当労働行為に該当しないように注意が必要です。

1　休業対象者の選別方法

　業績悪化に伴う業務量の減少、例えば工場の稼働率を半分にする場合などは勤務する労働者は半分で足り、残りの半分の労働者を休業させる方法が考えられます。このような場合、特段、休業させる労働者を選別させる法律や規制はありませんので、使用者が任意に休業対象者を選別することが可能と考えられます。

　ただ、闇雲に休業対象者を選別することは業務上得策ではありません。労働者の能力（例えば、複数の行程を掛けもちできる能力の有無）、勤務年数（例えば、全年齢層から満遍なく選別する）やチームやグループ構成なども含めて、効率的に工場を運営することができるように勤務する社員を選別することが肝要です。

2　休業と退職勧奨

　使用者が、業績悪化の将来的な改善を目的として、休業対象者として選別された社員に対して、退職勧奨をすることが考えられます。このような退職

勧奨は法律上規制されてはいませんので、使用者が退職勧奨を実施すること
は可能です。

　なお、事案や状況によりけりですが、政府が雇用維持を目的として雇用調
整助成金を支給する場合もありますので、退職勧奨を実施する前に雇用調整
助成金の有無やその支給条件などを確認して、雇用確保をもう一度検討する
ことも1つの手段と考えられます。

3　休業や退職勧奨実施時の注意点

⑴　パワーハラスメント

　業績悪化時に休業対象とした労働者に対して、使用者が退職勧奨を実施す
る場合、まず注意しなければならない点はパワーハラスメントに該当しない
ようにすることにあります。

　そもそも退職勧奨は使用者が労働者に対して退職を促す行為にすぎません
ので、退職勧奨が必ずパワーハラスメントに該当するわけではありません。
しかしながら、度がすぎた退職勧奨は不法行為に該当し、退職勧奨を実施し
た上長が民法709条の不法行為責任を、使用者が同法715条の使用者責任を負
う可能性があります。この点について、日本アイ・ビー・エム事件（東京地
判平成23年12月28日労経速2133号3頁）で裁判所は、労働者が自発的な退職意
思を形成するために社会通念上相当と認められる程度を超えて、当該労働者
に対して不当な心理的威迫を加えたり、その名誉感情を不当に害する言辞を
用いたりする退職勧奨は不法行為に該当すると判断しています。そのため、
例えば労働者が拒否しているにもかかわらず複数人の上司が退職勧奨者を部
屋に数時間閉じ込めたり、その際に人格否定をするような発言を浴びせたり
するような場合は違法な退職勧奨に該当するおそれがあります。

　業績悪化時に退職勧奨をするのであれば、労働者が使用者の経営状況を理
解できるような説明を行い、さらに退職によるインセンティブ（例えば退職
割増金）を提案するなどして、労働者が自発的に退職する意思をもつような

状況にすることが１つの手段と考えられます。

⑵　不当労働行為

　また、労働組合を抱える使用者は休業対象者を選別したり退職勧奨を実施したりする場合に当該退職勧奨が不当労働行為に該当しないように注意する必要があります。例えば、労働組合員のみを休業対象者として選別した場合、労働組合や当該組合員が「使用者の行為は労働組合の組合員であることを理由として不利益な取扱いをするものである」として不当労働行為（労組法７条１号参照）に該当する、と主張するおそれがあります。このような主張を防ぐためには、使用者は休業対象者や退職勧奨者を選別する際にその対象とした業務上の理由を明確にすることが肝要です。例えば、一定以下の勤務成績者を対象としたり、勤務年数および役職の有無で選別するなど使用者が選別理由を合理的に説明できるようにすると後日の紛争を避けることが可能になると考えられます。

（萩原大吾）

Q26　一部休業社員の社会保険等の打切り

　感染症の影響による業績悪化に伴い、一部休業させることにした社員について、週の労働時間が20時間未満となりました。本人の同意を得て雇用保険、厚生年金保険および健康保険（以下、「社会保険等」といいます）の加入を打ち切ってよいでしょうか。

　一部休業により週の労働時間が20時間未満となった労働者について、本人の同意の有無にかかわらず、社会保険等の加入を打ち切ることは可能です。

1　各種社会保険の対象者

⑴　雇用保険の対象者と適用除外

　雇用保険の対象となる被保険者について、雇用保険法4条1項が「この法律において『被保険者』とは、適用事業に雇用される労働者であって、第6条各号に掲げる者以外のものをいう」と規定し、同法5条1項は「この法律においては、労働者が雇用される事業を適用事業とする」と規定していることから、原則として雇用されている労働者は雇用保険の対象となります。

　しかしながら、同法6条において適用除外が定められています。例えば、1週間の所定労働時間が20時間未満である労働者（同条1号）や同一の事業主の適用事業に継続して31日以上雇用されることが見込まれない者（同条2号）が雇用保険の対象外となります。

⑵　厚生年金保険の対象者と適用除外

　厚生年金保険の対象となる被保険者は、厚生年金保険法9条が「適用事業に使用される70歳未満の者は、厚生年金保険の被保険者とする」と規定し、同法6条1項本文が「次の各号のいずれかに該当する事業所若しくは事務所（以下単に『事業所』という。）又は船舶を適用事業所とする」と規定し、同条

　1号が「次に掲げる事業の事業所又は事務所であって、常時5人以上の従業員を使用するもの」としていることから、原則として5人以上の労働者がいる事業所の労働者は厚生年金保険の被保険者の対象となります。

　しかしながら、同法12条に適用除外が定められております。例えば、同条5号は、その1週間の所定労働時間が同一の事業所に使用される通常の労働者の1週間の所定労働時間の4分の3未満である短時間労働者、またはその1カ月間の所定労働日数が同一の事業所に使用される通常の労働者の1カ月間の所定労働日数の4分の3未満である短時間労働者に該当する場合には、1週間の所定労働時間が20時間未満である（同条号イ）労働者は厚生年金保険法の対象外となります。

⑶　健康保険の対象者と適用除外

　健康保険の対象者と適用除外は、上記の厚生年金保険と類似しています。すなわち、常時5人以上の従業員を使用する事業所は原則として健康保険法の適用事業所に該当し（健康保険法3条3項）、この適用事業所に使用される者および任意継続被保険者が同法の被保険者となります。

　しかしながら、健康保険法3条にも適用除外が定められています。例えば、同条9号は、その1週間の所定労働時間が同一の事業所に使用される通常の労働者の1週間の所定労働時間の4分の3未満である短時間労働者、またはその1カ月間の所定労働日数が同一の事業所に使用される通常の労働者の1カ月間の所定労働日数の4分の3未満である短時間労働者に該当する場合、1週間の所定労働時間が20時間未満である労働者（同法3条9号イ）は健康保険法の対象外となります。

2　社会保険等の打切りの手続

　上記のとおり、1週間の所定労働時間が20時間未満の場合、社会保険等の対象外となりますので、一部休業により週の労働時間が20時間未満となった労働者については社会保険等の脱退の手続をする必要があります。そして、

これらの手続は本人ではなく事業主が行う必要があり、本人の同意は必要とされておりません。そのため、使用者が一部休業を継続し、労働者の週の所定労働時間が20時間未満とならざるを得ない状況が続くのであれば、使用者は労働者の社会保険等の脱退の手続を行うことになります。

　ただし、使用者が労働者に対して説明もなく社会保険等脱退の手続を行うと、労働者が戸惑うことが考えられます。そこで、使用者は労働者に対して、社会保険等の法律の内容、保険料の給与控除がなくなること、健康保険証の返却や健康保険への任意継続もしくは国民健康保険の加入の必要性を説明し、労働者の不安を取り除くことが望ましいと考えられます

（萩原大吾）

7　労働条件の不利益変更

Q27　労働条件の不利益変更

労働条件の変更が不利益にあたる場合とはどのような場合ですか。

また、不利益変更が認められる場合とはどのような場合ですか。

> **A**　労働条件の不利益変更の存否に関しては、新旧就業規則の外形的比較において不利益とみなしうる変更があればよいと考えられ、問題となる労働条件ごとに判断されます。また、不利益となる可能性があれば不利益変更にあたると解されています。不利益変更が認められる場合として、労働組合との間で労働協約を締結する、あるいはすでに締結されている労働協約を変更して行う場合、使用者と当該労働者との間の個別の合意により変更する場合、そして、就業規則を変更して行う場合が考えられます。

1　労働条件の不利益な変更とは

労契法 8 条により、労働契約の内容を変更する場合、労働者と使用者の合意が必要とされ、9 条では、就業規則を変更することにより労働条件を不利益に変更する場合は労働者の合意が必要とされ、ただし、10 条に定める要件（変更後の就業規則の周知性、変更の合理性）が認められる場合は労働者の合意がなくても就業規則を変更することで労働条件を不利益に変更することができるとされています。

この労働条件を不利益に変更するという点について、例えば、賃金が減額されるという実質的な不利益が明確な場合はそれが労働条件の不利益な変更であることは明らかですが、賃金が減額される代わりに所定労働時間が短縮されるといった総体的な関係で実質的な不利益が明確に認定できないような

場合、はたしてそのような労働条件の変更が不利益な変更にあたるかどうか問題となります。このような場合、最高裁判所は、実質的不利益の有無は労契法10条にいう変更の合理性の場面で考慮し、就業規則不利益変更法理の有無という入口における「不利益変更」の存否に関しては、新旧就業規則の外形的比較において不利益とみなしうる変更があればよいとする傾向にあると解されています（荒木尚志『労働法〔第4版〕』419頁以下）。例えば、大曲市農協事件（最判昭和63年2月16日判時1278号147頁）では、退職金の不利益変更が問題となった事例で、算定基礎となる給与額が合併に伴う給与調整により増額されていたが、最高裁判所はいったん不利益変更の判断枠組みに持ち込んだうえで、給与額の増額の事情は、変更の内容（不利益の程度）の場面で評価しようとしています。

　そして、その後の裁判例でも、不利益変更は問題となる労働条件ごとに判断されています。例えば、週休2日制の実施に伴い、平日の所定労働時間を25分延長した函館信用金庫事件（最判平成12年9月22日労判788号17頁）では、平日の所定労働時間が延長されたことをとらえて不利益変更にあたることを認めています。また、不利益となる可能性があれば不利益変更にあたると解されています。例えば、それまでの年功序列型賃金制度から、職務等級の格付けを行い、これにより職務給を支給し、人事考課によって昇格も降格もありうる賃金制度に変更した事案で、格付けが旧賃金制度の下で支給されていた賃金額に対応する職務の格付けよりも低かった場合やその後の人事考課の結果、降格された場合には、旧賃金制度の下で支給されていた賃金額より顕著に減少した賃金額が支給される可能性がある、として就業規則の不利益変更にあたるとされています（最判平成20年3月28日労経速2000号22頁、東京高判平成18年6月22日労判920号5頁〔ノイズ研究所事件〕）。

2　労働条件変更の方法と不利益変更が認められる場合

　労働条件の変更の方法として考えられるのは、①労働組合との間で労働協

約を締結する、あるいはすでに締結されている労働協約を変更する場合、②使用者と当該労働者との間の合意により変更する場合、③就業規則を変更して行う場合です。以下、それぞれの場合について説明します。

(1)　労働組合との間で労働協約を締結する、あるいはすでに締結されている労働協約を変更する場合（①）

　労組法16条により、労働協約に定める規範的部分（労働条件、待遇に関するもの）に反する労働契約の部分は無効となり、無効となった部分は労働協約に定める基準による、また労働契約に定めのない部分についても労働協約によるとされています。また、労基法92条、労契法13条により、就業規則は労働協約に反してはならないとされています。

　このような労働協約の効力は本来当該締結当事者である労働組合の組合員を対象としますが、一般的拘束力として、労組法17条により同一の工場事業場に「常時使用される同種の労働者」の４分の３を占める労働組合との間で労働協約を締結した場合、その効力は、当該労働組合員だけではなく非組合員（ただし、少数組合員を除く）に効力が生じます。ただし、非組合員に適用することが著しく不合理である特段の事情がある場合には非組合員には効力が生じません（最判平成８年３月26日民集50巻４号1008頁〔朝日火災海上保険（高田）事件〕）。

　また、特定または一部の組合員をことさら不利益に取り扱うことなどを目的とするなど、労働組合の目的を逸脱して締結された場合には労働協約の効力が否定される場合があり得ます（最判平成９年３月27日労判713号27頁〔朝日火災海上保険（石堂）事件〕）。

　また、組合員個々人にすでに発生している権利の処分などについては労働協約締結権限の範囲外であり、当該個々人の特別の授権が必要となります。

(2)　使用者と当該労働者との間の合意により変更する場合（②）

　労働者および使用者は、合意により労働契約の内容である労働条件を変更することができます（労契法８条）。また、使用者は、労働者との合意により

就業規則を変更することにより労働条件を不利益に変更することができます（同法9条本文）。いずれも詳細な内容については、Q29をご覧ください。

⑶　就業規則を変更して行う場合（③）

　就業規則を変更して労働契約の内容である労働条件を不利益に変更しようとする場合において、前記⑵の労働者との合意により行うことが難しい場合、労契法9条ただし書、10条により、変更後の就業規則を労働者に周知し、かつ、就業規則の変更が、①労働者の受ける不利益の程度、②労働条件の変更の必要性、③変更後の就業規則の内容の相当性、④労働組合等との交渉の状況、⑤その他の就業規則変更に係る事情に照らして合理的なものであるときは、労働契約の内容である労働条件は、当該変更後の就業規則に定めるところによる、とされています。この判断要素は、第四銀行事件最高裁判所判例（最判平成9年2月28日民集51巻2号705頁）が参考になっていると解されており、例えば、③の変更後の就業規則の内容の相当性の内容としては、第四銀行事件で最高裁判所があげた「代償措置その他関連する他の労働条件改善状況」等がその一例と解されます。また④の労働組合等との交渉の経緯とは、同最高裁判所があげた「労働組合等との交渉の経緯、他の労働組合又は他の従業員の対応」がその内容と解され、⑤その他の就業規則変更に係る事情とは、同最高裁判所があげた「同種事項に関するわが国社会における一般的状況等」がその一例と解されます。

　そして、上記④に関し、前掲・第四銀行事件で最高裁判所は、多数組合との合意があることについて、「変更後の就業規則の内容は労使間の利益調整がされた結果としての合理的なものであると一応推測することができ」る旨判示しています。この点から、企業としては、就業規則の不利益変更を行う場合において、その変更の合理性を導くうえで、社員、労働組合に対し、その必要性、内容について十分に説明し、理解を求め、できる限り多数の賛同を得るよう努力する必要があるといえます。

（三上安雄）

Q28　労働条件の不利益変更とその方法

　昨今の経済情勢を受け、当社では売上げが激減しました。当社として
は売上げに見合った給与に減額し、また、休日数も他社並みに減らさな
いと事業の継続が困難です。そこで、給与の減額や休日数の減少を内容
とする就業規則の変更をしたいのですが、可能でしょうか。

　また、この新たな労働条件での雇用契約の締結を求めて解雇すること
（いわゆる変更解約告知）は認められますか。

A　給与減額や休日数減少による労働時間の増加など、労働者に
とって重要な権利、労働条件に関して実質的な不利益を及ぼす就
業規則の変更には高度の必要性が求められ、厳しい経営状況から
行う場合に上記の必要性が認められる場合がありますが、労働者
が被る不利益の程度や変更後の内容の相当性（代償措置や経過措
置等）なども考慮してその変更の合理性が判断されます。また、
いわゆる変更解約告知については裁判例もまだ確立はしていない
ものの、場合によって認められる場合があるものと解します。

1　就業規則変更による労働条件の不利益変更

　給与額や休日数が、給与規程や就業規則本則などの就業規則にすでに規定
され、それが労働契約の内容になっている場合において、就業規則を変更し、
労働条件を不利益に変更する場合については、すでにQ27で説明したとおり、
まずは、労働者の合意をもって変更することが可能です（労契法9条本文）。

　また、労働者の合意を得ることができない場合、労契法9条ただし書、10
条により、①変更後の就業規則を労働者に周知し、かつ、②その変更が、労
働者の受ける不利益の程度、労働条件変更の必要性、変更後の就業規則の内
容の相当性、労働組合等との交渉の状況その他の就業規則変更に係る事情に

照らして合理的なものであるときは、労働契約の内容である労働条件は、当
該変更後の就業規則に定めるところによるものとなることもすでにQ27で説
明したとおりです。

2　給与減額、休日数の減少

　本設問において、昨今の経済情勢から売上げが減少し、そのため当社が事
業を継続していくためにはそれに見合った給与に減額する必要がある、また、
同様に、事業を継続していくためには休日数も他社並みに減らす必要がある、
ということを十分に労働者に説明し、理解を求め、就業規則を変更すること
について、対象となる労働者全員の合意をもって就業規則を変更し、労働契
約の内容である労働条件を変更することは可能です。

　しかし、一部の労働者でも合意しない場合、上記による変更は困難となり
ますので、全員の合意がなくても就業規則を変更し、変更後の就業規則を周
知して、労働契約の内容である労働条件を変更することが考えられます。問
題は、その変更の合理性が認められるか否かです。これまでの最高裁判所判
例では、変更される労働条件の内容に応じて、その労働条件が重要であれば
より合理性の判断が厳格になると解されており、特に、賃金、退職金など労
働者にとって重要な権利、労働条件に関し実質的な不利益を及ぼす就業規則
の作成または変更については、当該条項が、そのようは不利益を労働者に法
的に受任させることを許容できるだけの高度の必要性に基づいた合理的な内
容である場合にその効力が生じると解されています（最判昭和63年２月16日
民集42巻２号60頁〔大曲市農協事件〕）。

　本設問では、賃金が減額となる、また、休日数も減少し、その分労働時間
が増加する、という変更ですので、いずれも労働者にとって重要な権利、労
働条件に関し実質的な不利益が生じることが明らかな事案といえます。もっ
とも、そのような不利益変更をしなければならないのは、昨今の経済情勢か
ら売上げが激減したという厳しい経営事情によるものです。そこで、厳しい

経営環境に対処して行う就業規則の不利益変更の有効性について検討します。

　まず、最高裁判所判例でも、厳しい経営状況における就業規則の変更も合理性があると評価できる場合があると指摘されています。すなわち、みちのく銀行事件（最判平成12年9月7日民集54巻7号2075頁）において、「企業においては、社会情勢や当該企業を取り巻く経営環境等の変化に伴い、企業体質の改善や経営の一層の効率化、合理化をする必要に迫られ、その結果、賃金の低下を含む労働条件の変更をせざるを得ない事態となることがあることはいうまでもなく、そのような就業規則の変更も、やむを得ない合理的なものとしてその効力を認めるべきときもあり得るところである。特に、当該企業の存続自体が危ぶまれたり、経営危機による雇用調整が予想されるなどといった状況にあるときは、労働条件の変更による人件費抑制の必要性が極度に高い上、労働者の被る不利益という観点からみても、失職したときのことを思えばなお受忍すべきものと判断せざるを得ないことがあるので、各事情の総合考慮の結果次第では、変更の合理性があると評価することができる場合があるといわなければならない」と判示されています。

　もっとも、同事件では、最高裁判所は、結論として変更の必要性を認めながらも、標準賃金額が33％ないし44％減額された点で不利益が大きすぎ、55歳以上の特定の高年者層にのみそのようは不利益を受任させるのは相当でないとして変更の合理性を否定しています。また、総学生数・入学者が減少し、人件費の割合が高いことから経営困難となった大学法人が、教員の定年を70歳から65歳に引き下げ、70歳までの年俸約1200万円を800万円に引き下げた後、さらにその2年後に今回の給与支給内規の改定により再雇用者の年俸を480万円に引き下げた措置について、不利益が大きく、大幅な減額がなされ、この重大な不利益を緩和するための経過措置や代償措置が全く講じられていない等の理由から合理性が否定された裁判例もあります（札幌高判平成29年10月4日労判1174号5頁〔学校法人札幌大学（給与支給内規変更）事件〕）。

　他方、自動車教習所において、入所生の大幅な減少から赤字経営となり、

108

組合との交渉を重ねたうえでの、基本給の引下げ、勤続給・技術給・年齢給の廃止などの給与規程の変更について、変更の必要性、不利益の程度（減額割合が平均8.1％）、変更後の内容の相当性（同一勤務地での他の種類の社員よりなお3ないし4万円高い、県内の他の教習所の賃金水準と比較しても必ずしも低額とはいえない）、組合との交渉経緯等を総合して変更の合理性を認めています（東京高判平成26年2月26日労判1098号46頁〔シオン学園（三共自動車学校・賃金体系等変更）事件〕）。

また、財務状況、資金繰りの状況から存続が危ぶまれることが予想され、売上自体も大きく減少している中で、特に乗務員の人件費が営業費の大きな割合を占め営業損益に大きく影響していた等の状況から賃金規程変更の高度の必要性が認められ、65歳までの雇用期間延長等の一定の代償措置も講じられ、労働組合との交渉も十分に行われていたこと、さらに、変更後の乗務員全体の賃金水準も同業他社と比較しても遜色がなく、劣悪とまではいえないが、労基法上の減給制裁額（労基法91条により減給の制裁を一賃金支払期における賃金の総額の10分の1の範囲に制限していること）を踏まえると20％以上の限度で合理性がないとの判断を示した裁判例があります（大阪地判平成22年2月3日労判1014号47頁〔大阪京阪タクシー事件〕）。

以上から、厳しい経営環境に対処するためにやむなく行う就業規則の変更について、事案によって、その変更の高度の必要性が認められ、かつ、変更による不利益の程度、変更後の内容の相当性、等から変更の合理性が認められる場合があります。

特に問題となるのは、変更による不利益の程度です。前述のとおり、大阪京阪タクシー事件で裁判所は、20％という基準を示していますが、これはあくまで代償措置等の他の判断要素を踏まえての事例判断であり、他の事例にそのまま転用できるわけではないと思います。少なくとも賃金支払期において減額幅として10％を限度としている労基法91条が、減給処分としてもその限度を超える給与減額が労働者にとって酷であると判断されて設けられてい

ることに鑑みると、私見ではありますが、実務上は減額幅が10％を超える場合は不利益の程度が大きいととらえるべきではないかと考えます。その場合において変更の合理性を導くためには、変更後の内容の相当性（代償措置や経過措置）、労働組合等との交渉の状況、その他の事情（同業他社や他の一般企業における労働条件との比較等）において合理性を導く十分な事情が必要になるものと解されます。

本設問における給与の減額について、その詳細な事情がわかりませんが、上記のように変更の合理性の判断要素を充足するよう検討されることをおすすめします。

また、本設問のような休日数の減少については、変更前において、本来就労義務のない日について就労する場合、規則の定めいかんにより法定外休日労働の場合の割増賃金として通常の時間外労働としてあるいは休日労働として定めていればそれに従った賃金の支給を受けられていたはずです。それが変更によりそのような割増賃金の支給が受けられなくなる、というのは実質的な不利益、つまり賃金の減額に等しい不利益を被る（それ以外にも労働者が自由にその余暇を使い、休息する日数が減るという不利益もあります）ということになります。

そこで、一般に休日数を減少させるためには少なくとも上記のような賃金減額分と解される不利益に対し、相応の代償措置を講じることがその変更の合理性を導くうえで重要な要素になると解されますので、この点留意いただきたいと思います。

3　変更解約告知とは

変更解約告知とは、解雇が労働条件を変更する手段として行われるものをいい、①労働条件変更の申込みをしつつ、同時にそれが受け入れられない場合における労働契約の解約を行う態様と、②新労働条件での再雇用（契約締結）の申込みをしつつ、同時に、労働契約を解約する態様、さらに、③まず、

労働条件の変更の申込みをして、これが拒否された場合に拒否されたことを理由に労働契約の解約を行う態様、④新労働条件での募集と解雇とを同時に行ったうえ、応募者を絞って再雇用し、人員削減と労働条件変更との双方を達成する態様があります（菅野和夫『労働法〔第12版〕』810頁）。

　裁判例をみると、大阪労働衛生センター第一病院事件（大阪地判平成10年8月31日労判751号38頁）で裁判所は、「労働条件変更については、就業規則の変更によってなされるべきものであり、そのような方式が定着しているといってよい。これとは別に、変更解約告知なるものを認めるとすれば、使用者は新たな労働条件変更の手段を得ることになるが、一方、労働者は、新しい労働条件に応じない限り、解雇を余儀なくされ、厳しい選択を迫られることになるのであって、しかも、再雇用の申出が伴うということで解雇の要件が緩やかに判断されることになれば、解雇という手段に相当性を必要とするとしても、労働者は非常に不利な立場に置かれることになる。してみれば、ドイツ法と異なって明文のない我国においては、労働条件の変更ないし解雇に変更解約告知という独立の類型を設けることは相当でないというべきである」と否定的な立場をとっています。

　他方、スカンジナビア航空事件（東京地決平成7年4月13日労判675号13頁）では、①労働者の職務、勤務雇用契約で特定された職種等の労働場所、賃金および労働時間等の労働条件変更が、会社の業務運営にとって必要不可欠であって、②その必要性が労働条件の変更によって労働者が受ける不利益を上回っていて、③労働条件の変更を伴う新契約締結の申込みがそれに応じない場合の解雇を正当化するに足りるやむを得ないものと認められ、かつ、④解雇を回避するための努力が十分に尽くされているときは、会社が新契約締結の申込みに応じない労働者を解雇することができる旨判示しています。

　このように裁判例では変更解約告知の有効性について、まだ確立した考え方は示されてはいないものの、例えば勤務場所や職務内容が限定されているような場合は、就業規則改定により労働条件を変更することはできないこと

から、整理解雇の回避措置の1つとして、勤務場所や職務内容の特定を変更する旨の変更解約告知の申入れを位置づけ、その申出を拒否した労働者に対する解雇を有効と考えることも十分に可能ではないかと考えられます（加茂善仁『労働条件変更の実務Q＆A』32頁）。したがって、本設問でも、上記のように整理解雇ができるような場合でその回避措置の一環として新たな労働条件での雇用契約の締結を求め、それを拒否した労働者を整理解雇する、ということが有効となる場合もあると考えます。

（三上安雄）

Q29 時限的な給与カット

　当社は急激な経営悪化を受け、従業員の給与も引き下げざるを得ない状況となりました。企業倒産を回避すべく、従業員の皆さんに賃金カット（一般社員は一律10％、管理職は一律15％カット）に協力してもらいたいと思います。どのように進めたらよいですか。

　説明会を設ける等十分に労働者に情報を提供し、その変更の必要性、不利益の内容、程度等の理解を求め、質問等があれば説明し、理解を求める等したうえで、書面での同意を求める、という丁寧な手続を踏む必要があります。

1　合意に基づく賃金カット

　労働者との合意により労働条件を不利益に変更する、具体的には給与額を引き下げることは可能であり（労契法8条、Q27参照）、また、合意により就業規則である賃金規程を不利益に変更し、給与額を引き下げることも可能です（同法9条）。ただし、後述する点については実務上留意する必要があります。

　参考までに、給与額引下げに関する説明文書（【書式9】）および同意書例（【書式10】）をあげておきます。なお、給与引下げをお願いするにあたり、労働者に対する説明会を設ける等対面で説明する必要があると思います（説明会等労働者の理解を得る手続については後記2(3)参照）。その際に下記の説明文書（【書式9】）を交付し、詳細を説明し、理解を求めることを想定しています。

113

【書式9】　給与減額に関する説明文書例

令和○年○月○日

社員の皆様へ

○○○○株式会社
代表取締役○○○○

給与減額のお願い

　当社は、昨今の……の情勢により、売上高が激減し、事業の継続そのものが厳しい状況に陥っております。昨年来から進めております新規事業等、まだ売上げの維持、向上が望まれる事業への注力をはじめ、会社の存続に向けて最大限の努力を続けてまいりますが、その為になんとか経費の削減に向け、この度、下記のとおり、皆さんの賃金を半年間引き下げさせていただきたく、どうかご理解・ご協力をお願いいたします。

記

1. 賃金減額の内容
   (1) 課長以上の管理職　　基本給の15％減額
   (2) 一般職　　基本給の10％減額
2. 賃金減額の期間
   令和○年6月分給与〜同年12月分給与

　内容につきご質問等がある方は、総務部（内線：○○○○）までお願いします。
　以上につき、同意いただける方は添付の同意書に署名、捺印ください。

以上

【書式10】　給与減額に関する同意書例

同意書

○○○○株式会社
　代表取締役○○○○殿

　令和○年○月○日、説明会にて同日付「給与減額のお願い」と題する文書をいただき、説明を受け、内容について理解しました。
　この度の給与減額に同意いたします。

令和○年○月○日
　　　　氏名＿＿＿＿＿＿＿＿＿＿印

2　実務上の留意点

⑴　就業規則改定の必要性

　一般に、給与額については給与規程等の就業規則に定められています。したがって、前記1の労働者との合意により給与額を引き下げる合意をした（労契法8条）としても、就業規則の規定がそのままであれば、「就業規則で定める基準に達しない労働条件を定める労働契約は、その部分については、無効とする。この場合において、無効となった部分は、就業規則で定める基準による」（同法12条）との就業規則の最低基準効がありますので、就業規則もあわせて変更しておく必要があります。賃金カットそのものは会社の経営悪化に対する労働者に理解、協力のもとに行うことから、その協力を求める期間を限定して行う例が一般です。したがって、就業規則において、所定の対象期間について、当該カットの対象となる賃金項目を定める○条について金額を変更する旨の規定を同条項に付記する、あるいは附則で設ける方法をとる例もあります。下記の文例（【書式11】【書式12】）を参考にしてください。

【書式11】　給与減額の規定を同一条文に付記する例

給与規程

………

（基本給）

第○条　基本給は別表1に定める額とする。

　　2　令和○年6月分給与乃至同年12月分の基本給については、下記のとおりとする。

　　　・　課長以上の管理職　　別表1の基本給×85％

　　　・　一般職　　別表1の基本給×90％

【書式12】　給与減額の規定を附則に設ける例

給与規程

………

附　則

1．この規程は平成〇年〇月〇日から施行する。

………

〇．第〇条の基本給について、令和〇年 6 月分給与乃至同年12月分の基本給は下記の
とおりとする。

・　課長以上の管理職　　別表 1 の基本給×85％
・　一般職　　別表 1 の基本給×90％

⑵　黙示の合意

前記⑴の合意は、明示的な合意に限らず、黙示の合意も含まれると解され
ますが、その同意は労働者の自由意思に基づく明確なものであることを要し、
特に黙示の合意の場合にはその成立や有効性は容易には認められないと解さ
れています（菅野和夫『労働法〔第12版〕』456頁）。例えば、更生会社三井埠頭
事件（東京高判平成12年12月27日労判809号82頁）では、「労基法24条 1 項本文
はいわゆる賃金全額払の原則を定めているところ、これは使用者が一方的に
賃金を控除することを禁止し、もって労働者に賃金の全額を確実に受領させ、
労働者の経済生活を脅かすことがないようにしてその保護を図る趣旨に出た
ものであると解されるから、就業規則に基づかない賃金の減額・控除に対す
る労働者の承諾の意思表示は、賃金債権の放棄と同視すべきものであること
に照らし、それが労働者の自由な意思に基づいてなされたものであると認め
るに足りる合理的な理由が客観的に存在するときに限り、有効であると解す
べきである」と判示し、単に異議を述べなかったということによる黙示の合
意を否定しています。

⑶　賃金に関する変更の合意

さらに、山梨県民信用組合事件（最判平成28年 2 月19日民集70巻 2 号123頁）

では、「労働契約の内容である労働条件は、労働者と使用者との個別の合意によって変更することができるものであり、このことは、就業規則に定められている労働条件を労働者の不利益に変更する場合であっても、その合意に際して就業規則の変更が必要とされることを除き、異なるものではないと解される（労働契約法8条、9条本文参照）。もっとも、使用者が提示した労働条件の変更が賃金や退職金に関するものである場合には、当該変更を受け入れる旨の労働者の行為があるとしても、労働者が使用者に使用されてその指揮命令に復すべき立場に置かれており、自らの意思決定の基礎となる情報を収集する能力にも限界があることに照らせば、当該行為をもって直ちに労働者の同意があったものとみるのは相当でなく、当該変更に対する労働者の同意の有無についての判断は慎重にされるべきである。そうすると、就業規則に定められた賃金や退職金に関する労働条件の変更に対する労働者の同意の有無については、当該変更を受け入れる旨の労働者の行為の有無だけでなく、当該変更により労働者にもたらされる不利益の内容及び程度、労働者により当該行為がなされるに至った経緯及びその態様、当該行為に先立つ労働者への情報提供又は説明の内容等に照らして、当該行為が労働者の自由な意思に基づいてされたものと認めるに足りる合理的な理由が客観的に存在するか否かという観点からも、判断されるべきものと解するのが相当である」と判示されています。したがって、賃金等の重要な労働条件を不利益に変更する場合については、説明会を設ける等十分に労働者に情報を提供し、その変更の必要性、不利益の内容、程度等の理解を求め、質問等があれば説明し、理解を求める等したうえで、書面での同意を求める、という丁寧な手続を踏むことが肝要です。

3　本設問の検討

本設問では、社員に協力してもらう賃金カットの下げ幅が一般社員で一律10％、管理職で一律15％ということでその不利益の程度は大きいものといわ

ざるを得ません。そのため、その賃金カットに同意してもらう場合に、単に黙示での同意で進めるのは、上記 2 (2)で述べたとおり、その効力を否定されるおそれが多分にあります。前記 2 (3)で述べたとおり、説明会を設ける等十分に労働者に情報を提供し、その変更の必要性、不利益の内容、程度等の理解を求め、質問等があれば説明し、理解を求める等したうえで、書面での同意を求める、という丁寧な手続を踏む必要がありましょう。特に、社員全員の理解を得るために、急激な経営悪化を受け、企業存続のために社員全員の協力が必要であることを懇切丁寧に説明する必要があると思います。また、社員の理解を得るためにはこの賃金カットの期間を使用者としては示す必要があると思います。もちろん、会社としていつまでに業績を回復し、賃金カットの協力なく従前の経営体制に戻せるかは明確でないかもしれませんが、まずは一定期間の約束をし、その期限が満了する際に、あらためて期間を延長するか否かを判断するしかないと思います。その際に、企業努力を社員が評価できれば次期において協力が必要な場合でも社員は理解を示してくれるのではないでしょうか。

（三上安雄）

Q30 出勤日数の減少（ワークシェアリング）と給与の減額

　業務量が減少したことに伴い、社員の雇用を維持するためにワークシェアリングをしたいと考え、出勤日数を週5日から週3日に減らします。これに伴い、基本給を5分の3にしても問題ないですか。

　家族手当や住宅手当等の生活補助的な手当や通勤手当等の実費支給的な手当について減額することに合理性がありますか。

A　本設問のようにワークシェアリング導入により出勤日数に応じて基本給を減額することや手当を減額することに合理性が認められる場合があると解されます。

1　ワークシェアリングとは

　ワークシェアリングとは、雇用機会、労働時間、賃金という3つの要素の組合せを変化させることを通じて、一定の雇用量を、より多くの労働者の間で分かち合うことを意味します（厚生労働省「ワークシェアリングに関する調査研究報告書」（平成13年4月26日））。

　同報告書によると、その類型は、①雇用維持型（緊急避難型）として、一時的な景況の悪化を乗り越えるために従業員一人あたりの所定内労働時間を短縮し、社内で多くの雇用を維持するためのもの、②雇用維持型（中高年対策型）として、中高年の雇用を確保するために、中高年の従業員を対象に一人あたりの所定内労働時間を短縮し、社内でより多くの雇用を維持するためのもの、③雇用創出型として、失業者に新たな就業機会を提供することを目的として、国または企業単位で労働時間を短縮し、より多くの労働者に雇用機会を与えるもの、④多様就業対応型として、正社員について、短時間勤務を導入するなど勤務の仕方を多様化し、女性や高齢者をはじめとして、より多くの労働者に雇用機会を与えるためのもの、があります。

本設問は、上記①のワークシェアリングにあたると解されます。

2　ワークシェアリングの導入方法

　ワークシェアアリングはその導入により所定労働時間が短縮されるとともに、本設問にあるように賃金が減額されることもその内容とすることから、労働条件の不利益変更にあたります（Q27参照）。もっとも、このような労働条件の変更を行う前に、まず、業務量減少に対し、休業措置を行い（給与額は労基法26条の休業手当の基準を満たす形で減額を検討します）、業績の回復を待つのが一般です。そのような休業によっても業務量減少の状況に対応できない場合にワークシェアリングの導入を検討することになります。そして、労働条件の不利益変更にあたるワークシェアリングの導入は、労働者の合意に基づいて行う（労契法8条、9条）、あるいは労働組合と合意し労働協約を締結して行うことが考えられます。

　そのような労働者あるいは労働組合との合意が得られない場合には、就業規則を変更して導入することが考えられます（労契法10条）。

3　労働条件の不利益変更の合理性

　ワークシェアアリングの導入により賃金が減額されることから、その変更については高度な必要性に基づく合理的な内容、具体的には、変更の必要性に加え、労働者の受ける不利益の程度、変更後の就業規則の内容の相当性、労働組合等との交渉の状況その他の就業規則変更に係る事情に照らして合理的なものであることが必要となります（Q28参照）。

　例えば、経営環境が厳しく、売上げの大幅な減少に伴い、大量の余剰人員が発生し、企業存続のために人員削減が迫られるなか、人員を削減するのではなく、全員の雇用を維持するために、ワークシェアリングを導入する場合には、その導入に高度の必要性が認められると解されます。

　変更により労働者の被る不利益の程度については、まず、ワークシェアリ

ングが緊急避難的に行われることから、ある一定期間に限定して行われる、という点が考慮されると思います。また、賃金が減額される代わりに所定労働時間が短縮されることということも考慮されるものと考えられます。この点につき、ワークシェアリングに関する裁判例ではありませんが、週40時間労働制導入による労働時間の短縮に伴って、その労働時間の短縮率を超えない範囲で従業員の基本給を減額することは、従業員らが他方で労働時間の短縮という大きな利益を得ていること等から、変更の合理性を肯定した裁判例〔大分地判平成13年10月1日労判837号76頁〔九州運送賃金規程変更事件〕〕があり、参考になります。本設問では、所定労働時間数が従前の週5日から3日に減少し、その代わり、その短縮率にあわせて基本給を5分の3にするということですから、上記九州運送賃金規程変更事件に照らしてもその不利益の程度からは合理性を否定する程度のものではないと解されます。

　基本給以外の手当については、所定勤務日が減ることにより労働者の出費も抑えられる通勤費等の実費支給的な手当についてその出勤日減少に見合って減額するのであれば基本給と同様にその不利益の程度からは合理性を否定する程度のものではないと解されます。

　他方、家族手当や住宅手当等の生活補助的な手当については、本来、その所定労働時間数と直接関連性がなく、正社員の生活保障的な意味で支給しているとも解され、それゆえ、家族手当や住宅手当等の生活補助的な手当を所定労働時間の減少に伴い減額する、という取扱いが当然に認められるとまではいえません。他方、所定労働時間の減少に伴い賃金の減額として上記手当を減額してはいけないという法律もありません。会社として、所定労働時間数が減少になることにより生活保障的な手当といえども家族手当や住宅手当等の手当を減額せざるを得ない財務状況であれば、私見ではありますが、これら手当についても、労働時間の短縮率を超えない範囲で減額することも、なお合理性が否定されることにはならないように思います。

　そして、変更後の就業規則の内容の相当性という点では、所定労働時間が

121

減少し、賃金が減額となることから、仮に、本業において悪影響のない範囲で対象者に兼業を認めるという取扱いを行う場合には、そのような取扱いは、相応の代償措置として評価されるのではないかと考えます。

（三上安雄）

Q31　福利厚生の不利益変更

　これまで借上げ社宅制度において認めてきた賃料の上限を、その借り上げる地域の賃料相場に合わせて引き下げることは認められますか。

　また、会社の業績悪化や、借上げ社宅の対象者とそれらの非対象者との公平性を理由に、借上げ社宅制度を廃止することは認められますか。

　就業規則を変更し、福利厚生において不利益な労働条件に変更する場合においては、福利厚生は賃金にはあたらないため、高度な必要性に基づく合理的な内容であることまでは必要とされず、使用者の経済的な負担による給付であることから、その合理性はより緩やかに判断されるものと解されます。しかし、本設問のように借上げ社宅を利用している労働者は、使用者の負担の下にその住宅費の全額あるいはその一部の支出を免れていることを前提に生活を設計していることから、その制度の内容を変更するについては、十分な配慮が必要です。

1　福利厚生と労働契約の内容

　福利厚生給付とは、使用者が、労働の対償としてではなく、労働者の福利厚生のために支給する利益あるいは費用をいい、概念上賃金ではありません。例えば、①生活資金・教育資金の貸付け、②労働者の福利の増進のための定期的な金銭給付、③労働者の資産形成のための金銭給付、④住宅の貸与、⑤会社の浴場施設、運動施設、レクリエーション施設などの従業員の共同利用の施設等です（菅野和夫『労働法〔第12版〕』422頁）。

　労契法7条によれば、合理的な労働条件が定められている就業規則を労働者に周知させていた場合には、労働契約の内容はその就業規則で定める労働条件による、とされています。福利厚生も就業規則に定められ制度化されて

いる場合、その内容が労働契約の内容となります。したがって、就業規則に
定められている内容を不利益に変更する場合、その有効性は、すでに説明し
ている就業規則の不利益変更の合理性が認められるか否かにより判断されま
す。

2　就業規則変更による借上げ社宅制度の内容の変更

　就業規則に定められている借上げ社宅制度を不利益に変更する場合、まず
は労働者との合意により就業規則を変更して行うことが考えられます（労契
法9条）。労働者との合意により行うことが難しい場合には、労契法9条た
だし書、10条により、①変更後の就業規則を労働者に周知し、かつ、②その
変更が、労働者の受ける不利益の程度、労働条件変更の必要性、変更後の就
業規則の内容の相当性、労働組合等との交渉の状況その他の就業規則変更に
係る事情に照らして合理的なものであると認められる必要があります。

　この点に関し、賃金、退職金などの労働者にとって重要な権利、労働条件
に関し実質的な不利益を及ぼす就業規則の作成または変更については、当該
条項が、そのようは不利益を労働者に法的に受任させることを許容できるだ
けの高度の必要性に基づいた合理的な内容である場合にその効力が生じると
解されています（最判昭和63年2月16日民集42巻2号60頁〔大曲市農協事件〕）
が、福利厚生については、上記賃金にはあたらないため、高度な必要性に基
づく合理的な内容であることまでは必要とされず、使用者の経済的な負担に
よる給付であることから、その合理性はより緩やかに判断されるものと解さ
れます。

　ただ、本設問のように借上げ社宅を利用している労働者は、使用者の負担
の下にその住宅費の全額あるいはその一部の支出を免れていることを前提に
生活を設計していることから、その制度の内容を変更するについては、十分
な配慮が必要です。

　そこで、本設問について、検討するに、労働者が居住する地域において、

従前借上げ社宅制度において認めてきた賃料の上限が、その借り上げる地域の賃料相場に照らし、高額であった場合、使用者が負担するコストの見直しのために賃料相場に合わせて引き下げる必要性は認められるでしょうし、変更後の就業規則の内容の相当性についても、当該地域における賃料相場に合わせた引下げであり、わが国社会の一般的状況からみても相当な内容であると解され、合理性を満たす可能性は十分にあると思います。

　ただ、対象者はこれまで従前の借上げ社宅制度で認められていた賃料の物件を選択し、居住してきたという事情があり、すぐに他の物件に借換えをするということもできません。それゆえ、制度変更による不利益を直ちに労働者に課すのは酷です。

　そこで、その借上げ社宅の賃料の上限の引下げにより被る労働者の不利益に配慮した措置が必要です。例えば、現在借りている物件の賃貸借契約の次回更新時までは、現行の物件での借上げを認めるなどその変更実施の時期をずらす、あるいは、会社が認める賃料との差額を自己負担とすることなど対象者の選択を認める、などの経過措置等をとるなどの配慮もその変更の合理性を導く事情として評価されるものと考えられます。

3　借上げ社宅制度自体の廃止

　借上げ社宅制度の規定を変更し、制度自体を廃止する場合、その合理性について検討します。前記2と異なり、借上げ社宅制度自体を廃止することから、そのことによる不利益の程度は前記2の場合よりも大きく、それまで生活設計の前提としていた借上げ社宅がなくなり、自らが全額負担の下にその社宅に自ら借主として居住し続けるか、それとも別の住宅を借りてその借主として居住するか、という選択を迫られ、また、その住居費を全額負担する事態に至ります。

　そのような不利益の程度の大きさに比して、変更の必要性として、会社の業績悪化のため、そのような借上げ社宅の経費負担を賄うことが困難となり、

会社存続のためやむなく借上げ社宅制度を廃止せざるを得ないというまさに緊急事態の場合においては、廃止もやむを得ないと解され、会社として対象者の不利益に対する配慮という点で可能な限りの配慮をしている（例えば、経過措置として廃止時期を相当の期間経過後とする等）ような事情が認められる場合には、廃止について合理性が認められる可能性があると思います。

　これに対し、非対象者との公平性を図る、という場合においては、借上げ社宅制度によるコストそのものを削減することに目的があるわけではなく、当該制度を社員間の公平性という人事施策に基づくものですので、前記2で検討したような不利益を被る対象者に対する配慮としての経過措置に加え、その廃止に代わる代償措置の検討（借上げ社宅により費用が削減できる分を人件費、例えば賞与等の財源に繰り込み、社員に還元する等）も合理性を導く事情として評価されるのではないかと思います。

（三上安雄）

Q32　企業統合における労働条件の統一

　当社は、A社と合併することとなり、労働時間をA社に合わせる必要があります。当社社員は、全員年間で100時間労働時間を延長する必要があります。どのようにして労働条件を変更したらよいですか。

A　合併における労働条件を統一する必要性は認められますが、労働時間を100時間延長するという点で労働者が被る不利益は大きいと解され、合意により就業規則を変更する場合は十分な説明を行い、理解を求めたうえで同意を得ることが必要となります。また、合意を得ることができず就業規則の変更により行う場合は、その代償措置等労働者の不利益に対して十分に配慮をするなど変更の合理性を導く事情が必要になると解されます。

1　合併における労働条件統一の必要性

　合併により合併前の労働契約は当然にそのまま合併後の会社に引き継がれることから、合併当事者企業の労働条件が合併後の企業に存在することとなり、本設問のように、合併当事者企業出身の労働者間で、例えば所定労働時間が異なる等という事態が生じかねません。この場合、同一事業場内にそのように所定労働時間数が異なり、始業・終業時刻が異なるという労働者が存在する等異なった労務管理をしなければならない事態は、企業にとって決して好ましいことではなく早急に労働条件の統一を図る必要があります。

　この点に関し、最高裁判所でも「一般に、従業員の労働条件が異なる複数の農協、会社等が合併した場合に、労働条件の統一的画一的処理の要請から、旧組織から引き継いだ従業員相互間の格差を是正し、単一の就業規則を作成、適用しなければならない必要性が高いことはいうまでもない」と判示されているところです（最判昭和63年2月16日民集42巻2号60頁〔大曲市農業協同組合

事件〕)。

2 労働条件変更の方法

　所定労働時間や休日については、一般に就業規則において定められている
ため、休日数を減らすなどして年間の所定労働時間を長くするのは労働条件
の不利益変更にあたり、①労働者の合意により就業規則を変更する（労契法
9条本文）か、それが困難な場合、②就業規則変更に合理性が認められる場
合において、その変更が有効となります。

　上記①については、山梨県民信用組合事件（最判平成28年2月19日民集70巻
2号123頁）で示された考え方（Q29参照）、すなわち、「労働者が使用者に使
用されてその指揮命令に復すべき立場に置かれており、自らの意思決定の基
礎となる情報を収集する能力にも限界があることに照らせば、当該行為を
もって直ちに労働者の同意があったものとみるのは相当でなく、当該変更に
対する労働者の同意の有無についての判断は慎重にされるべきである。そう
すると、就業規則に定められた賃金や退職金に関する労働条件の変更に対す
る労働者の同意の有無については、当該変更を受け入れる旨の労働者の行為
の有無だけでなく、当該変更により労働者にもたらされる不利益の内容及び
程度、労働者により当該行為がなされるに至った経緯及びその態様、当該行
為に先立つ労働者への情報提供又は説明の内容等に照らして、当該行為が労
働者の自由な意思に基づいてされたものと認めるに足りる合理的な理由が客
観的に存在するか否かという観点からも、判断されるべきものと解するのが
相当である」という点から、本件のような休日数の減少等による年間の所定
労働時間の増加についても、労働者の重要な権利に関する変更として、説明
会を設ける等十分に労働者に情報を提供し、その変更の必要性、不利益の内
容、程度等の理解を求め、質問等があれば説明し、理解を求める等したうえ
で、書面での同意を求める、という丁寧な手続を踏むことが肝要です。

　次に、②の就業規則変更における合理性をめぐり紛争化を回避する、ある

いは紛争となった場合に合理性を導くための努力として、例えば、労働時間数の増加に見合う賃金額を補塡するなどの代償措置や、段階的に労働時間数を増加するなどの経過措置を設ける、今回の就業規則変更（労働時間数増加）の必要性とその内容について労働者や労働組合に対して十分に説明し、理解を求め、できる限り多くの合意を得ることが重要と解されます。

　なお、代償措置としての賃金額の増加については、増加する労働時間数に対する給与支払いの配慮の点のほかに、月あたりの所定労働時間数が増加することによる割増賃金の単価が減額となることに対する配慮も検討する必要があると考えます。それらをすべて考慮するのが相当かどうかは、最終的には個別の事情によると考えられますが、配慮することにより代償措置としてより合理性を導く事情になると解されます。

（三上安雄）

Q33　有期雇用と労働条件の不利益変更①

会社の業績悪化を受け、有期雇用契約について次回更新時に時給等の労働条件の引下げを提示したいと考えています。この場合、その新たな提示を拒否した労働者について契約の更新をせず、雇止めをしてもよいですか。

有期雇用が純粋有期型の場合は、雇止めをすることは可能ですが、①実質無期型、あるいは②期待保護型である場合は、雇止めが認められるためには、対象となる有期雇用労働者に対して更新後の新契約において労働条件の引下げを行うことについてその必要性、内容（不利益の程度等）から合理的な理由があると認められ、かつ、労働条件引下げに関する労働者への説明など雇止めに至る手続が相当で、そのままの労働条件で労働者を継続して雇用することができない事情が必要と解されます。

1　労契法19条

有期雇用契約を更新するか否かについては、原則として契約で定める雇用期間が満了することで契約関係が終了するのが原則です（このような有期雇用を「純粋有期型」と便宜上呼びます）。しかしながら、場合によっては契約を更新しないことが適切でない場合もあり、労契法19条は、過去の最高裁判所判例（最判昭和49年7月22日民集28巻5号927頁〔東芝柳町事件〕、最判昭和61年12月4日判時1221号134頁〔日立メディコ事件〕）等を参考に、後述する2つの類型については、雇止めをするにあたり、客観的に合理的な理由がない、あるいは雇止めにすることが社会通念上相当でない場合は、雇止めは認められないものとしました。すなわち、①それまで契約更新の手続をせず、漫然と更新してきた等の事情から、実質無期契約と同視しうる場合（便宜上「実

質無期型」といいます）、あるいは、②契約が更新され、雇用が継続されることに対する合理的な期待が生じている場合（便宜上「期待保護型」といいます）の場合です。そして、上記①、あるいは②にあたるか否かは、当該雇用の臨時性・常用性、更新の回数、雇用の通算期間、雇用期間の管理状況、雇用継続の期待をもたせる使用者の言動の有無などを総合考慮して、個々の事案ごとに判断されます（通達「労働契約法の施行について」平成24年8月10日付基発第0810号第2号、平成30年12月28日付基発1228号第17号）。

　もう少しわかりやすい基準として、丸島アクアシステム事件（大阪高決平成9年12月16日労判729号18頁）では、「当該労働者の従事する仕事の種類、内容、勤務の形態、採用に際しての雇用契約の期間等についての使用者側の説明、契約更新時の新契約締結の形式的手続の有無、契約更新の回数、同様の地位にある他の労働者の継続雇用の有無等を考える必要がある」と判示されています。

2　純粋有期型の場合

　本設問で、前記1で述べた判断要素から、問題となっている労働者との有期雇用が、①実質無期型、あるいは②期待保護型にあたらない純粋有期型である場合、期間満了をもって雇用契約が終了となり、新たに雇用契約を更新するか否かは、会社の裁量によるものと解されます。したがって、会社の業績悪化を受け、会社から、時給等の労働条件を引き下げた形での新たな有期契約の締結の申出をすることも可能ですし、それに対して労働者が契約の締結を望めば、合意により新たな契約締結が可能です。

　労働者が新たな労働条件での契約の締結を望まなければ合意ができませんので、新たな契約締結に至らず、そこで、両者間の契約関係が終了となることは致し方ないことであると考えられます。

3　実質無期型あるいは期待保護型の場合

　本設問で、前記1で述べた判断要素から、問題となっている労働者との有期雇用が、①実質無期型、あるいは②期待保護型にあたると解される場合（契約更新の手続を行っていない企業は少ないと解され、②の場合がほとんどだと思います）、前記1で述べたとおり、雇止めをするには雇止めに客観的に合理的な理由が認められることと雇止めが社会通念上相当といえる必要があります。本件でいうと、会社の業績悪化を受け、更新時に時給等の労働条件の引下げを提示したが、それを受け入れない労働者との間で雇止めをすることにおいて、上記の客観的に合理的な理由と社会通念上の相当性が認められるのか、という点が問題になります。

　この点について、参考となる裁判例として、日本ヒルトン事件（東京高判平成14年11月26日労判843号20頁）があります。この事件は、会社が業績悪化を理由に、雇用継続が期待されていた日々雇用である配膳人の労働条件を引き下げる提案をし、それに対し異議留保付き承諾をした配膳人について雇止めをした、という事案です。

　高等裁判所は、異議留保付き承諾について、借地借家法32条の類推適用を否定し、立法上の手当てもされていない現状においては認められないとしたうえで、まず、大幅な赤字を抱え、ホテル建物の賃貸人から賃料不払いを理由とする明渡請求を受けるという会社の危機的状況にあって経費削減の方法として行われ、その労働条件変更の程度も同様に不況にあえぐ他のホテルにおいても実施されている程度のものであること（本件は食事等の休憩時間を賃金の対象としない等の変更である）から、本件労働条件変更に合理的な理由があることを認めました。

　さらに、本件雇止めに至るまでの約半年前から1審原告らに本件労働条件変更の合理的な理由を説明する等の手続や1審原告らが勤務時間に拘束されるなどから正社員になることを希望せず、あえて日々雇用関係という身分に

甘んじてきたこと、そのような雇用形態の1審原告らの本件異議留保付き承諾は変更後の労働条件による雇用契約更新の申込みを拒絶したものといわざるを得ないこと、それにもかかわらず、そのような意思表示をしている1審原告らの雇用継続の期待を保護するために会社に1審原告らとの日々雇用契約の締結を義務づけるのは、今後も継続的に会社経営の合理化や経費削減を図っていかなければならない会社にとって酷であること等の事情から、本件雇止めには社会通念上相当と認められる合理的な理由が認められる、として雇止めを有効と判断しました。

　この裁判例を参考に考えますと、本設問においても、会社の業績悪化を受け、対象となる有期雇用労働者に対し、更新後の新契約において労働条件の引下げを行うことについてその必要性、内容（不利益の程度等）から合理的な理由があると認められ、かつ、労働条件引下げに関する労働者への説明など雇止めに至る手続が相当で、そのままの労働条件で労働者を継続して雇用することができない事情等が認められれば、その労働条件を引き下げる会社の提示を拒否した労働者について契約の更新をせず、雇止めすることも認められる場合があると解されます。

（三上安雄）

Q34　有期雇用と労働条件の不利益変更②

有期雇用労働者について、就業規則で新たに契約更新の上限を定める
ことは可能ですか。

A　純粋型有期雇用労働者および就業規則改定後に採用する有期雇
用労働者については就業規則で新たに定めた契約更新の上限を適
用することは可能ですが、継続雇用の合理的な期待を有する有期
雇用労働者については、不利益な変更となるので、それが有効と
なるためには、労契法10条の合理性が必要となります。

1　純粋型有期雇用労働者および就業規則改定後に採用する有期雇用労働者

すでに有期雇用契約を締結している労働者で、純粋型の有期雇用労働者
（Q33参照）の場合、雇用期間満了とともに雇用関係は終了することから、就
業規則で新たに契約更新の上限を設け、その適用対象とすることは法律上問
題ないと考えられます。また、就業規則で新たに契約更新の上限を設けた後
に会社と有期雇用契約を締結する場合においてその旨を説明し、理解して入
社するので、この場合もその適用対象とすることは問題ないと考えます。

2　継続雇用の合理的な期待を有する有期雇用労働者

問題は、期待保護型（Q33参照）として、すでに継続雇用の合理的な期待
が生じている有期雇用労働者の場合です。このような場合に使用者が更新の
上限を明示する一方的な措置を講じたとしても、裁判例の多数は、雇用継続
への合理的な期待が失われないと解しています。例えば、3年目の更新時に
更新は3年が上限であると告げて同年の契約満了時に雇止めした事案で雇用
継続への期待利益が消滅したものとはいえないとされた報徳学園（雇止め）

事件（神戸地尼崎支判平成20年10月14日労判974号25頁）、更新上限を３年とする方針を導入した事案で継続雇用に対する期待利益を侵害するものとして雇止めを無効と判断した学校法人立教女学院事件（東京地判平成20年12月25日労判981号63頁）、さらに更新上限３年ルールが、十分に周知・説明されていていたとは認められないとして雇止めを無効とした京都新聞COM事件（京都地判平成22年５月18日労経速2079号３頁）などがあります。

　また、通達（「労働契約の施行について」平成24年８月10日付基発0810第２号、平成30年12月28日付基発1228第17号）においても、「いったん、労働者が雇用継続への合理的な期待を抱いていたにもかかわらず、当該有期雇用労働契約の契約期間の満了前に使用者が更新年数や更新回数の上限などを一方的に宣言したとしても、そのことのみをもって直ちに同号（筆者注：労契法19条２号のこと）の該当性が否定されることにはならないと解される」と指摘されています。

　では、就業規則の変更により契約更新の上限を設けることについてはどうでしょうか。すでに雇用継続に対する合理的な期待を抱いている有期雇用労働者にとっては不利益な変更となるので、それが有効となるためには、労契法10条の合理性が必要とされます。例えば、更新限度条項の導入に際し、従来支払われることのなかった契約終了手当を新設して雇止めの際に支給する等の代償措置をとっている場合には、当該手当の額等を含めた変更を取り巻く諸事情を考慮のうえ、就業規則変更の合理性が認められる可能性もあるでしょう。ただし、雇用継続の合理的な期待が使用者から個別に告げられた説明によって生じている場合は、制度として更新限度を導入しても、労契法10条ただし書の個別特約に準じるものとして同条ただし書の類推適用により当然には同制度を適用すると解するのが難しい場合もありうると解されます（荒木尚志ほか『詳説労働契約法〔第２版〕』215頁）。

（三上安雄）

第 2 章

社会変容、
時代変化に伴う
新しい働き方

1　総　論

Q35　新しい働き方の類型

働き方改革や世界的な感染症拡大を契機として、働き方が変化してき
ていますが、新しい働き方にはどのようなものがありますか。

 　テレワーク（在宅勤務等）を活用した柔軟な働き方、兼業・副
業の活用、職務内容や勤務地、勤務時間を限定したいわゆる限定
正社員、職務内容を明確化した日本的なジョブ型の雇用、フリー
ランスとしての個人事業主としての働き方などが考えられます。

1　働き方改革と感染症の拡大

わが国では、平成30年 6 月に働き方改革を推進するための関係法律の整備
に関する法律（いわゆる「働き方改革関連法」）が成立し、平成31年 4 月以降
に順次施行を迎えました。これにより長時間過重労働を防止するための時間
外労働の上限規制のほか、いわゆる同一労働同一賃金関連改正など、非常に
大きな法改正が行われ、企業実務にも大きく影響を与えました。

しかし、これらの働き方改革関連法の改正の下では、想定されていなかっ
た事態が起きました。新型コロナウイルス感染症による世界的パンデミック
です。

新型コロナウイルス感染症は令和元年12月に中国湖北省武漢市で検出され、
わが国でも令和 2 年 1 月に最初に確認されました。その後わが国でも感染が
急速に拡大し、同年 4 月にはわが国で初の緊急事態宣言が発出され、学校の
休校措置がとられたり、また企業において休業や出社通勤抑制のための在宅
勤務が求められるようになり、ウェブ会議システムとテレワークの需要が急
速に拡大していきました。その他遠隔診療やリモートサービス、ギグワーク

など、感染症の拡大を契機として、これまでの働き方や生活様式は大きく変化したといえます。

そして、テレワーク（在宅勤務等）が活用されるようになると、職住接近のために地価の高い都心部に居住する意義や必要性が見直され、窮屈な都心部から郊外や地方に住居を移転する動きも目立ちました。仕事と育児介護や家庭との両立もあらためて見直されるようになり、より幅広い働き方、自由度の高い働き方ということも注目されるようになりました。

2　今後の新しい働き方

以上のように、新型コロナウイルス感染症を契機として、働き方や人の価値観に大きな変化がもたらされるに至ったことは紛れもない事実といえるでしょう。そのような中で今後の働き方はどのようになっていくでしょうか。

まず、ウェブ会議システムが急速に発展したことは多くの人が実感したところです。これまで対面で行ってきた会議等をパソコン等のモバイル端末等を通じて実際に会わずに非対面で効率的に実施することができ、テレワーク（在宅勤務等）が広く活用されるに至っています。今後も、テレワーク（在宅勤務等）は広く活用されることが考えらえます。一方で、ワクチン接種が進み感染状況が改善して制限が緩和されると、飲食店がにぎわう事実からしても、人間というものは、他人との直接的な対面コミュニケーションを求めていることがわかります。ある企業では、感染動向を踏まえて、在宅勤務を原則としたり、出社勤務を原則とするなど柔軟な対応をしましたが、企業の競争力やより精度の高い業務成果等を求めるためには、やはり人と人による直接的な対面コミュニケーションが求められるのだと思います。例えば、国際政治の世界でもG7サミットはオンラインではなく、対面形式で行われました。会議の成果や効果を最大限に発揮できるのは、対面形式であるということは企業活動でも同じではないでしょうか。そして、テレワーク（在宅勤務等）が引き続き普及する一方で、感染が終息するにつれて、出社を原則とす

る働き方に戻っていくでしょう。また、テレワーク（在宅勤務等）と出社を併用する等の柔軟な働き方となることも考えられます。

　また、働き方改革において時間外労働の上限規制を強化したことと逆行するように思われるのですが、余暇等を利用した兼業・副業の活用ということも注目されています。感染症拡大で企業業績が低迷する中でのやむなき副収入の確保という目的もありますが、社外での活動を通じた新たな人脈形成や人材開発、今後の雇用の流動化等も期待できるものといわれているところです。

　さらに、全国転勤型のいわゆる総合職的な働き方ではなく、勤務地を限定して、より地域や家庭との密着度の高い働き方をしたり、勤務時間や職務内容を限定しつつも、正社員として働くことが可能な、いわゆる限定正社員も今後活用されるのではないかと思われます。また、職務限定なく定年まで働くという日本的なメンバーシップ型雇用から、職務内容を明確化した日本的なジョブ型雇用の普及も議論され、導入する企業もみられます。

　加えて、労働契約という、会社と社員の双方にとって、労働関係法規制の縛りの多い働き方ではなく、業務成果や結果に対して報酬を支払う、フリーランスとしての個人事業主としての働き方が活用されることも考えられます。一方で、フリーランスの個人事業主については、労働関係法規による保護がないため（ただし、労働者性の有無は実態によるためフリーランスであっても労働者性が肯定されることがあり、その場合は労働関係法規が適用されます）、法的保護の必要性も議論されているところであり、令和3年3月には「フリーランスとして安心して働ける環境を整備するためのガイドライン」（内閣官房成長戦略会議事務局、公正取引委員会、中小企業庁、厚生労働省）が公表されています。

（増田陳彦）

②　テレワーク（在宅勤務等）

Q36　テレワーク（在宅勤務等）と規程整備

テレワーク（在宅勤務等）の実施に伴い就業規則変更によりテレワーク規程を設ける必要がありますか。

設ける必要がある場合、どのようなことを定める必要がありますか。

また、労働基準監督署への届出は必要でしょうか。

> **A**　テレワーク（在宅勤務等）に伴う就業場所、適用対象者、労働時間の取扱いや費用負担等について定める規程を設ける必要があると考えます。
>
> また、就業規則の変更として、労働基準監督署への届出が必要となります。

1　テレワーク（在宅勤務等）とは

わが国では令和2年1月以降の新型コロナウイルス感染症の感染拡大に伴い、同年4月には初の緊急事態宣言が発出され、都心部を中心として、多くの企業が従業員の安全を考慮して出社を控え、テレワークとして在宅勤務を実施しました。

テレワークにより、職場の出勤率を低くすることが可能となり、職場内での感染リスクを抑えること、また通勤時の感染のリスクも抑えること、在宅勤務によりワーク・ライフ・バランスに資するという導入のメリットがあるとされます。また、オフィス賃料のコスト削減になるとして、企業の中には新型コロナウイルス感染症の感染拡大を機にオフィス面積を削減する動きもみられました。

このようなテレワークには、就業場所を自宅とする在宅勤務、サテライト

141

オフィス勤務、モバイル勤務の形態があると整理されています。いずれも就業場所が企業の事業所内ではない点に特徴があります。

　就業の場所は、労働条件の明示事項（労基法15条1項、同法施行規則5条1項1号の3）ですが、在宅勤務は、従来の事業所内の労働から自宅での労働となることから、就業の場所の変更を伴います。この就業場所の変更を配転の一種として、労働契約上の根拠（就業規則の配転条項）に基づく必要があるかについては、議論がありますが、就業の場所について明示する意味でも、就業規則やその附属規程において、テレワーク規程を設けて、自宅を就業場所とする在宅勤務等のテレワークを行うことがある旨を明記しておく必要があると考えられます。また、労基法89条5号においては、作業用品、その他の負担をさせる定めをする場合には、当該事項について就業規則に規定しなければならないとされますが、在宅勤務に伴って通常は自宅の光熱費の負担等が問題となることからも、テレワーク規程の整備は必要であると考えられます。なお、同法15条の労働条件の明示は、労働契約の締結時の義務であり、新たに雇い入れる際に、事業所における勤務のほかに、テレワーク（在宅勤務等）があるならば、その旨を明示しておく必要があります。

　なお、令和2年4月の緊急事態宣言下においては、テレワーク規程が未整備の状態下で一時的な緊急措置として在宅勤務を実施していた例もありましたが、一時的な措置ではなく恒常的な制度としてテレワークを導入する場合には、就業場所や費用負担等の観点から、やはりテレワーク規程を整備する必要があるものと考えます。

2　テレワーク制度の規程例

　テレワーク制度については、就業規則の一部として、テレワーク制度規程を整備しておくことが適切です。そして、就業規則の本体には、テレワーク制度に関する規程に委ねる旨の定めをおくことが適切です。

　例えば、就業規則本体に以下のような規定を設けることが考えられます。

【書式13】　就業規則の規定例（「在宅勤務規程」への委任規定）

> 第○条（在宅勤務）
> 　在宅勤務に関する取扱いは別に定める「在宅勤務規程」の定めるところによる。

　テレワーク制度規程については、参考までに厚生労働省の「テレワークモデル就業規則〜作成の手引き〜」における「モデル『テレワーク就業規則』（在宅勤務規程）」（以下、「モデル規則」といいます）を後掲します（【書式14】）。

　上述のとおり労基法89条5号においては、作業用品、その他の負担をさせる定めをする場合には、当該事項について就業規則に規定しなければならないとされます。在宅勤務等のテレワークでは、通信費や光熱費を従業員負担とすることがあります。特に光熱費は在宅勤務分を区別することが困難なことが通常であり、従業員負担としていることが多いといえます。そのため、費用負担については、テレワーク制度に関する規程に明記しておく必要があります。

　また、モデル規則では、在宅勤務のほか、サテライトオフィス勤務、モバイル勤務についても、規定していますが、これら勤務がないのであれば削除することが適切です。

　モデル規則を参考にしつつ、自社の制度に合致するように修正して運用してください。もっとも、今後、テレワークの利用が広がる可能性もあり、自宅以外でのテレワークであるモバイルワークを認めることや、いわゆる「ワーケーション」として休暇途中において勤務日を挟み観光地等からモバイルワークをすることもあり得ます。そのような就業場所を認める場合には、「使用者が許可する場所」でのテレワークを可能とする旨の定めをおくことが適切です。

　さらに、テレワーク時における情報セキュリティ保護への配慮も求められ、モデル規則4条(5)のような規定は設けておくべきです。情報セキュリティについては総務省が「テレワークセキュリティガイドライン」や「中小企業等担当者向けテレワークセキュリティの手引き（チェックリスト）」を公表して

いますので、これらを確認することが適切です。

　テレワーク制度に関する規程制定は、従来の就業規則に附属する規程のため就業規則の変更（労基法90条）として労働基準監督署への届出を要するものと考えられます。

3　社員からの誓約書の取得

　テレワークとして在宅勤務をする場合には、事業所での勤務とは異なり、上司がその場にいるものではないものの労働時間管理が適切になされる必要がありますが、そのためには、従業員本人の誠実な自己申告や記録が求められます。また、在宅勤務においては、通勤負担が軽減される一方で、上司や同僚との接触機会が減少し、孤独を感じたり、緊張感が欠けて勤務が冗長になり長時間労働のおそれもあるといわれます。そこで、より一層健康状態への留意が求められるといえます。さらに、在宅勤務による適切な勤務ができない場合には、在宅勤務を適用しないこともあり得ます。そこで、社員から在宅勤務の申請ないし許可に際して、誓約書を提出してもらい、誓約事項が守られない場合にはテレワークの適用を認めないという運用も考えられます。誓約書例は後掲【書式14】のとおりです。

【書式14】　モデル「テレワーク就業規則」（在宅勤務規程）

モデル「テレワーク就業規則」（在宅勤務規程）

第1章　総　則

（在宅勤務制度の目的）

第1条　この規程は、○○株式会社（以下「会社」という。）の就業規則第○条に基づき、従業員が在宅で勤務する場合の必要な事項について定めたものである。

（在宅勤務の定義）

第2条　在宅勤務とは、従業員の自宅、その他自宅に準じる場所（会社指定の場所に限る。）において情報通信機器を利用した業務をいう。

（サテライトオフィス勤務の定義）

第2条　サテライトオフィス勤務とは、会社所有の所属事業場以外の会社専用施設（以下「専用型オフィス」という。）、又は、会社が契約（指定）している他会社所有の共用施設（以下「共用型オフィス」という。）において情報通信機器を利用した業務をいう。

（モバイル勤務の定義）

第2条　モバイル勤務とは、在宅勤務及びサテライトオフィス勤務以外で、かつ、社外で情報通信機器を利用した業務をいう。

第2章　在宅勤務の許可・利用

（在宅勤務の対象者）

第3条　在宅勤務の対象者は、就業規則第○条に規定する従業員であって次の各号の条件を全て満たした者とする。

(1)　在宅勤務を希望する者

(2)　自宅の執務環境及びセキュリティ環境が適正と認められる者

2　在宅勤務を希望する者は、所定の許可申請書に必要事項を記入の上、1週間前までに所属長から許可を受けなければならない。

3　会社は、業務上その他の事由により、前項による在宅勤務の許可を取り消すことがある。

4　第2項により在宅勤務の許可を受けた者が在宅勤務を行う場合は、前日までに所属長へ実施を届け出ること。

（在宅勤務時の服務規律）

第4条　在宅勤務に従事する者（以下「在宅勤務者」という。）は就業規則第○条及びセキュリティガイドラインに定めるもののほか、次に定める事項を遵守しなければならない。

(1)　在宅勤務中は業務に専念すること。

(2)　在宅勤務の際に所定の手続に従って持ち出した会社の情報及び作成した成果物を第三者が閲覧、コピー等しないよう最大の注意を払うこと。

(3)　第2号に定める情報及び成果物は紛失、毀損しないように丁寧に取扱い、セキュリティガイドラインに準じた確実な方法で保管・管理しなければならないこと。

(4)　在宅勤務中は自宅以外の場所で業務を行ってはならないこと。

(5)　在宅勤務の実施に当たっては、会社情報の取扱いに関し、セキュリティガイドライン及び関連規程類を遵守すること。

第3章　在宅勤務時の労働時間等

（在宅勤務時の労働時間）

第5条　在宅勤務時の労働時間については、原則、就業規則第○条の定めると

ころによる。

2　前項にかかわらず、会社の承認を受けて始業時刻、終業時刻及び休憩時間の変更をすることができる。

3　前項の規定により所定労働時間が短くなる者の給与については、育児・介護休業規程第○条に規定する勤務短縮措置時の給与の取扱いに準じる。

（休憩時間）

第6条　在宅勤務者の休憩時間については、就業規則第○条の定めるところによる。

（所定休日）

第7条　在宅勤務者の休日については、就業規則第○条の定めるところによる。

（時間外及び休日労働等）

第8条　在宅勤務者が時間外労働、休日労働及び深夜労働をする場合は所定の手続を経て所属長の許可を受けなければならない。

2　時間外労働、休日労働及び深夜労働について必要な事項は就業規則第○条の定めるところによる。

3　時間外労働、休日労働及び深夜労働については、給与規程に基づき、時間外勤務手当、休日勤務手当及び深夜勤務手当を支給する。

（欠勤）

第9条　在宅勤務者が、欠勤をする場合は、事前に申し出て許可を得なくてはならない。ただし、やむを得ない事情で事前に申し出ることができなかった場合は、事後速やかに届け出なければならない。

2　前項の欠勤の賃金については給与規程第○条の定めるところによる。

（中抜け時間）

第9条の2　在宅勤務者は、勤務時間中に所定休憩時間以外に労働から離れる場合は、その中抜け時間について、終業時にメールで所属長に報告を行うこと。

2　中抜け時間については、休憩時間として取扱い、その時間分終業時刻を繰り下げること。

第4章　在宅勤務時の勤務等

（業務の開始及び終了の報告）

第10条　在宅勤務者は就業規則第○条の規定にかかわらず、勤務の開始及び終了について次のいずれかの方法により報告しなければならない。

(1)　電話

(2)　電子メール

(3)　勤怠管理ツール

（業務報告）

第11条　在宅勤務者は、定期的又は必要に応じて、電話又は電子メール等で所属長に対し、所要の業務報告をしなくてはならない。

（在宅勤務時の連絡体制）

第12条　在宅勤務時における連絡体制は次のとおりとする。

(1)　事故・トラブル発生時には所属長に連絡すること。なお、所属長が不在時の場合は、所属長が指名した代理の者に連絡すること。

(2)　前号の所属長又は代理の者に連絡がとれない場合は、○○課担当まで連絡すること。

(3)　社内における従業員への緊急連絡事項が生じた場合、在宅勤務者へは所属長が連絡をすること。なお、在宅勤務者は不測の事態が生じた場合に確実に連絡がとれる方法をあらかじめ所属長に連絡しておくこと。

(4)　情報通信機器に不具合が生じ、緊急を要する場合は○○課へ連絡をとり指示を受けること。なお、○○課へ連絡する暇がないときは会社と契

約しているサポート会社へ連絡すること。いずれの場合においても事後速やかに所属長に報告すること。

(5)　前各号以外の緊急連絡の必要が生じた場合は、前各号に準じて判断し対応すること。

2　社内報、部署内回覧物であらかじめランク付けされた重要度に応じ至急でないものは在宅勤務者の個人メール箱に入れ、重要と思われるものは電子メール等で在宅勤務者へ連絡すること。なお、情報連絡の担当者はあらかじめ部署内で決めておくこと。

　　　第5章　在宅勤務時の給与等

（給与）

第13条　在宅勤務者の給与については、就業規則第○条の定めるところによる。

2　前項の規定にかかわらず、在宅勤務（在宅勤務を終日行った場合に限る。）が週に4日以上の場合の通勤手当については、毎月定額の通勤手当は支給せず実際に通勤に要する往復運賃の実費を給与支給日に支給するものとする。

（費用の負担）

第14条　会社が貸与する情報通信機器を利用する場合の通信費は会社負担とする。

2　在宅勤務に伴って発生する水道光熱費は在宅勤務者の負担とする。

3　業務に必要な郵送費、事務用品費、消耗品費その他会社が認めた費用は会社負担とする。

4　その他の費用については在宅勤務者の負担とする。

（情報通信機器・ソフト等の貸与等）

第15条　会社は、在宅勤務者が業務に必要とするパソコン、プリンタ等の情報通信機器、ソフト及びこれらに類する物を貸与

する。なお、当該パソコンに会社の許可を受けずにソフトウェアをインストールしてはならない。

2　会社は、在宅勤務者が所有する機器を利用させることができる。この場合、セキュリティガイドラインを満たした場合に限るものとし、費用については話し合いの上決定するものとする。

（教育訓練）

第16条　会社は、在宅勤務者に対して、在宅勤務における業務に必要な知識、技能を高め、資質の向上を図るため、必要な教育訓練を行う。

2　在宅勤務者は、会社から教育訓練を受講するよう指示された場合には、特段の事由がない限り指示された教育訓練を受けなければならない。

（災害補償）

第17条　在宅勤務者が自宅での業務中に災害に遭ったときは、就業規則第○条の定めるところによる。

（安全衛生）

第18条　会社は、在宅勤務者の安全衛生の確保及び改善を図るため必要な措置を講ずる。

2　在宅勤務者は、安全衛生に関する法令等を守り、会社と協力して労働災害の防止に努めなければならない。

（ハラスメント防止）

第19条　在宅勤務時におけるハラスメント防止については、就業規則第○条の定めるところによる。

2　就業規則第○条でいう「職場」とは、労働者が業務を遂行する場所を指し、テレワーク中の自宅等、従業員が現に業務を遂行している場所も含まれる。

本規程は、令和○年○月○日より施行する。

（厚生労働省「テレワークモデル就業規則〜作成の手引き〜」より）

【書式15】　誓約書例

誓約書（例）

　私は、この度、テレワーク（在宅勤務）にあたり、以下の事項を誓約します。

1　会社から許可された場所で勤務し、労働時間は適正に申告します。また、許可のない時間外・深夜・休日労働は行いません。
2　中抜け時間が生じる場合には事前に許可を得ます。やむを得ない場合には事後に速やかに申告します。
3　自己の健康管理に留意し、体調や心身の不調等がある場合には、早期に受診する等適切に対処し、また上司に申告するようにします。
4　情報管理には細心の注意を払い、万一、情報管理に支障や問題が生じた場合は直ちに上司に報告し、対策を講じます。
5　その他会社の諸規程を遵守します。

　以上の誓約に違反した場合には、テレワークの許可を取り消されることを理解しています。

年　　　月　　　日

所属：

氏名：＿＿＿＿＿＿＿＿＿＿＿

（増田陳彦）

Q37　テレワーク（在宅勤務等）と通勤手当・通信費用等

テレワーク（在宅勤務等）導入に伴い通勤手当を従来の定期代相当額の支給から実費支給に変更する場合や、通信費用の負担、セキュリティ対策の注意点にはどのようなものがありますか。

A　賃金規程等に定める通勤手当を減額する場合には就業規則の不利益変更として変更手続をとる必要があります。通信費用の負担は就業規則にその旨の定めをする必要があります（労基法89条5号）。情報セキュリティについては総務省の「テレワークセキュリティガイドライン」や「中小企業等担当者向けテレワークセキュリティの手引き（チェックリスト）」が参考になります。

1　通勤手当の変更

(1)　通勤手当の性質

通勤費用は、労働契約の性質からすると、労働者が労務を提供するための費用、すなわち、弁済の費用として、民法485条により労働者の負担が原則となり、もともと企業に支給義務があるものではありません。

しかしながら、多くの企業においては、賃金規程等において、通勤手当や現物支給として通勤定期券を支給すると定めていることがあり、このように支給について賃金規程等で定められている場合には、通勤手当も賃金の一部となり、企業には支給義務があることになります。

(2)　テレワークに伴う通勤手当の減額

厚生労働省が公表している「テレワークモデル就業規則～作成の手引き～」では、モデル規則の13条（【書式14】を参照）の給与に関する解説において、「在宅勤務者だからといって基本給や諸手当を減額することはできませんが、通勤の頻度によって通勤手当を見直すことはあり得ます」とされてお

り、モデル規則の13条 2 項では、在宅勤務が週 4 日以上の場合の通勤手当については、定額の通勤手当を支給せず、実際の通勤に要する往復運賃の実費を支給するという例が示されています。

　(1)で述べたように、通勤手当は、本来、使用者に支給が義務づけられるものではありませんが、多くの企業が通勤のための費用を負担するべく、賃金規程等で通勤手当の定めをおき、会社に支払い義務があるものとして通勤手当支給や通勤定期の現物支給をしています。

　テレワークにより在宅勤務となる場合には、通勤のための公共交通機関の利用回数が減りますので、実費を負担するという観点で従来支給していた定期券相当額の手当や通勤定期券の現物支給は、企業にとっては過剰払いとなることから、実際の通勤に要した実費を支給するという旨の賃金規程等の変更は、必要性があり、かつ相当な内容の変更であるといえます。

⑶　通勤手当の減額と不利益変更

　労働者に現に支払う通勤手当が減額となる場合、就業規則の変更による労働条件の不利益変更（労契法10条）を踏まえた手続をとる必要があります。通勤手当は社会保険料算定のための標準報酬決定のための基礎額にもなっていることから、減額となる金額によっては、標準報酬額が減少し、将来的な年金額にも影響する不利益があるという指摘もあります。

　しかし、上述の通勤手当の性質からすると、そのような不利益があるとしても、変更の必要性・変更後の規定の相当性は肯定されるべきものであるといえます。ただし、労契法10条を考慮して、その変更の必要性、変更後の規定内容の相当性等について、社員に十分に説明するなど丁寧な手続をとることが適切です。

2　テレワークと費用負担

⑴　費用負担

　テレワークの導入に伴い、在宅勤務においては、労働者は自宅において勤務することから、通信費や、情報通信機器に要する費用、光熱費等を要することとなります。会社の事業場に出社していれば、会社負担が通常であったところが、勤務場所が自宅になることで、これらを労働者負担とするか、会社負担とするかが問題となります。

　この点、労基法89条5号においては、労働者に作業用品その他の費用負担をさせる場合には、その旨の定めを就業規則に規定することが必要とされます。

　【書式14】で紹介したモデル規則では、14条（費用の負担）において、会社が貸与する情報通信機器の費用は会社負担、在宅勤務の水道光熱費は労働者負担、業務に必要な郵送費、事務用品費、消耗品費その他会社が認めた費用は会社負担、その他の費用は労働者負担とされています。この14条は、労基法89条5号を踏まえ労働者の費用負担を明記したものです。

　従来在宅勤務に伴う費用負担を規定していない場合に、在宅勤務規程を整備するに際し、労働者の費用負担の規定を設ける場合には、就業規則の不利益変更となるため、変更の必要性、不利益の程度、代償措置の有無等を検討する必要があります。そして、企業によっては、後記⑵で述べる在宅勤務手当を支給するケースもみられます。

　費用負担に関する実際の取扱いは、企業によってさまざまであり、会社がノートパソコンとスマートフォンを貸与しているケースもあれば、労働者の私物を利用しているケースもあります。

⑵　在宅勤務手当支給

　在宅勤務ではパソコン等の利用を伴うことが通常であり、インターネットの利用が不可欠ですが、自宅におけるインターネット接続について、個人と

しての使用と業務上の使用割合を特定することは困難です。そのため、インターネット環境に関する個人契約の通信費用について、会社負担分を割り出すことは通常は困難といえます。

　電話料金についても、在宅勤務中の電話連絡について、会社が携帯電話を貸与していなければ、個人の家庭用電話や携帯電話を利用することになりますが、この場合に業務のための電話料金を特定することは困難といえます。光熱費も同様であり、プライベートと業務に要した分の費用の算出は困難といえます。

　そのため、会社から、通信回線使用料や電話料金、その他光熱費等を含め、在宅勤務に伴う労働者の費用負担をカバーするための定額の在宅勤務手当を支給する例がみられます。

　その金額はさまざまですが、企業の実例では、月額3000円から5000円程度や、日額200円〜250円、臨時特別手当1万円から数万円に加えて毎月3000円を支給するなどです。この臨時特別手当としての支払いは、在宅勤務に備えて、自宅の設備を整えることを目的として支給することもあります。これらの支給を行う際には、やはり支給根拠として賃金規程等において支給規定を整備することが適切です。

3　セキュリティ対策

　在宅勤務においては、インターネットの利用が不可欠といえますが、インターネット利用に際し、セキュリティ対策が不可欠といえます。また、情報端末等の管理も適切になされる必要があります。モデル規則（【書式14】）の4条(5)では、会社の定めるセキュリティガイドライン等を遵守することが規定されています。

　総務省は、「テレワークセキュリティガイドライン〔第5版〕」（令和3年5月）を公表し、その中でテレワークセキュリティ対策として、経営者が実施すべき対策、システムセキュリティ管理者が実施すべき対策、テレワーク

勤務者が実施すべき対策等を示しています。

　また、中小企業向けに「中小企業等担当者向けテレワークセキュリティの手引き（チェックリスト）〔第2版〕」（令和3年5月）が公表されています。

　在宅勤務におけるセキュリティ対策については、これらを参考に各社で取り組むことが望まれます。

（増田陳彦）

Q38　テレワーク(在宅勤務等)と事業場外みなし労働時間制

　テレワーク（在宅勤務等）に事業場外みなし労働時間制を適用することはできますか。

　事業場外みなし労働時間制（労基法38条の２）も要件を満たす場合は適用することができます。

1　テレワークと事業場外労働

　テレワークは、事業所ではない自宅等で行われ、かつ上司等がその場にいないことが通常です。そのため、労働時間について算定困難であるとして、事業場外みなし労働時間制（労基法38条の２）を採用して、就業規則で定めた所定労働時間または、業務の遂行に通常必要とされる時間労働したものとみなすことも考えられます。

　この点、厚生労働省「テレワークの適切な導入及び実施の推進のためのガイドライン」（令和３年３月25日改定。以下、「テレワークガイドライン」といいます）では、事業場外みなし労働時間制について、テレワークにおいて一定程度自由な働き方をする労働者にとって、柔軟にテレワークを行うことが可能となると説明されています。

　ただし、テレワークにおいて、使用者の具体的な指揮監督が及ばず、労働時間を算定することが困難であるというためには、次の要件を満たす必要があるとされます。

---

　①　情報通信機器が、使用者の指示により常時通信可能な状態におくこととされていないこと

　②　随時使用者の具体的な指示に基づいて業務を行っていないこと

　テレワークガイドラインでは、①について、以下の場合については、いず

れも①の要件を満たすと認められ、情報通信機器を労働者が所持していることのみをもって、制度が適用されないことはないとされています。

・勤務時間中に、労働者が自分の意思で通信回線自体を切断することができる場合

・勤務時間中は通信回線自体の切断はできず、使用者の指示は情報通信機器を用いて行われるが、労働者が情報通信機器から自分の意思で離れることができ、応答のタイミングを労働者が判断することができる場合

・会社支給の携帯電話等を所持していても、その応答を行うか否か、または折り返しのタイミングについて労働者において判断できる場合

また、②については、以下の場合は満たすとされます。

・使用者の指示が、業務の目的、目標、期限等の基本的事項にとどまり、一日のスケジュール（作業内容とそれを行う時間等）をあらかじめ決めるなど作業量や作業の時期、方法等を具体的に特定するものではない場合

2　事業場外みなし労働時間制の採否

　事業場外みなし労働時間制を採用するかどうかは、まず上記1の要件を満たすかどうかが問題となり、採否は各社の判断となります。もっとも、テレワークを事業場外みなし労働時間制にすることで、自宅における勤務では公私のメリハリがなくなり生産性が落ちたり、そのために実態として長時間労働化したり、適切な労働時間管理がしにくくなる可能性もあります。また、事業場における労働が一部発生する、一部事業場内、一部在宅の場合には、事業場内の労働時間は把握義務があることとなり、管理が難しくなることがあります。

　筆者の実務感覚では、各社が導入している勤怠システムを利用することで労働時間管理が可能なことが多いために、最近のテレワークにおいては、事業場外みなし労働時間制の採用を見送っていることが多いように思われます。

　もっとも、在宅勤務において、事業場外みなし労働時間制を採用する場合、モデル規則（【書式14】）の5条4項として、【書式16】のような規定を加えることが考えられます。

【書式16】　テレワーク就業規則（事業場外みなし労働時間制）

> 4　第1項にかかわらず、在宅勤務において、次の要件をいずれも満たす場合は、労働時間を算定し難いため、就業規則第○条に定める所定労働時間労働したものとみなす。この取扱いは個別に通知する。
> (1)　情報通信機器が、会社の指示により常時通信可能な状態におくこととされていない場合
> (2)　随時会社の具体的な指示に基づいて業務を行っていない場合

（増田陳彦）

テレワーク（在宅勤務等）と労働時間管理

テレワーク（在宅勤務等）中の労働時間管理はどのように行えばよい
でしょうか。

> 客観的な記録により、適正に管理することが求められ、自己申
> 告による場合でも、実態に沿った適正な管理がなされるようにす
> る必要があります。具体的管理方法としては、会社の勤怠システ
> ムに入力管理をする等が考えられます。

1　労働時間の適正把握義務

　労基法上、使用者には労働時間の適正把握義務があると解されており、こ
れはテレワーク時においても同様です。使用者は厚生労働省が示す「労働時
間の適正な把握のために使用者が講ずべき措置に関するガイドライン」（平
成29年1月20日策定。以下、「適正把握ガイドライン」といいます）を踏まえて、
適切に労働時間管理を行う必要があります。

　この点については、テレワークガイドラインにおいても、テレワーク時に
おいてパソコンの使用時間の記録等の客観的な記録によることや、やむを得
ず自己申告制によって労働時間を管理する場合でも、適正把握ガイドライン
を踏まえた措置（適正な自己申告を行うことや必要に応じた実態調査等）を講ず
る必要があるとされています。

2　労働時間の把握ないし管理方法

　適正把握ガイドラインでは、労働時間の確認や記録の方法として、使用者
による現認、タイムカード、ICカード、パソコンの使用時間の記録等の客
観的な記録を基にすることを示しています。しかし、テレワーク時において
は、労働者が事業場内にいるわけではないため、使用者（上司）による現認

や、タイムカード、ＩＣカードによる管理には馴染みません。

　在宅で使用しているパソコンの使用時間としていわゆるログオン・ログオフの時間を労働時間と扱うことは客観性はありますが、パソコンの起動時間から休憩時間を差し引いた時間をすべて労働時間と扱うことはしていないことが通常です。在宅勤務においては、例えば、ウェブカメラで常時確認でもできない限り、パソコンの起動中に常に業務遂行しているかはわからないことが通常だからです。

　そのため、企業においては、自社の勤怠管理システムに始業・終業時刻を入力する等の管理方法を採用していることが多いと思われます。システム上の記録という意味では、客観性はありますが、時刻入力は社員自身が行うことが多いため、自己申告の側面もあるといえます。そこで、企業によっては、例えば、入力した時刻と、パソコンログ記録との乖離が30分以上ある場合には、乖離の理由を確認のうえ記録する等して、労働時間の適正管理に努めていることがあります。

　また、テレワークガイドラインでは、例えば、申告された時間以外の時間にメール送信されている、申告された始業・終業時刻外で長時間パソコンが起動していた記録がある等の事実がある場合には所要の労働時間の補正をすることとされています。

　なお、テレワークガイドラインでは、申告された労働時間が実際の労働時間と異なることを使用者が認識していない場合には、当該申告された労働時間に基づき時間外労働の上限規制を遵守し、かつ同労働時間を基に賃金の支払いを行っていれば足りる、とされています。

3　中抜け時間

　テレワークとしての在宅勤務においては、育児や介護等の事情により、勤務時間中に、業務から離れるいわゆる中抜け時間が生じることがあります。

　テレワークガイドラインでは、そのような中抜け時間について、労基法上、

使用者は把握することとしても、把握せずに始業および終業の時刻のみを把握することとしても、いずれでもよい、とされます。

そして、テレワーク中の中抜け時間を把握する場合、その方法として、例えば1日の終業時に、労働者から報告させることが考えられるとし、テレワーク中の中抜け時間の取扱いとしては、

① 中抜け時間を把握する場合には、休憩時間として取り扱い終業時刻を繰り下げたり、時間単位の年次有給休暇として取り扱う。

② 中抜け時間を把握しない場合には、始業および終業の時刻の間の時間について、休憩時間を除き労働時間として取り扱う。

などが考えられるとします。そして、これらの中抜け時間の取扱いについては、あらかじめ使用者が就業規則等において定めておくことが重要とされます。

テレワークのモデル規則（【書式14】）9条の2では、報告による中抜け時間を認めていますが、始業・終業時刻が曖昧になる可能性があることから、中抜け時間を原則的に認めないという方針をとる企業もあり、そのような取扱いも合理性があるといえます。

4　裁量労働制やフレックスタイム制

テレワークにおいても、裁量労働制（専門業務型裁量労働制や企画業務型裁量労働制）の要件を満たす場合には、労働時間をみなし制とすることができます。

また、テレワークにおいて、フレックスタイム制度（Q43以下参照）を採用し、より自由度の高い在宅勤務とすることも可能です。企業によっては、労働義務のあるコアタイムをなくした、いわゆるスーパーフレックスタイム制度（Q47参照）を導入し、働き方の自由度を高めて在宅勤務において仕事と家事・育児等との両立に配慮する例もあります。もっとも、裁量労働制やフレックスタイム制は、テレワークにおいて、公私のメリハリがなくなるという観点から、あえて導入しない企業もあります。　　　　　　（増田陳彦）

Q40　テレワーク（在宅勤務等）と過重労働・ハラスメント防止

　テレワーク（在宅勤務等）における過重労働防止やハラスメント防止等の注意点にはどのようなものがありますか。

A　過重労働の防止のために会社システムへのアクセス時間の制限や時間外・深夜・休日労働の原則禁止等が考えられます。またハラスメントについては、ウェブ会議において、必要性なくカメラ起動を強制しないことや、電子メールやチャット、電話などにおいて、業務上必要かつ相当な範囲を超えて、就業環境を害する言動をしないように留意する必要があります。

1　過重労働の防止

　テレワークにおいては、事業場における勤務とは違い、上司がその場にいないため、結果として長時間労働となってしまう可能性があります。そして、使用者には安全配慮義務（労契法5条）がありますので、過重労働の防止に努める必要があります。

　テレワークガイドラインでは、長時間労働を防ぐ手法として、メール送付時間帯の制限、会社システムへのアクセス制限、時間外・休日・深夜労働についてあらかじめ労使合意で時間数を設定することや、時間外労働等を行う手続等を就業規則に明記しておくこと、労務管理システムを活用した自動警告なども示されています。実務的には、時間外・休日・深夜労働については原則禁止として個別許可制とすることが考えられます。

　その他、勤務間インターバル制度はテレワークにおいても長時間労働を抑制する手段として有用と考えられます。

　また、事業場外みなし労働制や裁量労働制によって労働時間のみなし制を採用する場合、または管理監督者等であっても、長時間労働者に対する医師

の面接指導（労働安全衛生法66条の8）を担保するために「労働時間の状況」の把握義務（同法66条の8の3）はあります。そして、この「労働時間の状況」の把握は、労働者の健康確保措置を適切に実施する観点から、労働者がいかなる時間帯にどの程度の時間、労務を提供し得る状態にあったかを把握するものであり、適正把握ガイドラインにおける方法に沿って行うものとされます。労働時間のみなし制の場合や管理監督者についても、始業と終業を記録し、長時間労働となっていないかを確認することが求められます。

2　テレワークとハラスメント

　テレワークに伴って生じるハラスメントについて、「テレハラ（テレワークハラスメント）」や「リモハラ（リモートハラスメント）」という言葉が使われることがあります。

　パワーハラスメントについては、労働施策総合推進法30条の2において、「職場において行われる優越的な関係を背景とした言動であって、業務上必要かつ相当な範囲を超えたもの」と定義されましたが、いわゆるパワハラ指針（令和2年厚生労働省告示第5号）において、ここでいう「職場」は、「事業主が雇用する労働者が業務を遂行する場所を指し、当該労働者が通常就業している場所以外の場所であっても、当該労働者が業務を遂行する場所については、『職場』に含まれる」とされています。

　在宅勤務では、労働者が業務を遂行する場所が自宅となりますので、自宅において受けた言動は、当然、パワーハラスメントの対象となり、その旨がテレワークのモデル規則19条2項（【書式14】）で規定されています。もちろんパワーハラスメントに限らず、セクシャルハラスメントや育児・介護に関するハラスメント等のあらゆるハラスメントが問題となります。

3　ウェブ会議システムのカメラ起動とハラスメント

　テレワークが積極的に行われるようになり、インターネットを経由する

ウェブ会議システムは、相手方のパソコン等に設置されたカメラを通じて、お互いの顔を確認した状態での双方向のコミュニケーションが可能です。ウェブ会議システムを通じ、お互いの顔を確認した状態のコミュニケーションは、表情等を確認することで、会話だけよりもコミュニケーションを充実したものとできる側面があります。しかし、他方で、カメラに自宅の室内が映り込んだりし、プライベート空間をさらけ出すことにもなります。また、テレワーク時の服装や身なりも相手方に見えることとなります。

　そのため、ウェブ会議に際して、上司等の参加者が、部下等のプライベート空間や服装や身なり等について、相手を不快にさせるような指摘をしてしまい、パワーハラスメント等のハラスメント問題となる可能性があります。冒頭に述べたように、「テレハラ」や「リモハラ」と呼ばれるものです。

　それでは、社員がカメラ機能をオフにしたままの状態にしている場合に、カメラ起動を業務指示することはハラスメントになるでしょうか。

　この点、上記のように、カメラ起動については、プライバシーへの配慮が必要であることから、カメラ起動が必須とはいえない場合に常にカメラ起動を業務指示とすることは問題があるといえます。しかし、ウェブ会議は、オフィスで行っていた対面の会議を、テレワークに伴う代替手段として用いることから、会議の性質上、より双方向のコミュニケーションを図るためには、カメラ起動について業務上必要性がある場合もあります。また、自宅（プライベート空間）の映り込みについては、ウェブ会議システムにて背景を調節することも可能であり、また、服装や身なりは、オフィスでの仕事に準じるものと考えれば、むしろ、仕事にふさわしくないあまりにもラフな服装や身なりのほうに問題があるといえます。

　以上より、業務上の必要性に応じて、ウェブ会議システムのカメラ起動を業務指示することは可能であると考えます。他方、必要性が乏しい場合には、カメラを起動せずに音声のみの対話で行えばよく、柔軟な対応が適切といえます。

4　電子メールやチャット機能、電話における留意事項

　ハラスメントについては、テレワークにおけるコミュニケーションツールとなる電子メールやチャット機能、電話における会話でも起こりがちです。特にテレワークでは、相手の顔が見えないことや、テレワークに伴うコミュニケーション不足や情報不足等から、ストレスが蓄積してしまい、それが電子メールやチャットの文言、電話における会話に強く出てしまうこともあります。

　そこで、メールについては、作成した文言内容を少しおいてから冷静に客観的に確認してみる、また、送信相手が適正な範囲かを確認することが適切です。チャット機能は即応性がある文字によるコミュニケーションが可能となる点は便利ですが、一度送ると後に取り消したとしても、いったんは相手の目に入ります。メールと同様に、内容と送信相手を冷静に確認することが適切です。テレワーク時のコミュニケーションにおいては、冷静に一呼吸おいたコミュニケーションを心がけることが大切といえます。

（増田陳彦）

Q41　テレワーク（在宅勤務等）と同一労働同一賃金

　正社員など会社が定めた一部の者にテレワーク（在宅勤務等）を認め
たところ、有期雇用労働者から自身にも認めてほしいと求められました
が、有期雇用労働者には認めないことは同一労働同一賃金に抵触するで
しょうか。

　派遣労働者の場合はどうでしょうか。

A　テレワークの適用もパート・有期法８条の「待遇」の１つと解
されますので、正社員に限定する事情・理由によっては、不合理
な待遇差となります。派遣労働者についても、派遣労働者である
というだけでテレワークを認めないことは不合理な待遇差となり
得ます。

1　テレワーク（在宅勤務等）とパート・有期法８条の「待遇」

　パート・有期法施行通達（平成31年１月31日付基発0130第１号ほか）では、
同法８条の「待遇」について、「基本的に、全ての賃金、教育訓練、福利厚
生施設、休憩、休日、休暇、安全衛生、災害補償、解雇等の全ての待遇が含
まれること」とされています。そうすると、就業の場所に関係するテレワー
ク（在宅勤務等）という労働条件も同条の「待遇」に該当すると解されます。
したがって、テレワーク勤務についても、同条による不合理な待遇の禁止の
対象となります。

2　テレワーク（在宅勤務等）の対象者の限定の不合理性

　パート・有期法８条においては、職務の内容、職務の内容および配置の変
更範囲、その他の事情に照らして、不合理な待遇の相違を設けることが禁止
されています。

164

　テレワークについて、単に有期雇用労働者であるという理由だけで対象外とすることは、不合理と認められる可能性があります。他方、有期雇用労働者が行っている業務の性質上、テレワークが困難である場合には、職務の内容からして、テレワークの対象外であるとしても、直ちに不合理な待遇の相違とまではいえないと考えられます。例えば、正社員は、営業や企画業務、業務管理が中心であるものの、有期雇用労働者は、事業場にある資料や設備等を使用したり、また企業秘密保持の観点から社外への持出しや、社外からのアクセスが困難であるとか、小売やサービス業で、現場業務に従事していることから、テレワークが困難ということもあり得ます。

　また、一部の有期雇用労働者にはテレワークを認め、一部には認めないというような取扱いは、不合理な待遇差であるとして、外部の個人加盟型労働組合（合同労組）や弁護士が介入し、労使トラブルになる可能性もありますので、非正規社員について本当にテレワークとすることができないのか、慎重に検討することが求められます。

3　派遣労働者の場合

　派遣労働者についても、不合理な労働条件の相違は禁止されており（労働者派遣法30条の3）、この責任は派遣元事業主にあります。

　そして、派遣労働者について、不合理な労働条件かどうかは、派遣元における労使協定方式（一定の要件を満たす労使協定による待遇の確保）と派遣先均等・均衡方式（派遣先の通常の労働者との均等・均衡待遇の確保）のいずれかの方式において判断されることになります。

　テレワークは就業の場所に関するものであり、派遣元と派遣先の労働者派遣個別契約書において特定されることが通常となりますが、派遣元事業主としては、派遣先において直接雇用されている社員についてはテレワークが認められていて、派遣社員にはテレワークが認められていない場合には、派遣先と協議して、テレワークを適用することが可能かどうかを確認し、可能な

のであれば、派遣就業の場所について別途覚書等を個別に締結して、テレワークを認めることが適切といえます。他方、職務内容等からして、テレワークとすることが難しい場合には、不合理な待遇差とはいえません。

（増田陳彦）

Q42 在宅勤務と期間限定・出社命令

在宅勤務については期間限定としていましたが、そのような取扱いは可能でしょうか。

また、その期間が終了し、事業所への出社の必要が生じ、現実の出社を命じたところ拒否されました。懲戒処分を行うことはできますか。

出社することを前提として採用した社員について在宅勤務を期間限定とすることは可能です。また出社を命じた場合に、拒否した場合には、拒否理由を踏まえて懲戒処分を行うことはできます。

1　在宅勤務と期間限定

企業が、事業所（会社が設置するオフィス）に出社することを前提として採用した社員は、労働契約上、事業所に出社して現実に労務提供することが求められます。これは、弁済の提供は債務の本旨に従って現実にしなければならないと定める民法493条から根拠づけられるものといえます。また、同法484条では弁済をすべき場所に別段の意思表示がない場合は、債権者の住所地で行うことが求められ、労働契約においては使用者（債権者）の事業所にて行うことが原則となります。そのため、労働契約においては、「就業の場所」として会社の事業所が指定されていることが通常です。

そして、本来事業場に出社することを労働条件として採用した社員である場合に、在宅勤務を認めることは、就業の場所を変更する措置となりますが、出社を要しない取扱いであるという点で、社員にとっては出社に伴う通勤負担を軽減する措置であるため労働条件が有利になる側面があるといえます。

そうしますと、出社を前提とする労働契約である場合に、在宅勤務を認めることは、使用者が任意に労働条件を有利にする性質があり、一時的に出社

義務を免除するものとして、期間限定とする取扱いは有効であるといえます。

　実際にも、新型コロナウイルス感染症の感染拡大時においては、臨時の時限的措置として、在宅勤務を認めていたものの、感染が落ち着いたタイミングで、再び出社を原則とする取扱いに戻す企業も一部でみられました。

2　在宅勤務の期間終了と出社命令

　上記1のとおり、在宅勤務の取扱いを期間限定とすることができますが、もともと会社の事業所での勤務を原則としているわけですから、期間が終了すると、社員には債務の本旨に従った労務提供として出社が求められます。本来就業の場所として指定されていた事業場において現実に労務提供することが社員の労働契約上の義務といえるからです。

　そして、社員が出社しない場合には、会社は業務命令として、出社を命じることができます。そして、それにもかかわらず、出社しない場合には、労務提供がなく、労働契約上の義務を果たしていないこととなり、かつ重大な業務命令違反ということになります。

　もっとも、出社をしない場合には、その理由が何であるのかは確認を要します。新型コロナウイルス感染症が流行した際には、通勤に伴う感染を懸念して出社を拒むという事例がみられました。しかし、通勤が感染原因であるという断定は困難であり、現に多くの人々が公共交通機関を利用して通勤・通学していることからして、感染に対する過度な不安感による出社拒否に正当な理由があるとはいいがたいです。

　そのため、出社を拒否し、その事情に正当な理由がない場合には、重大な業務命令違反として、懲戒処分とすることは可能といえます。正当な理由なく労務提供がなされないということになり、それが長期に及ぶ場合には、懲戒解雇も選択肢になってきます。

　もっとも、出社拒否について精神的不調が疑われるような場合には、いきなり懲戒処分をするのではなく、医療機関への受診を促したり、受診を命じ

るなどしたうえで、医師の診断に基づいて私傷病休職制度の適用を検討することが適切といえます（最二小判平成24年4月27日判タ1376号127頁〔日本ヒューレット・パッカード事件〕）。そして、もし受診にも応じない場合には、正当な理由のない業務命令違反として、懲戒処分を行うこともやむを得ないものといえます。

（増田陳彦）

③　フレックスタイム制

Q43　フレックスタイム制を導入するメリット・デメリット

フレックスタイム制を導入する場合のメリットとデメリットは何ですか。

また、導入する場合、どのような手続が必要でしょうか。

> **A**　フレックスタイム制を導入する場合、労働者が日々の始業・終業時刻、労働時間の長さを自ら柔軟に決めることができるため、労働者にとっては仕事と生活の調和（ワーク・ライフ・バランス）を図ることができ、また使用者にとっても労働時間を効率的に配分することで労働生産性の向上が期待できる等のメリットがあります。一方で、各々勤務時間帯が異なることにより業務の調整に支障が生じたり、適切な労働時間管理が難しかったりする等のデメリットがあります。また、手続としては、(1)就業規則等への規定のほか、(2)労使協定の締結が必要となります。

1　フレックスタイム制の意義

フレックスタイム制とは、一定の期間についてあらかじめ定めた総労働時間の範囲内で、労働者が日々の始業・終業時刻、労働時間の長さを自ら決めることのできる制度のことをいいます。

〈図1〉のように、通常の労働時間制度では、定められた始業時刻から終業時刻までの勤務時間については必ず勤務しなければならない時間帯となりますが、フレックスタイム制の場合は、一般的に、必ず勤務しなければならない時間帯（コアタイム）と、いつ出社あるいは退社をしてもよいという時間帯（フレキシブルタイム）を定めることが多いです。

〈図1〉　フレックスタイム制（イメージ）

■通常の労働時間制度

| 勤務時間 | 休憩 | 勤務時間 |

必ず勤務しなければならない時間帯

■フレックスタイム制（イメージ）

| フレキシブルタイム | コアタイム | 休憩 | コアタイム | フレキシブルタイム |

いつ出社してもよい時間帯　必ず勤務しなければならない時間帯　いつ退社してもよい時間帯

※フレキシブルタイムやコアタイムは必ずしも設けなければならないものではありません。
　コアタイムを設定しないことによって、労働者が働く日も自由に選択できるようにすることも可能です。
　また、フレキシブルタイムの途中で中抜けするなどといったことも可能です。

（厚生労働省「フレックスタイム制のわかりやすい解説＆導入の手引き」3頁図）

　また、フレックスタイム制の場合、時間外労働の取扱いが通常と異なります。1カ月等の一定の期間（清算期間）における法定労働時間の総枠の範囲内であれば、1日8時間・週40時間という法定労働時間を超えて労働しても、直ちに時間外労働とはなりません。一定の期間の実際の労働時間の合計が、あらかじめ定めた総労働時間の総枠を超えた場合に時間外労働となります。

2　メリットとデメリット

⑴　メリット

　フレックスタイム制の下では、労働者が日々の都合に合わせて、出退勤時刻や勤務時間の長さを自由に決定することができます。

　そのため、労働者としては、育児や介護のために時間の調整をしたり、通勤ラッシュを避けたり、プライベートの用事の時間に合わせたりする等、日々の都合に合わせて、仕事と生活の調和（ワーク・ライフ・バランス）を図ることができます。

　使用者としても、1日8時間・週40時間という法定労働時間を超えて労働させた場合でも、あらかじめ定めた総労働時間の枠内であれば時間外労働と

はならず、残業代の削減ができる場合があります。また、労働時間を効率的に配分することができれば労働生産性の向上が期待できます。さらに、仕事と生活の調和（ワーク・ライフ・バランス）を図りやすい職場となることによって、優秀な人材の採用、定着も期待できます。

　以上のように労使双方にメリットが考えられます。

(2)　デメリット

　一方で、労働者個々人の勤務時間帯等が異なることによって、会社内での打合せ等のスケジュール調整がしにくくなったり、他社とのやりとりに支障が生じたりする場合があります。また、窓口業務等、柔軟な時間調整が困難な業務を行っている労働者に対しては導入が難しく、導入できる職種が限られるという問題もあります。さらに、時間管理の問題として、労働者に時間にルーズでもよい制度であると勘違いされやすく、使用者が適正に管理をしていないと、かえって業務効率が悪くなるおそれがあります。また、始業・終業時刻について各労働者の決定に委ねているため、使用者はコアタイムの時間帯を除き、労働者に対して、早く出社するように指示をしたり、残業を指示したりすることが同意のない限りはできず、業務の都合に合わせた柔軟な対応が難しくなるといったデメリットがあります。

3　導入の手続

　フレックスタイム制を導入するにあたっては、(1)就業規則（10人未満の事業では、これに準ずるもの。以下、「就業規則等」といいます）への規定と、(2)労使協定の締結が必要です（労基法32条の 3 ）。

(1)　就業規則等への規定

　就業規則等には、始業・終業時刻を労働者の決定に委ねることを定める必要があります。これはフレックスタイム制の趣旨が、労働者が始業・終業時刻を自らの意思で決定できるということにあり、これを担保するために就業規則等に明記させることとしたものです。

【書式17】　就業規則の規定例（フレックスタイム制）

（適用労働者の範囲）

第○条　第○条の規定にかかわらず、営業部及び開発部に所属する従業員にフレック
　　　スタイム制を適用する。

（清算期間及び総労働時間）

第○条　清算期間は１箇月間とし、毎月１日を起算日とする。

　　②　清算期間中に労働すべき総労働時間は、154時間とする。

（標準労働時間）

第○条　標準となる１日の労働時間は、７時間とする。［始業・終業時刻を従業員の自主的決定に委ねる旨を定める必要があります。］

（始業終業時刻、フレキシブルタイム及びコアタイム）

第○条　<u>フレックスタイム制が適用される従業員の始業および終業の時刻については、
　　　従業員の自主的決定に委ねるものとする。</u>ただし、始業時刻につき従業員の自
　　　主的決定に委ねる時間帯は、午前６時から午前10時まで、終業時刻につき従業
　　　員の自主的決定に委ねる時間帯は、午後３時から午後７時までの間とする。

　　②　午前10時から午後３時までの間（正午から午後１時までの休憩時間を除く。）
　　　については、所属長の承認のないかぎり、所定の労働に従事しなければならな
　　　い。

（その他）

第○条　前条に掲げる事項以外については労使で協議する。

（厚生労働省「フレックスタイム制のわかりやすい解説＆導入の手引き」４頁図）

　なお、「清算期間」とは、フレックスタイム制における単位期間のことを
いいます。また、「総労働時間」とは、当該清算期間における総所定労働時
間のことをいいます。【書式17】の就業規則の例をもとに考えますと、「清算
期間」は「１箇月」であり、当該「清算期間中の労働すべき総労働時間」は
「154時間」と規定されています。当該清算期間１箇月における実際の労働時
間の合計が、154時間に満たない場合には不足分は控除する（あるいは翌月に
その分も含め労働をする）必要があり、また超過する場合には超過分は時間
外労働となり、残業代の清算をする必要があります。

⑵　労使協定の締結

　また、労使協定については、以下の事項を定める必要があります。なお、
当該事業場に労働者の過半数で組織する労働組合がある場合はその労働組合、
ない場合は当該事業場の労働者の過半数を代表する者との間で協定を結ぶ必

要があります。

【労使協定で定めるべき事項】

①　対象となる労働者の範囲

②　清算期間

③　清算期間における総労働時間（清算期間を平均し 1 週間あたりの所定
　　労働時間が法定労働時間の総枠の範囲内であることが必要）

④　標準となる 1 日の労働時間

⑤　労働者が労働しなければならない時間帯（コアタイム）※任意

⑥　労働者がその選択により労働することができる時間帯（フレキシブ
　　ルタイム）※任意

　なお、清算期間が 1 カ月以下の場合には、労働基準監督署長への届出は不要ですが、清算期間が 1 カ月を超える場合には、労使協定を所轄の労働基準監督署長に届出を行う必要があります（労基法施行規則12条の 3 第 2 項）。

【書式18】　労使協定例（フレックスタイム制）

○○産業株式会社と○○産業労働組合とは、労働基準法第 32 条の 3 の規定にもとづき、フレックスタイム制について、次のとおり協定する。

（フレックスタイム制の適用社員）

第○条　営業部及び開発部に所属する従業員にフレックスタイム制を適用する。

（清算期間）

第○条　労働時間の清算期間は、4 月、7 月、10 月、1 月の 1 日から翌々月末日までの 3 箇月間とする。

（総労働時間）

第○条　清算期間における総労働時間は、1 日 7 時間に清算期間中の所定労働日数を乗じて得られた時間数とする。

　　　　　　総労働時間＝ 7 時間 × 3 箇月の所定労働日数

（1 日の標準労働時間）

第○条　1 日の標準労働時間は、7 時間とする。

（コアタイム）

第○条　必ず労働しなければならない時間帯は、午前 10 時から午後 3 時までとする。

（フレキシブルタイム）

第○条　適用社員の選択により労働することができる時間帯は、次のとおりとする。

　　　　　　始業時間帯＝午前 6 時から午前 10 時までの間

　　　　　　終業時間帯＝午後 3 時から午後 7 時までの間

（超過時間の取扱い）

第○条　清算期間中の実労働時間が総労働時間を超過したときは、会社は、超過した時間に対して時間外割増賃金を支給する。

（不足時間の取扱い）

第○条　清算期間中の実労働時間が総労働時間に不足したときは、不足時間を次の清算期間にその法定労働時間の範囲内で繰り越すものとする。

（有効期間）

第○条　本協定の有効期間は、○○年○月○日から 1 年とする。

（厚生労働省「フレックスタイム制のわかりやすい解説＆導入の手引き」11 頁図）

（瀬戸賀司）

Q44　法改正以降のフレックスタイム制

　働き方改革により法改正された、フレックスタイム制の内容はどのようなものでしょうか。

　主な法改正の内容として、従前のフレックスタイム制では、清算期間の上限が「1カ月」までとされていましたが、清算期間の上限が「3カ月」までとされました。これにより月をまたいだ労働時間の調整ができ、より柔軟な働き方ができるようになりました。

1　法改正の内容

⑴　フレックスタイム制の清算期間の延長

　フレックスタイム制の清算期間の上限が「1カ月」から「3カ月」に法改正されました。

　従前のフレックスタイム制では、清算期間の上限が「1カ月」までとされていたため、1カ月の中で労働者の生活に合わせた労働時間の調整を行うことはできましたが、1カ月を超えた調整をすることはできませんでした。1カ月の清算期間内で、実労働時間の合計が定められた総労働時間に達しない場合には、賃金控除の対象となるか（あるいは翌月にその分も含め労働をする）、それを避けるために仕事を早く終わらせることができる場合でも総労働時間に達するまで労働をする等といった実態があることが指摘されていました。また、使用者としても清算期間の上限が増えることにより、1カ月単位でみれば割増賃金の支払いが必要な場合でも、繁閑の差があることにより、3カ月等の月をまたいだ期間で調整をすれば、割増賃金の支払いが削減できる場合も考えられ、使用者としてのメリットも考えられます。

　そこで、法改正により清算期間の上限を「3カ月」まで延長することに

よって、月をまたいだ労働時間の調整をできるようにし、より柔軟な働き方を可能としました。

⑵　清算期間の取扱い

また、清算期間の取扱いについて、１カ月を超える場合においては、繁忙月に偏った労働時間とならないように制限が設けられました。

従前のフレックスタイム制でも、①清算期間における総労働時間が平均して週の法定労働時間（週40時間（特例措置対象事業場の場合は、週44時間））を超えないことが必要でしたが、それに加え、清算期間が１カ月を超える場合には、②１カ月ごとの労働時間が、週平均50時間を超えないことを満たす必要があり、いずれかを超えた場合には時間外労働となるという制限が設けられました。

⑶　労使協定の届出

さらに、労使協定の届出についても改正点があります。

フレックスタイム制は、従前、労使協定が締結されることが必要でしたが、労使協定の労働基準監督署長への届出は不要とされていました。しかし、今回の改正により設けることが可能となった１カ月を超える清算期間を設定する場合には、労使協定を所轄の労働基準監督署長への届出を行う必要があることになりました（労基法施行規則12条の３第２項）。なお、清算期間が１カ月以内の場合には従前と同様、届出は不要です。また、当該届出の違反をした場合には、罰則（30万円以下の罰金）が科せられる可能性がありますので注意が必要です（労基法120条１項、同法施行規則12条の３第２項）。

（瀬戸賀司）

Q45 フレックスタイム制での時間外労働、休日労働、深夜労働

フレックスタイム制を導入する場合、時間外労働、休日労働、および深夜労働を許可制とすることはできるのでしょうか。

また、休憩時間を一斉付与する必要はありますか。

 フレックスタイム制を導入する場合であっても、使用者は労働者の労働時間を把握する必要があり、労働時間を把握する方法として、時間外労働、休日労働、および深夜労働を許可制とすることもできます。

また、休憩時間についても、フレックスタイム制の導入により労基法の規定を免れるものではなく、一斉付与が必要な場合については、休憩時間を一斉付与する必要があります。

1　使用者の労働時間の把握義務

労基法において、労働時間、時間外労働、休日労働、深夜労働等に関する規定が設けられており、これらは使用者が労働者の労働時間の把握をすることが前提として定められています。そのため、使用者には、労働者の労働時間を適正に把握する責務を有していると考えられています。また、働き方改革により法改正された労働安全衛生法66条の8の3においても、健康管理の観点から、使用者は労働者の「労働時間の状況の把握」をしなければならない旨、規定されています。

そのため、使用者は労働者の労働時間を適切に把握する義務があると考えられます（「適正把握ガイドライン」参照）。

2　フレックスタイム制における使用者の労働時間の把握義務

　フレックスタイム制のもとでは、始業・終業の時刻を労働者の決定に委ねており、使用者には労働時間の把握義務があるのかという点が問題となり得ます。

　この点、行政通達「労働基準法関係解釈例規について」(昭和63年3月14日付基発第150号)では、フレックスタイム制の場合にも、使用者に労働時間の把握義務があり、そのため、各労働者の各日の労働時間の把握をきちんと行うべきものである、とされています。

　実態から鑑みても、フレックスタイム制において、清算期間における実際の労働時間の合計が、清算期間におけるあらかじめ定めた総労働時間を超えた場合には、残業代の支払いをする必要がある等、労働時間に関するさまざまな規制があり、また健康管理の観点からも、長時間にわたるような極端な働き方をさせるのは相当ではないと思われます。

　そのため、フレックスタイム制においても、使用者には各労働者の労働時間を把握する義務があるものと考えられます。

　そして、労働時間を把握するために、時間外労働、休日労働、および深夜労働に関して、許可制(時間外労働等が必要な場合に、労働者に申告をさせ、上司等の許可を求める制度)を導入することは、一般的に用いられている管理方法であり、許可制をとることもできると考えられます。

3　休憩時間の一斉付与

　同様に、フレックスタイム制のもとでは、労働者が一定程度自由に自らの労働時間を決定できることから、休憩時間を一斉に付与する必要があるかという点についても問題となり得ます。

　なお、労基法では、原則として休憩は一斉に付与しなければならないとされています(同法34条2項本文)が、例外として①労使協定を締結した場合

（同法34条 2 項ただし書、同法施行規則15条）、②特定の業種（同法40条、同法施行規則31条）（運輸交通業、金融保険業、保健衛生業等）の場合には、休憩を一斉に付与する必要はなく、交互に付与することができます。

　この点、前掲・行政通達では、フレックスタイム制のもとにおいても労基法の規定どおりに休憩を与えなければならないとしています。また、就業規則の記載方法については、一斉休憩が必要な場合には、コアタイム中に休憩時間を定めることの記載を、一斉休憩が必要ない事業において、休憩時間をとる時間帯を労働者に委ねる場合には、各日の休憩時間の長さを定め、それをとる時間帯は労働者に委ねる旨の記載をしておけばよいとしています。

　実態から鑑みても、労働者の休憩取得を促進するためには、休憩の一斉付与ができる場合には、一斉付与の方法とした方がよく、労基法の規制を外す必要性は高くないと思われます。

　以上から、フレックスタイム制の下においても、労基法の規定どおり、休憩の一斉付与が必要な場合（労使協定の締結もしていない場合）については、休憩時間を一斉付与する必要があります。

（瀬戸賀司）

(Q46) 所定総労働時間に過不足が生じた場合

当月の労働時間と所定総労働時間に過不足が生じた場合、次の清算期間に労働時間を繰り越すことはできますか。

 清算期間における実際の労働時間の合計と、あらかじめ定めた総労働時間との間に過不足が生じる場合、次の清算期間に労働時間の繰越しを行うことは、就業規則等で労働時間の貸借制の定めをしていれば、労働時間の「貸し」「借り」についても可能であると考えられます。

労働時間の繰越しの可否（労働時間の貸借制）

清算期間における実際の労働時間の合計と、あらかじめ定めた総労働時間との間に過不足が生じる場合、当該清算期間の終了時に清算をするのではなく、次の清算期間に労働時間の繰越しができないかという問題があります（なお、法定労働時間の総枠を超えた時間数については、労基法37条により割増賃金の支払いを要するため当月に清算する必要があり、次の清算期間に労働時間の繰越しをすることは許されないと考えられます。そのため、当該問題は、法定労働時間の総枠を超えない範囲での労働時間の繰越しに関する問題です）。

この点、行政通達「改正労働基準法の施行について」（昭和63年1月1日付基発第1号）においては、以下の旨の解釈が示されています。

① 実際の労働時間に過剰があった場合に、総労働時間として定められた時間分はその期間の賃金支払日に支払うが、それを超えて労働した時間分を次の清算期間中の一部に充当することは、その清算期間内における労働の対価の一部がその期間の賃金支払日に支払われないことになり、労基法24条（賃金全額払原則）に違反し許されない。

② 実際の労働時間に不足があった場合に、労働時間として定められた時

間分の賃金はその期間の賃金支払日に支払うが、それに達しない時間分を、次の清算期間中の総労働時間に上積みして労働させることは、法定労働時間の総枠の範囲内である限り、その清算期間においては実際の労働時間に対する賃金よりも多く賃金を支払い、次の清算期間でその分の賃金の過払を清算するものと考えられ、労基法24条（賃金全額払原則）に違反するものではない。

　上記、行政通達では、清算期間における実際の労働時間に、①過剰があった場合に、次の清算期間に繰り越すこと（労働時間の「貸し」）は許されないが、一方で②不足があった場合に、次の清算期間に繰り越すこと（労働時間の「借り」）は許されるとしています。

　もっとも、①過剰があった場合の労働時間の「貸し」について、現行法上賃金の額は、法定労働時間の範囲内であるかぎりは、労働の量（労働時間の長さ）に応じて定められることを必要とされておらず、労働の多い月にも少ない月にも定額の月給制とすること等は労働契約の自由に委ねられていること（菅野和夫『労働法〔第12版〕』541頁参照）、また、労基法32条の3が賃金の計算および支払いを清算期間ごとに行うことを義務づけているとまでは解釈しがたいこと（白石哲ほか『労働関係訴訟の実務〔第2版〕』88頁）等から、①においても労働契約の内容として有効であると考えられます。

　また、②不足があった場合の労働時間の「借り」については前掲・行政通達でも認められていますし、上記同様の理由から労働契約の内容として有効と考えられます。

　以上から、清算期間における実際の労働時間の合計と、あらかじめ定めた総労働時間との間に過不足が生じる場合、次の清算期間に労働時間の繰越しを行うことは、就業規則等で労働時間の貸借制の定めをしていれば、労働時間の「貸し」「借り」についても可能であると考えられます。

【書式19】　就業規則の規定例（労働時間の貸借制）

（超過時間の取扱い）※貸し

第○条　清算期間中の実労働時間が総労働時間を超過したときは、超過時間（法定労働時間の総枠を超過した時間は除く）を次の清算期間に繰り越すものとする。

（不足時間の取扱い）※借り

第○条　清算期間中の実労働時間が総労働時間に不足したときは、不足時間を次の清算期間に法定労働時間の総枠の範囲内で繰り越すものとする。

（瀬戸賀司）

Q47　フレックスタイム制とテレワークを併用する場合

　フレックスタイム制とテレワークを併用する場合どのような点に注意したらよいでしょうか。

 　フレックスタイム制とテレワークを併用することにより、働く時間と場所を柔軟に活用できるというメリットがありますが、自由度が高まる一方で、労働者の労働時間管理や健康管理に注意をする必要があります。

1　テレワークの意義

　テレワークとは、情報通信技術を活用した事業場外勤務のことをいいます（Q36以下参照）。オフィスでの勤務に比べて、働く場所を柔軟に活用することができ、仕事に集中できる環境での業務の実施による業務効率化による時間外労働の短縮や、通勤時間の短縮により、心身の負担の軽減、育児や介護等の時間調整等、仕事と生活の調和（ワーク・ライフ・バランス）を図ることができる等といったメリットが考えられます。使用者にとっても、通勤手当の削減、オフィスコストの削減、業務効率化による生産性の向上、遠隔地の優秀な人材の採用・定着等といったメリットが考えられます。

2　併用する場合の注意点

　フレックスタイム制は、労働者が自ら始業・終業時刻、労働時間の長さを決定することができる制度であり、テレワークと併用することで働く場所と時間を柔軟に活用することができ、より仕事と生活の調和（ワーク・ライフ・バランス）を図ることができると思われます。

　両制度を併用する場合には、コアタイム（必ず勤務しなければならない時間帯）を設けるかどうかについて検討が必要かと思います。労基法上は、コア

タイムを設けるかどうかは任意であり、コアタイムを設けずに、すべての時間帯について労働者の選択に委ねる、いわゆるスーパーフレックスタイム制とすることも可能です。

　テレワークであっても、業務の必要性から、通常と同じような時間帯での業務が想定される場合には、コアタイムを設けたほうが、円滑に業務が進むと思われますが、より自由度を高く労働者の決定に委ねるほうが会社の実態と合っているような場合には、コアタイムを設けない制度も検討してもよいのではないかと思います。

　もっとも、コアタイムを設けない場合でも、深夜早朝や休日の間も自由に労働ができるとなると、労働時間管理や健康管理に支障を来す可能性がありますので、深夜早朝の時間帯を外したフレキシブルタイム（労働者がその選択により労働することができる時間帯）の設定とする、1日8時間を超える労働や深夜早朝の時間帯の労働や休日労働に関して、事前に上司の許可を必要とする許可制等の工夫をして一定の範囲で制限を設ける等の必要があると思われます。

（瀬戸賀司）

Q48　時差出勤の導入

　働き方改革や感染症対策として、時差出勤の導入を検討しています。時差出勤の導入をする場合にはどうすればよいでしょうか。

> **A**　始業・終業時刻については労働契約の内容となっているため、これを変更する場合には、使用者と労働者との間で、時差出勤の場合の始業・終業時刻について、あらためて合意をする必要があります。

1　時差出勤の意義

　時差出勤とは、一般に通勤ラッシュを避けること等を目的とし、労働者のニーズに合わせて、1日の所定労働時間数の変更はせず、始業または終業の時刻を繰り上げまたは繰り下げる制度をいいます。

　なお、フレックスタイム制は、労働者が日々の始業・終業時刻、労働時間の長さを自ら柔軟に決めることができる制度であり、始業・終業時刻を柔軟に決められる点や1日の労働時間の長さについても決められる点等が時差出勤の制度とは異なります。

【書式20】　就業規則の規定例（時差出勤）

（時差出勤の制度）
第○条
1　従業員が、会社所定の書面により申し出を行い、会社が許可をした場合には、就業規則第○条の始業及び終業の時刻について、以下のように変更することができる。
(1)　時差出勤A＝午前8時始業、午後5時終業
(2)　時差出勤B＝午前9時始業、午後6時終業
(3)　時差出勤C＝午前10時始業、午後7時終業
2　時差出勤は、1日単位で利用できるものとし、原則として3日前までに会社に申し出を行わなければならない。

2　時差出勤の導入方法

⑴　原　則

　始業・終業時刻は、労働契約により定められています。そのため、始業・終業時刻については労働契約の内容となっているため、これを変更する場合には、使用者と労働者との間で、時差出勤の場合の始業・終業時刻について、あらためて合意をする（あるいは就業規則の変更手続をとる）必要があります。

　なお、就業規則の始業・終業時刻の規定で「業務の都合その他やむを得ない事情により、始業又は終業の時刻を繰り上げ又は繰り下げることがあります」等と定められている場合があります。例えば、感染症対策の一環として、政府から時差出勤等をして人混みを避けて「密」とならないように要請が出ているという場合には、「やむを得ない事情」があるとして、使用者が労働者に対して始業時刻を繰り下げる等の時差出勤を命ずることができると思われます。もっとも、これは緊急的な運用を想定していることから、長期化が予想されるような場合には、労使で話し合い、あらためて合意をする必要があるかと思います。

⑵　フレックスタイム制や裁量労働制をとる場合

　その他、フレックスタイム制をとる場合や、裁量労働制をとる場合にも、労働時間を柔軟に活用することができることから、通勤ラッシュを避ける等を目的とする時差出勤と同様に出勤時間を変更することができます。そのため、かかる制度を導入することによって、事実上同様の効果が見込めます。

　もっとも、フレックスタイム制や裁量労働制の場合には、始業・終業時刻をどうするかについては、労働者の選択に委ねられており、使用者から始業・終業時刻に関して指示をすることができません。そのため、時差出勤と同様の効果を見込めるとしても、使用者が期待したように労働者が始業・終業時刻の選択をしてくれるとは限らないということに注意をして導入を検討する必要があります。

（瀬戸賀司）

4　副業・兼業

Q49　労働者からの副業・兼業の届出や許可申請

　　労働者から副業・兼業の届出や許可申請があった場合、許可をしないことができるのはどのような場合でしょうか。

　　週 5 日勤務のうち 2 日を休業している労働者からの許可申請であった場合はどうでしょうか。

> **A**　労務提供上支障となる場合、企業秘密が漏えいする場合、企業の名誉・信用を損なう行為や信頼関係を破壊する行為がある場合、競業により企業の利益を害する場合、その他それらに準じる場合に不許可が有効となります。

1　政府による副業・兼業の原則自由化方針

　働き方を選べること、スキルアップ、自分の活躍の場を広げられること、収入の確保等の理由で、副業・兼業を希望する労働者が増えています。一方、使用者としては、①職務専念・秘密保持・競業避止等の義務の履行、②副業・兼業先との労働時間通算による労働時間管理の複雑化（割増賃金支払義務）、③労働者の健康不安・使用者の安全配慮義務の履行についての懸念等があり、多くの使用者では、許可制を採用し、原則として、副業・兼業を認めない対応をしてきました。そのような状況において、厚生労働省は、働き方改革の一環として、平成30年 1 月「副業・兼業の促進に関するガイドライン」（令和 4 年 7 月改定。以下、「兼業ガイドライン」といいます）および「同ガイドラインQ&A」を公表のうえ、モデル就業規則の「副業・兼業」の規定を許可制から届出制に変更するなどとして、副業・兼業を原則として認めることが適切であると周知するようになりました。それと同時に、上記②③の

使用者の懸念点を解消するべく、兼業ガイドラインおよび「副業・兼業の促
進に関するガイドラインわかりやすい解説」（令和４年10月改定。以下、「ガイ
ドライン解説」といいます）、「副業・兼業の場合における労働時間管理に係
る労働基準法第38条第１項の解釈等について」（令和２年９月１日付基発0901
第３号）等を公表しました（なお、「ガイドラインQ&A」も令和２年９月および
令和４年７月に改定されています）。

2　副業・兼業の禁止または制限

　これまでの裁判例でも、「労働者が労働時間以外の時間をどのように利用
するかは、基本的には労働者の自由であり、各企業においてそれを制限する
ことが許されるのは、労務提供上支障となる場合、企業秘密が漏洩する場合、
企業の名誉・信用を損なう行為や信頼関係を破壊する行為がある場合、競業
により企業の利益を害する場合」に副業・兼業を禁止または制限することは
許されてきました。また、平成30年１月改定の厚生労働省のモデル就業規則
でも、以下の４つの場合には副業・兼業を禁止または制限することができる
と定められており、これらの場合に、副業・兼業が禁止または制限されるこ
とには争いがないところです。そこで、使用者は、労働者から副業・兼業の
届出や許可申請があった場合に、以下の場合に、不許可とすることも問題あ
りません。

①　労務提供上の支障がある場合
②　企業秘密が漏えいする場合
③　会社の名誉や信用を損なう行為や、信頼関係を破壊する行為がある場合
④　競業により、企業の利益を害する場合

　さらに、裁判所は、上記以外でも、病気療養中に自営業に従事していた
ケース（東京地八王子支判平成17年３月16日労判893号65頁〔ジャムコ立川工場事
件〕）、特別加算金を支給しつつ時間外労働を廃止し、疲労回復・能率向上に

努めていた期間中に同業会社で副業していたケース（福岡地判昭和47年10月20日判タ291号355頁〔昭和室内装備事件〕）においても、副業・兼業の禁止または制限を認めています。そこで、上記に準じる場合も、副業・兼業の禁止または制限は有効であると解され、⑤として「前各号に準じるものと会社が判断した場合」といういわゆる包括条項を入れておくべきでしょう。

　なお、厚生労働省では、届出制を推奨していますが、使用者において労働時間を管理する必要もありますし、裁判例でも許可制を不当・違法と判断していないことからも（東京地決昭和57年11月19日労判397号30頁〔小川建設事件〕）、現状では、許可制にしておくことでよいものと思われます。

3　休業中の副業・兼業申請

　休業とは「労働者が労働契約に従って労働の用意をなし、しかも労働の意思をもっているにもかかわらず、その給付の実現が拒否され、又は不可能になった場合」をいい（厚生労働省労働基準局編『令和3年版　労働基準法 上』385頁）、「使用者の責に帰すべき事由」による休業の場合、使用者は平均賃金の6割以上の休業手当を支給する義務を負います（労基法26条）。そこで、週の所定労働日5日のうち、週2日休業となっている労働者から副業・兼業の許可申請が出された場合についてですが、仮に、週2日の休業期間中に他の使用者から賃金を支給されることになっても、使用者は休業手当の支給が必要です。しかし、自社の所定労働日・所定労働時間と兼業先での勤務時間がすべて重なっている場合には、労働の用意および意思があるとは認められないため、例外的に、休業手当の支給は必要ないと考えられます（一部重なっている場合には、その所定労働日について現実に勤務した時間に対して支払われる賃金が平均賃金の100分の60に満たない場合にのみ、その差額の支払義務が生じることになります）。

　なお、休業中ですので、不許可事由に該当しない副業・兼業であれば、積極的に許可する対応が望まれます。

【書式21】　副業・兼業許可申請書兼誓約書例

令和○年○月○○日

副業・兼業許可申請・誓約書

○○○株式会社
代表取締役　○○　○○　殿

私は、就業規則第○条の規定に基づき、以下のとおり、副業・兼業の許可を申請いたします。
1　副業・兼業の形態：□　雇用　（事業所の名称等を2～5に記入）
　　　　　　　　　　　　□　非雇用（業務の内容：　　　　　　　　　　　　　　　　）
2　事業所の名称：株式会社△△△
　　事業所の住所：□□県◇◇市△△○－○－○
　　電　話　番　号：○○－○○○○－○○○○
3　2の事業所の事業内容：○○○○
　　従事する業務内容：○○○○
4　労働契約締結日等：○年○月○日
　　契約期間：期間の定めなし／期間の定めあり（○年○月○日～○年○月○日）
　　なお、許可申請は、6か月を上限とし、それを超える場合には、その1か月前までに再度許可申請を
　　行う。
5　所定労働時間等：（所定労働日）　月　火　水　木　金　㊏　㊐
　　　　　　　　　　　　　　　1か月平均○○日
　　　　　　　（所定労働時間）　1日○時間、週○時間
　　　　　　　（始業・終業時刻）00：00～00：00（深夜時間帯の就業の有無）
　　　　　　　　　　　　　あり／なし
　　　　　　　（※上記の内容が記入されたカレンダーを別途添付するなどの方法も可。）
　　　　　　　　※その他（具体的に：　　　　　　　　　　　　　　　　　　　　　）
　　所定外労働時間：1日○時間、週○時間、1か月○時間／なし
　　（見込み）　　　（※所定外労働時間には上記2の事業所における休日労働の時間も含む。また、見
　　　　　　　　　　込みとは別に最大の時間数が定まっている場合はそれぞれ括弧で記載する。）
6　賃金・報酬見込：　　月（　　　　　　　　円）程度
〈誓約事項〉　※確認の上、□に✓を記入のこと。
□　上記1～6の事項に変更があった場合、速やかに届け出ます。また、これらの事項について、貴社の求めがあっ
　　た場合には、改めて届け出ます。
□　所定の方法により、必要に応じ上記2の事業所での実労働時間を報告するなど、貴社の労務管理に必要な情報提
　　供に協力します。なお、貴社からの適宜の報告要請があった場合にも、速やかに対応いたします。
　　（＊所定の方法の例としては、時間外労働の上限規制の遵守等に支障がない限り、①一週間分を週末に報告する、
　　②所定労働時間どおり労働した場合には報告等は求めず、所定外労働があった場合のみ報告する、③時間外労働
　　の上限規制の水準に近づいてきた場合に報告するなどが考えられる。）
□　貴社の業務を最優先とし、貴社及び副業・兼業先の業務を合わせても、週1日の休日を確保し、健康管理に留意
　　するとともに、貴社業務に支障を生じないよう休息を取ります。
□　貴社及び貴社グループ各社と競業関係にある会社における副業・兼業は行いません。
□　貴社及び貴社グループ各社の営業上・技術上・事業運営上の情報（自身の名刺及び顧客から受領している名刺の
　　利用を含む）及び顧客情報・個人情報を用いた副業・兼業を行いません。
□　本書面に違反した場合、その他貴社が必要であると判断した場合に、副業・兼業の許可が取り消されることがあ
　　ることを了承します。
□　その他就業規則等の諸規則類及び社内通達等を遵守します。

※　管理モデル（Q51参照）を導入する場合には、「管理モデル」による管理が行われること、副業・兼業先
　において1カ月の労働時間の上限および時間外割増賃金の対象となる労働時間は副業・兼業先のものとな
　ることなどについて記載するとともに、その内容を副業・兼業先に伝達すること、といった点等も記載し
　ておいた方がよいでしょう。

（根本義尚）

Q50　本業と副業・兼業の労働時間の通算

　本業と副業・兼業との労働時間は通算されるとのことですが、その概要はどのようなものでしょうか（「管理モデル」についてはQ51を参照）。

　その労働時間の通算というのは労災認定に関しても影響を与えますか。

A　原則的な労働時間の通算の順序は、①本業の所定労働時間、②副業・兼業先の所定労働時間、③本業での所定外労働時間または副業・兼業先での所定外労働時間（実際に行われた順）となります（管理モデルにおける通算についてはQ51）。また、労災認定において、労働時間の通算は影響を与えます。

1　労基法38条1項およびその解釈

(1)　基本的事項

　労基法38条1項は、「労働時間は、事業場を異にする場合においても、労働時間に関する規定の適用については通算する」として、自社と副業・兼業先での労働時間とを通算しなければならないことを定めています。副業・兼業先での労働時間については、労働者からの申告等によることを前提としています（【書式21】〈誓約事項〉記載の※参照）。

(2)　副業・兼業の開始前（所定労働時間の通算）

　まず、副業・兼業の開始前に、自社における所定労働時間と副業・兼業先における所定労働時間とを通算して、自社の労働時間制度における法定労働時間を超える部分の有無を確認します。そして、自社における所定労働時間と副業・兼業先における所定労働時間とを通算して、自社の労働時間制度における法定労働時間を超える部分がある場合は、時間的に後から労働契約を締結した使用者における当該超える部分が時間外労働となり、その使用者における36協定の定めによって行うこととなります（兼業ガイドライン）。

〈図2〉　所定労働時間の通算

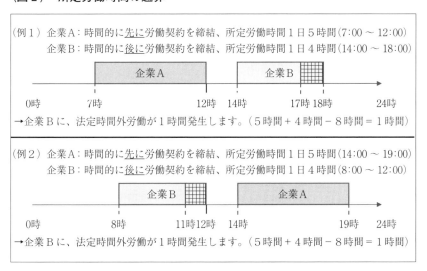

（例1）　企業A：時間的に<u>先に</u>労働契約を締結、所定労働時間1日5時間（7:00 ～ 12:00）
　　　　企業B：時間的に<u>後に</u>労働契約を締結、所定労働時間1日4時間（14:00 ～ 18:00）

→企業Bに、法定時間外労働が1時間発生します。（5時間＋4時間－8時間＝1時間）

（例2）　企業A：時間的に<u>先に</u>労働契約を締結、所定労働時間1日5時間（14:00 ～ 19:00）
　　　　企業B：時間的に<u>後に</u>労働契約を締結、所定労働時間1日4時間（8:00 ～ 12:00）

→企業Bに、法定時間外労働が1時間発生します。（5時間＋4時間－8時間＝1時間）

「ガイドライン解説」（15頁の図を抜粋）

(3)　副業・兼業の開始後（所定外労働時間の通算）

　次に、(2)の所定労働時間の通算に加えて、副業・兼業の開始後に、自社における所定外労働時間と副業・兼業先における所定外労働時間とを当該所定外労働が行われる順に通算して、自社の労働時間制度における法定労働時間を超える部分の有無を確認します。その際、自社で所定外労働がない場合は、所定外労働時間の通算は不要で、自社で所定外労働があるが、副業・兼業先で所定外労働がない場合は、自社の所定外労働時間を通算すれば足ります。そして、所定労働時間の通算に加えて、自社における所定外労働時間と副業・兼業先における所定外労働時間とを当該所定外労働が行われる順に通算して、自社の労働時間制度における法定労働時間を超える部分がある場合は、当該超える部分が時間外労働となり、各々の使用者は、通算して時間外労働となる時間のうち、自社において労働させる時間については、自社における36協定の延長時間の範囲内とする必要があります。また、各々の使用者は、通算して時間外労働となる時間（副業・兼業先における労働時間を含む）に

よって、時間外労働と休日労働の合計で単月100時間未満、複数月平均80時間以内の要件（労基法36条6項2号および3号）を遵守するよう、1カ月単位で労働時間を通算管理する必要があります。

〈図3〉　所定外労働時間の通算

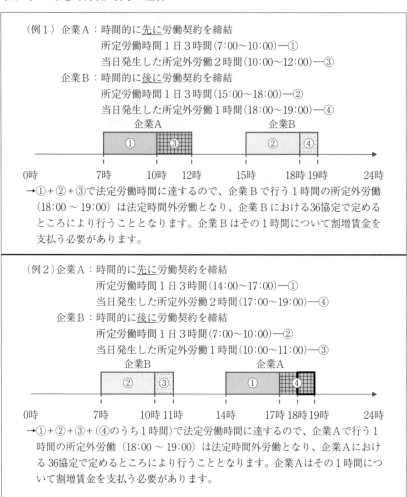

→①＋②＋③で法定労働時間に達するので、企業Bで行う1時間の所定外労働（18:00 ～ 19:00）は法定時間外労働となり、企業Bにおける36協定で定めるところにより行うこととなります。企業Bはその1時間について割増賃金を支払う必要があります。

2 時間外割増賃金の支払い

　各々の使用者は、自社における労働時間制度を基に、副業・兼業先における所定労働時間・所定外労働時間についての労働者からの申告等により、

・まず、労働契約の締結の先後の順に所定労働時間を通算し、

・次に、所定外労働の発生順に所定外労働時間を通算することによって、

各々の事業場での所定労働時間・所定外労働時間を通算した労働時間を把握し、その労働時間について、自社の労働時間制度における法定労働時間を超える部分のうち、自ら労働させた時間について、時間外労働の割増賃金（労基法37条1項）を支払う必要があります（兼業ガイドライン）。

3 複数事業労働者に該当する場合の労災保険給付

　令和2年9月1日の改正労働者災害補償保険法では、複数事業労働者についての労災保険給付に関する改正がなされました。すなわち、複数の使用者の下で働いていた労働者が脳・心臓疾患や精神障害を発症した場合において、それぞれの勤務先ごとに労働時間やストレス等の負荷を個別に評価して労災認定できない場合に、すべての勤務先の労働時間やストレス等の負荷を総合的に評価して労災認定できるかどうかを判断することとされ（複数業務要因災害）、副業・兼業先における労働時間についても、労災認定の有無に影響を与えることになりました。さらに、すべての勤務先の賃金額を合算した額を基礎に給付額等が決定されることになりました。

（根本義尚）

Q51　副業・兼業先の労働時間の管理

　正社員の副業・兼業を認めることにしたのですが、副業・兼業先の労働時間については、どのように管理したらよいでしょうか。

　労働者から副業・兼業先での労働時間の報告をさせることが原則となりますが、厚生労働省が推奨する「簡便な労働時間管理の方法」（管理モデル）を採用することもあり得ます。

1　副業・兼業先における労働時間の原則的な把握

　副業・兼業を認めた使用者（以下、「自社」といいます）は、副業・兼業先における実労働時間を労働者からの申告等により把握することになります。その実労働時間の把握の方法としては、必ずしも日々把握する必要はなく、労基法を遵守するために必要な頻度で把握すれば足りると解されています。兼業ガイドラインでは、以下の労働者からの申告方法を例示しており、参考になります。

---

① 　一定の日数分をまとめて申告等させる

　　（例：1週間分を週末に申告する等）

② 　所定労働時間どおり労働した場合には申告等は求めず、実労働時間が所定労働時間どおりではなかった場合のみ申告等させる

　　（例：所定外労働があった場合等）

③ 　時間外労働の上限規制の水準に近づいてきた場合に申告等させる

2　簡便な労働時間管理の方法〜管理モデルの導入〜

　副業・兼業の場合の労働時間管理のあり方については、上記1およびQ50で指摘したとおりですが、副業・兼業の日数が多い場合や、自社および副

業・兼業先の双方において所定労働時間がある場合等においては、労働時間
の申告や通算管理において、労使双方に手続上の負担が生じ、副業・兼業の
抑制につながることになりかねません。労使の負担を軽減しつつ、労基法を
遵守する形での簡便な労働時間管理の方法（以下、「管理モデル」といいます）
を厚生労働省が兼業ガイドラインにおいて提示しています。法理論的には、
疑義もあるところではありますが、副業・兼業を認めていくには、実務上、
採用するケースが多くなると思われますので、以下では、管理モデルの概要
について、兼業ガイドラインおよび同ガイドライン解説に則って説明します。

　なお、管理モデルを導入する際の労働者への通知については、後掲【書式
22】を参照してください。

●管理モデルの具体的方法

① 　副業・兼業の開始前に、

　(A)　当該副業・兼業を行う労働者と時間的に先に労働契約を締結して
　　　いた使用者（以下、「使用者A」といいます）の事業場における法定
　　　外労働時間

　(B)　時間的に後から労働契約を締結した使用者（以下、「使用者B」と
　　　いいます）の事業場における労働時間（所定労働時間および所定外労
　　　働時間）

を合計した時間数が時間外労働の上限規制である単月100時間未満、複
数月平均80時間以内となる範囲内において、各々の使用者の事業場にお
ける労働時間の上限をそれぞれ設定する。

　※　兼業ガイドラインには具体的な記載等がないものの、上記①の設定に際して
　　は、以下のようなプロセスを踏む必要があると思われます。
　　　まず、使用者Aと労働者との間で、１カ月の時間外・休日労働の上限が○○時
　　間であると設定すること、使用者Bにおける労働時間すべてが時間外割増賃金の
　　支払対象となることについて使用者Bと合意・確認する必要があることを合意・
　　確認する。
　　　次に、使用者Bと労働者との間で、使用者Bでの１カ月の労働時間の上限が○
　　○時間であるとの上限設定を行うとともに、使用者Bでの労働時間すべてが時間

外割増賃金の支払対象となることについて合意・確認する。

② 副業・兼業の開始後は、各々の使用者が①で設定した労働時間の上限の範囲内で労働させる。

③ 使用者Aは自らの事業場における法定外労働時間の労働について、使用者Bは自らの事業場における労働時間の労働について、それぞれ自らの事業場における36協定の延長時間の範囲内とし、割増賃金を支払う。

（※以外については、「ガイドライン解説」16頁）

●管理モデルのイメージ

○使用者Aに所定外労働がある場合（使用者A・使用者Bで所定外労働が発生しうる場合に、互いの影響を受けないようあらかじめ枠を設定）

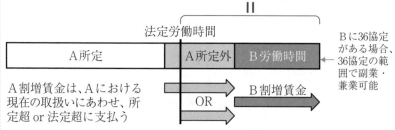

※上図で示している時間外労働の上限規制（月100時間未満、複数月平均80時間以内）は、あくまでも法律上の上限です。実際の副業・兼業によって、労働時間を通算して法定労働時間を超える場合には、長時間の時間外労働とならないようにすることが望ましいです。

（「ガイドライン解説」16頁の図を抜粋）

○ 使用者Aに所定外労働がない場合

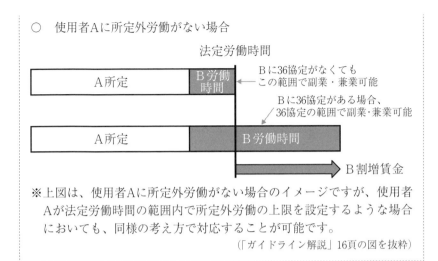

※上図は、使用者Aに所定外労働がない場合のイメージですが、使用者Aが法定労働時間の範囲内で所定外労働の上限を設定するような場合においても、同様の考え方で対応することが可能です。

（「ガイドライン解説」16頁の図を抜粋）

3　2種類の労働時間の通算の方法

　Q50および本設問で指摘したとおり、副業・兼業先との労働時間の通算については、2種類あり、簡単にまとめると以下のとおりです（「ガイドライン解説」33頁補足）。

〈通算の原則的な順序〉

① 使用者A所定労働時間

② 使用者B所定労働時間

③ 使用者A所定外労働時間または使用者B所定外労働時間（実際に行われた順）

〈管理モデルにおける通算の順序〉（例外）

① 使用者A所定労働時間＋使用者A所定外労働時間

（使用者A法定内所定外労働時間・法定外所定外労働時間）の上限

② 使用者B労働時間（使用者B所定労働時間＋使用者B所定外労働時間）の上限

199

【書式22】　厚生労働省　管理モデル導入（通知）様式例

```
                                                      ○年○月○日

　○○　○○（労働者氏名）殿


              副業・兼業に関する労働時間の取扱いについて（通知）


　貴殿から届出のあった副業・兼業について、以下の点を遵守して行われることを条件に認め
ますので、通知します。また、貴殿の副業・兼業先の事業所（以下「他社」という。）に対し、
この条件を十分伝達するようお願いします。

1　貴殿の当社における1か月間の時間外・休日労働（注1）の上限は○○時間（A）です。

2　当社では、労働基準法第38条第1項の規定（注2）に基づき、貴殿について、他社が①及
び②を遵守することを条件に、副業・兼業を認めます。
　①　当社における1か月間の時間外・休日労働の上限（A）に、他社における1か月間の労
　　働時間（所定労働時間及び所定外労働時間）の上限（B）を通算して、
　　時間外・休日労働の上限規制（注3）の範囲内とするとともに、
　　上限（B）の範囲内で労働させること
　②　①の上限（B）の範囲内の労働時間について、他社から割増賃金が支払われること（注
　　4）

3　当社では、当社における時間外・休日労働の実績に基づき貴殿に割増賃金を支払います。

4　当社における1か月間の時間外・休日労働の上限（A）に変更がある場合は、事前に貴殿
に通知しますので、その際は速やかに他社に伝達するようお願いします。

5　この通知に基づく取扱いについては、○年○月○日までとします。その期日を超えて他社
において副業・兼業を行う場合は、期日の○日前までに、改めて届け出てください。
注1）労働基準法第32条の労働時間（週40時間、1日8時間）を超える時間及び同法第35条
　　第1項の休日における労働時間の合計
注2）労働時間は、複数の会社に雇用されるなどの事業場を異にする場合においても、労働
　　時間に関する規定の適用については通算する旨の規定
注3）時間外労働と休日労働の合計で単月100時間未満、複数月平均80時間以内とすること
　　（労働基準法第36条第6項第2号及び第3号）。なお、月の労働時間の起算日が当社と他
　　社とで異なる場合には、各々の起算日から起算した1か月における上限（A）と上限
　　（B）をそれぞれ設定することとして差し支えない。
注4）2割5分以上の率で他社が定める率により割増賃金が支払われること。また、当社に
　　おける上限（A）の時間に、他社における上限（B）の範囲内の労働時間（休日労働は
　　除く。）を通算して、1か月について60時間を超えた場合、60時間を超える部分について
　　は、5割以上の率で他社が定める率により割増賃金が支払われること（労働基準法第37
　　条第1項）。

                  担　　当：○○○株式会社　人事課　○○　○○
                  住　　所：▼▼県▽▽市□□＊-＊-＊
```

「ガイドライン解説」19頁
（根本義尚）

Q52　週5日所定労働を拒否する労働者への対応

　週2日間の休業を続けている正社員が副業の賃金収入の継続を希望し、週5日勤務の本業のうち、週2日間については休業を継続するとして、自社での就労を拒否する労働者にはどのように対応したらよいでしょうか。

　まずは、週5日所定労働に従事するよう業務命令を発し、週2日について休むことは労働契約に反する対応となる旨の注意指導を行い、それでも休むようであれば懲戒処分の検討を行うことになります。

1　労働契約とは

　労契法6条は「労働契約は、労働者が使用者に使用されて労働し、使用者がこれに対して賃金を支払うことについて、労働者及び使用者が合意することによって成立する」と定めており、労働契約の最も基本的な内容としては、労働者による労働力の提供、それに対する使用者による賃金の支払いとなります。そして、労働者による労務の提供には、労働契約の合意内容の枠内で、労働の内容・遂行方法・場所等に関する使用者の指揮に従った労働を誠実に遂行する義務を包含していると解され（菅野和夫『労働法〔第12版〕』155頁）、そのような労働義務の履行を「債務の本旨に従った履行」（民法415条）、「債務の本旨に従った労務の提供」などと呼んでいます。

2　本業について「債務の本旨に従った労務の提供」をしない場合

⑴　注意指導を行う

　設問のケースでは、週5日の勤務が労働契約の内容となっている正社員が週2日についての休業および同日の副業・兼業を継続することを希望して、

週2日の労働を拒否するということですので、その2日については労働義務を履行しない、すなわち、労働契約違反を生じさせることになります。

まず、本業の使用者としては、副業・兼業の申請および許可内容を確認のうえ、正社員がその範囲内で副業・兼業先での労働を行っていたかを確認する必要があります。その際、申請および許可内容と異なる副業・兼業先での就労を行っていた場合には、その理由および副業・兼業先での就労実績について、あらためて報告を求める必要があります。

次に、本業の使用者としては、労働契約の内容に則り、週5日の労働義務を果たすよう指揮命令するとともに、本業の「労務提供上の支障がある場合」に該当することから、副業・兼業の許可を取り消すこと（申請および許可内容と異なる副業・兼業先での労働を行っていた場合には、その点も許可取消しの理由に加えます）、当該指揮命令に従わなかった場合には、業務命令違反となること、それによって、懲戒処分等の対象になり得ることを警告することになります。それと同時に、副業・兼業を継続的に希望する場合には、本業の労務の提供に支障を生じない範囲に改めた副業・兼業の許可申請を出すように説明する対応も望まれます（仮に、申請および許可内容と異なる副業・兼業先での労働の実態があった場合、その逸脱が著しい場合には、今後の許可はせず、書面による厳重注意や軽い懲戒処分等を行う必要があります。逸脱が軽度であった場合には、「使用者の責に帰すべき事由」による休業をさせていたような場合には、注意にとどめ、新たな申請について、ルールを遵守することを誓約させたうえで、副業・兼業を許可するという対応も検討に値するものと思われます）。

また、正社員が週5日労働のうち、3日間を本業で、2日間を副業・兼業先での労働を選択したいと申し出てきた場合には、本業の使用者としては、「債務の本旨に従った労務の提供」を行い得ないことは明白ですので、本業についても週3日間労働とする労働契約を新たに締結し直すということを検討してもよいかもしれません（コロナ禍でも、本業よりも副業・兼業先の労働および収入が多くなり、主従を逆転させる選択をした労働者がいたことも事実で

すし、筆者も同様の相談を受けたこともあります）。

⑵　懲戒処分の検討

　上記対応を行っても、正社員が週2日の本業について労務の提供をしなかった場合、休業ではなく、正当な理由のない欠勤として、本業の使用者は正社員に対する懲戒処分実施の検討をすることになります。欠勤当初については、けん責や減給等の軽度な懲戒処分を検討・実施することになりますが、本業での週5日労働を継続的に履行しない状況が続く場合には、軽度な懲戒処分実施後にも、「債務の本旨に従った労務の提供」を行うよう注意指導および警告を行ったうえで、それでも改まらない場合には、重たい懲戒処分、さらには、諭旨解雇や懲戒解雇と処することを検討する必要が生じます。

⑶　契約不履行解除＝普通解雇の検討

　また、一方で、正社員が労働契約の基本的義務である「債務の本旨に従った労務の提供」を行わない状況が継続することになりますので、労働者による労働契約の不履行ということになり、使用者としては、債務不履行解除の一形態である「普通解雇」とすることも検討することになります。

（根本義尚）

Q53　無断副業・兼業をしている正社員への懲戒処分

　会社に無断でYouTubeなどの動画配信で収益をあげている正社員に対し無断副業・兼業を理由に懲戒処分を行うことはできますか。

A　許可申請をしなかったという形式的な違反を理由とした懲戒処分は控え、労務提供上支障となる場合、企業秘密が漏えいする場合、企業の名誉・信用を損なう行為や信頼関係を破壊する行為がある場合、競業により企業の利益を害する場合、その他それらに準じる場合のいずれかに該当する場合に懲戒処分を実施すべきです。

1　副業・兼業の禁止または制限

　Q49の2で説明したとおり、労働者が労働時間以外の時間をどのように利用するかは、基本的には労働者の自由であり、各企業においてそれを制限することが許されるのは、①労務提供上支障となる場合、②企業秘密が漏えいする場合、③企業の名誉・信用を損なう行為や信頼関係を破壊する行為がある場合、④競業により企業の利益を害する場合、⑤その他それらに準じる場合（会社秩序を乱すような場合等）等に限られると解されてきています。また、厚生労働省は届出制を推奨するようになっていますが、裁判例では、許可制も法的に可能であるとの判断が示されており、実務上、許可制を採用している使用者の方が多いのではないかと思います。

　そのため、労働者が許可申請を提出せずに、使用者に無断で副業・兼業を行っていた場合、特に、収入を得ていた場合には、就業規則違反として、懲戒処分実施の検討をされる使用者が多いと思います。

2　無申請副業・兼業に対する使用者の対応

(1)　原則論

　もっとも、就業時間外における活動は、原則として労働者の自由ですので、使用者としては、申請をせずに副業・兼業を行っていた労働者に対し、申請しなかったという形式的な就業規則違反を理由として、懲戒処分を直ちに検討することは得策とはいえず、問題となった副業・兼業が上記①〜⑤の場合に該当するか否かを実質的に確認すべきです。ただ、使用者としては、就業規則に定めたルールに従わなかった労働者に何も対応しないという姿勢をとれないことも事実ですので、ルール違反についての指摘および事後改めるよう説諭や注意をすることは必要になってくるものと思います。

(2)　設問に関して

　設問のケースは、「YouTubeなどの動画配信で収益をあげている正社員」の許可を受けない副業・兼業が問題になっています。ただ、以下で指摘する②、③は副業・兼業の固有の問題ではないといい得るでしょう。

　①　就業時間中に、動画配信等を行っている事実が確認された場合には、その時間についての賃金カットをするとともに、職務専念義務違反として、懲戒処分の対象として検討することになります（ただし、短時間にすぎない場合には、注意指導にとどめるべきでしょう）。

　②　動画配信の中に、企業秘密に触れるような内容があった場合には、速やかに懲戒処分の検討を行うことになりますが、さらに、動画に会社の所有物、取引先の名称や商品等が映り込んでいた場合、動画の内容によって会社の機密情報等が容易に推測されるような内容が含まれていた場合にも、同様に懲戒処分の検討を行うことになるでしょう。

　③　②に類似する部分がありますが、動画配信の中に、企業機密とまではいえないものの、当該正社員が会社に在籍中であることが容易にわかり、その動画配信の内容が会社の名誉や信用を損なうものであった場合には、

　　懲戒処分の検討を行う必要があります。

④　動画配信にかかわる会社でない限り、原則として「競業により、企業の利益を害する場合」に該当することはないと思われますが、動画配信の中で、会社と利益が相反するような内容が含まれていたり、競合他社の紹介動画を流していたような場合には、懲戒処分の検討を行うことになるでしょう。この点については、③の点とも関係してくるものと思われます。

⑤　その他動画配信の内容を確認のうえ、その内容が会社秩序を乱すような内容が含まれていれば、懲戒処分の対応として検討することもあり得ます。

3　現実的な対応として

　上記のとおり、設問のケースにおいて、その動画配信の内容に問題があった場合には、懲戒処分の対象として検討することは構いませんが、そうでない場合には、許可申請を使用者に提出しなかったことに対する注意指導を行うとともに、上記 2(2)の①〜⑤記載の内容に留意することを理解させたうえで、動画配信を継続する意思がある場合には、副業・兼業の許可申請・誓約書を提出させ、会社として、副業・兼業を一定程度管理および把握できるようにしておくべきでしょう。そして、上記 2(2)のいずれかに反する事実が確認されたような場合には、許可の取消しとともに、懲戒処分の検討を行うことにすべきでしょう。

（根本義尚）

5 限定正社員

Q54 限定正社員の内容、制度化することの意義

限定正社員とはどのようなものですか。

また、限定正社員を制度化するとどのような利点がありますか。

 一般に正社員とは、職務、勤務地、労働時間等が限定的でない者をいい、そのいずれかが限定的な正社員を「多様な正社員」（限定正社員）といいます。その典型的な種類としては、勤務地限定正社員、職務限定正社員、勤務時間限定正社員です。各限定正社員を活用し制度化することには後述するようなその特性に応じた、さまざまなメリットが考えられます。

1 限定正社員の内容

一般に、①労働契約の期間の定めがない、②所定労働時間がフルタイムである、③直接雇用である者を正規雇用とし、そのうち職務、勤務地、労働時間等が限定的でない者を正社員とし、いずれかが限定的な正社員を「多様な正社員」（限定正社員）といいます。その典型的な種類としては、勤務地限定正社員、職務限定正社員、勤務時間限定正社員があります。

勤務地限定正社員とは、転勤するエリアが限定されていたり、転居を伴う転勤がなかったり、あるいは転勤が一切ない正社員をいいます。

職務限定正社員とは、担当する職務内容や仕事の範囲が他の業務と明確に区別され、限定されている正社員をいいます。

勤務時間限定正社員とは、所定労働時間がフルタイムではない、あるいは残業が免除されている正社員をいいます。

2　限定正社員を制度化する利点

　限定正社員を制度化することでどのような利点があるのか、については、限定正社員の活用によりどのようなことが期待できるか、という問題と解されます。そして、平成26年7月30日に公表された厚生労働省「『多様な正社員』の普及・拡大のための有識者懇談会報告書」（以下、「有識者懇談会報告書」といいます）において限定正社員の活用について指摘がなされており、参考になります。

(1)　勤務地限定正社員

　勤務地限定正社員は、育児、介護等の事情により転勤が困難な者や地元に定着した就業を希望する者についてその就業機会の付与、継続を可能とする働き方として、有能な人材の採用や定着の促進に資するものと考えられます。

　また、平成24年改正後の労契法19条によるいわゆる無期転換後の受け皿としての活用も考えられ、特に小売業、サービス業等、非正規社員の労働者が多く従事していると同時に労働力の安定的な確保が課題となっている分野の企業の人材確保に資すると考えられています。

　具体的に期待できる活用方法としては、例えば、コース別雇用管理において定型的な事務等を行い、勤務地も限定されている「一般職」が多く従事する分野（例えば金融業等）で、職務の範囲が狭い一般職に、より幅広い職務や高度な職務を担わせ、意欲や能力の発揮につなげることが考えられます。また、競争力の維持のために安定した雇用の下での技能の蓄積、継承が必要な生産現場において、非正規社員の労働者の転換の受け皿として活用することも考えられます。

(2)　職務限定正社員

　例えば金融業の投資部門において資金調達業務やM＆Aアドバイザリー業務などに従事する専門職や証券アナリスト、情報サービス業でビックデータの分析活用に関する技術開発を行うデータサイエンティストなど、特に高度

な専門性を必要とする分野が考えられます。これらの分野では、新規学卒者
を採用して企業で育成するのではなく、外部市場からその能力を期待して採
用することが多く、しかも職務の内容がジョブ・ディスクリプション（職
務記述書）等で明確化され、必ずしも長期雇用を前提とせず、企業横断的に
キャリア・アップを行うなど、わが国の典型的な正社員とは異なるプロ
フェッショナルな人材が求められており、この活用方法が近時の産業構造の
行動が進む中でより一層重要性を増していくものと考えられます。

　また、医療福祉業、運輸業などで資格が必要な職務、同一企業内で他の職
務と明確に区分することができる職務などでも活用されており、高齢化や
サービス経済化の進展に伴ってより一層重要性を増していくと考えられます。

　さらに、一般に職務が限定されている非正規雇用の労働者が、継続的な
キャリア形成によって特定の専門的な職業能力を習得し、それを活用して自
らの雇用の安定化を実現することを可能とする働き方としても考えられます。

　なお、有識者懇談会報告書では、職務限定については、当面の職務を限定
する場合と、将来にわたって職務を限定する場合がある、高度な専門性を伴
わない職務に限定する場合には、職務の範囲に一定の幅をもたせたほうが円
滑な事業運営やキャリア形成への影響が少ない点に留意が必要と考えられる、
との指摘もなされています。

⑶　勤務時間限定正社員

　育児、介護等の事情により長時間労働が困難な者に就職、就業の継続、能
力の発揮を可能とする働き方として、有能な人材の採用や定着の促進に資す
るものと考えられます。また、キャリア・アップに必要な能力を習得するた
めに勤務時間を短縮することが必要な者が活用することも考えられます。

　なお、有識者懇談会報告書では、現状において勤務時間限定正社員の活用
性は比較的少ないが、勤務時間限定正社員となる労働者に対するキャリア形
成の支援、職場内の適切な業務配分、職場の人員体制の整備、長時間労働を
前提としない職場づくり等の取組みが行われることが必要である、との指摘
もなされています。

（三上安雄）

Q55 限定正社員の導入方法、処遇

限定正社員制度はどのようにしたら導入できますか。

また、限定のない正社員との間で処遇の差異を設ける場合の留意点について教えてください。

　その制度内容を明らかにするためにも、また、社員全員に対する公正な取扱いを担保するためにも、その内容を制度として規定することが肝要です。限定正社員となる場合に基本給等賃金の減額が伴う場合、就業規則の不利益変更にあたり変更の合理性が認められない場合に当該変更が無効となるおそれがあることや労契法3条2項からも、正社員との間の待遇の相違が均衡のとれたものとなるよう配慮が必要です。また、制度導入には労働者に対する十分な情報提供と、労働者との十分な協議が必要です。

1　限定正社員の制度化

限定正社員制度を導入するにあたり、その制度内容を明らかにするためにも、また、社員全員に対する公正な取扱いを担保するためにも、その内容を制度として規定する、具体的には、①どのような限定正社員を設けるのか（勤務地、職務、勤務時間の限定ないしその範囲）、②異動の有無・範囲、③正社員との転換ルール（正社員から限定正社員、あるいは限定正社員から正社員）、④解雇規定（勤務地限定正社員、あるいは職務限定正社員の場合、勤務可能な場所での事業場がなくなる、あるいは担う職務がなくなる場合における解雇に関する規定）等を明らかにするため、そのような規定を設けることが有用です。また、労働条件の明示という点からも制度の規定化は必要と解されます。すなわち、労基法15条1項で「使用者は、労働契約の締結に際し、労働者に対して賃金、労働時間その他の労働条件を明示しなければならない」とされ、

同法施行規則5条1項において、「労働時間」や「就業場所や従事すべき業務に関する事項」が明示義務の対象となっています。したがって、勤務地限定正社員、職務限定正社員、勤務時間限定正社員いずれの場合もその勤務地、職務、勤務時間について明示することが必要です。また、労契法4条2項において、「労働者及び使用者は、労働契約の内容（期間の定めのある労働契約に関する事項を含む。）について、できる限り書面により確認するものとする」とされ、この「労働契約の内容」は有効に締結された労働契約の内容とされていることから、勤務地、職務または労働時間に限定がある場合に当該限定があることについても同条の「できる限り書面により確認する」対象となる、また、この書面により確認すべき場面についても、労働契約の締結または変更されて継続している間の各場面が広く含まれ、労働契約締結段階はもとより正社員と限定正社員との転換が行われる場合も含まれる（「労働契約法の施行について」（平成24年8月10日付基発0810号第2号））、と解されています。

2　就業規則の不利益変更

　限定正社員制度を設ける場合、例えば限定のない正社員（以下、「正社員」といいます）から勤務地限定正社員に移行した場合、基本給等の賃金において減額される制度を設けることは就業規則の不利益変更にあたるでしょうか。この点については、従来の就業規則にない勤務地限定制度を導入し、その制度を選択した従業員について、賃金という基本的な労働条件が切り下げられたことから、同制度の導入は就業規則の不利益変更にあたり、その変更の有効性が問題になると解されています（東京地判平成25年3月26日判例集未登載）。この裁判例では、「地域ブロック外への配転命令を受けることがないというRコースの利益と基本給5％の減給それに伴う退職金や年金の減額（以下、「減給等」）という不利益が、Hコースについて、通勤可能圏外への配置転換を受けることがないという利益と15％の基本給の減給等という不利益が均衡

しているかについて検討する」、「一定区域外への配転命令を受けることがないという利益は、これを金銭に換算する基準はないし、各人の価値観やそのとき置かれた状況によって受け止め方は様々であり、共働きや子育て中、介護中の従業員の中には上記の利益を大きなものと受け止める者もいるはずであって、5 ％又は15％の減給幅を直ちに不当ということはできないこと、本件制度導入時に減給幅に対して異論が唱えられたというような事情も見当たらないことに照らすと、上記利益と不利益は均衡を逸していないというべきである」、「本件制度の内容が勤務地域限定制度を導入した他社の制度に比較して労働者に不利益なものとなっているという事情は見当たらないこと」、「就業規則変更の手続に瑕疵はないこと」等から、本件制度に伴う就業規則変更の合理性が認められるとして就業規則変更の効力が認められています。

　以上のように、正社員から勤務地限定正社員に移行した場合、基本給等の賃金が減額される制度を設ける等の差異を設ける場合において、その就業規則の不利益変更が有効となるよう、正社員との間の待遇面の差異が、その限定された就業の実態に応じて均衡のとれたものとなるように配慮する必要があると解されます。

3　限定正社員と正社員との待遇の均衡

　限定正社員制度を設ける場合の正社員との待遇の均衡について説明します。限定正社員と正社員の間の待遇の相違については、パート・有期法は適用されません。では、限定正社員と正社員の間の待遇について全く考慮しなくてもよいのかというとそうではありません。

　平成26年年 7 月30日に公表された有識者懇談会報告書において、「多様な正社員といわゆる正社員の双方に不公平感を与えず、またモチベーションを維持するため、多様な正社員といわゆる正社員の間の処遇の均衡を図ることが望ましい」との見解とともに、「多様な正社員の処遇、限定の仕方は多様であり、また、多様な正社員に対する賃金、昇進の上限やスピードの差異は、

企業の人事政策に当たる。定型的な人事労務管理の運用が定着していない中で、何をもって不合理とするのか判断が難しい」、「いずれにしても、企業ごとに労使で十分に話し合って納得性のある水準とすることが望ましい」との見解が示され、いわゆる正社員と多様な正社員との間の均衡処遇を促進するため、「労働契約法第3条第2項では、労働契約は就業の実態に応じて、均衡を考慮しつつ締結し、又は変更すべきものとしている。これには、いわゆる正社員と多様な正社員との間の均衡を考慮することも含まれる。このことについて、労働契約法の解釈を含め雇用管理上の留意事項等に定め通知するなど様々な機会や方法を捉えて周知を行うことが考えられる」との見解も示され、このような見解を受け、「多様な正社員に係る『雇用管理上の留意事項』等について」（平成26年7月30日付基発0730第1号）では、「労働契約の基本的な理念及び労働契約に共通する原則を規定する労働契約法第3条のうち、第2項は様々な雇用形態や就業実態を広く対象とする『均衡考慮の原則』を規定していることから、多様な正社員といわゆる正社員の間の処遇の均衡にも、かかる原則は及ぶものであることに留意が必要であること」との見解が示されています。

　したがって、限定正社員と正社員との間においても、その就業の実態に応じてその処遇の均衡を図る必要があることに留意する必要があります。

　なお、この処遇の均衡に関し、有識者懇談会報告書において、次のような視点が示されており、参考になります。

(1) 勤務地限定正社員

　正社員と職務内容が変わらない場合で、正社員の中に転勤しない人がいるときには、賃金水準の差は大きくしないほうが多用な正社員の納得が得られやすい、他方、正社員について海外勤務があるなど負担が大きい場合には、賃金水準の差を一定程度広げたほうが正社員の納得が得られやすいと考えられます。このため、正社員と多様な正社員との間で賃金の差を合理的なものとして賃金水準の差への納得性を高めるため、例えば、同一の賃金テーブル

を適用しつつ、転勤の有無等による係数を乗じたり、転勤手当等の転勤の負担の可能性に対する支給をすることが考えられます。

⑵　職務限定正社員

職務の範囲を狭く限定されれば、賃金は職務給または職務給の要素が強い賃金体系とすることができ、これは、特定の専門性を活かした働き方や企業横断的な働き方、あるいは非正規社員の労働者の転換に資することになります。賃金水準は、職務の難易度に応じた水準とすることが望ましいと考えられます。また、昇進・昇格については、勤務地が限定されても経験することができる職務の範囲や経験により習得する能力に影響が少ない場合には、昇進のスピードや上限は正社員との差異をできるだけ小さく設定することが望ましいと考えられます。

⑶　勤務時間限定正社員

正社員よりも所定労働時間が短い場合、賃金は少なくとも同種の職務を行う比較可能なフルタイムの正社員と所定労働時間に比例した額とすることが考えられます。また、勤務時間限定正社員のうち、所定外労働時間が免除される場合には、正社員と同一の賃金テーブルを適用することが考えられ、この場合、所定労働の負担の可能性がある正社員には、別途所定外労働時間の負担の可能性に対する手当を支給することも考えられます。また、昇進・昇格についても、企業の人材育成投資への影響も考慮しつつ、労働者のモチベーションを維持・向上する観点から、勤務時間限定正社員について、勤務時間が限定されていても経験することができる職務の範囲や経験により習得する能力に影響が少ない場合には、昇進のスピードや上限は正社員との差をできるだけ小さく設定することが望ましいと考えられます。

（三上安雄）

Q56　限定正社員の限定の解除、転換制度

　昨今の厳しい経営環境により、限定正社員の限定（勤務地、職務、あるいは労働時間）を解除したいのですが、できますか。

　また、正社員から限定正社員へ、あるいは限定正社員から正社員への転換制度を設けたいのですが、その場合に留意すべき点について教えてください。

A　会社の事情により、限定正社員の、勤務地や職務、労働時間等の限定を一方的に解除することはできません。しかし、対象労働者の同意を得たうえで限定を解除することは可能です。また、本人の事情により、より働きやすい就労形態として、正社員から限定正社員に転換したい、あるいは限定正社員から正社員に転換したいという事態が想定され、会社として統一的で公正な転換の基準を設ける必要から、また、紛争の未然防止や労働者による活用促進の点から、就業規則等で明確に転換制度を規定しておくことが肝要です。

1　限定の解除に関する法規制

　会社の事情により会社が限定正社員に対して一方的にその限定を解除することはできるか、という問題ですが、結論から申し上げるとできません。限定正社員として、勤務地や職務、労働時間等の限定は、労働契約の内容となっていることから、その変更については、労働者の同意が必要と解されるからです。この点につき、有識者懇談会報告書でも「企業側の事情により転換させる場合には、……多様な正社員からいわゆる正社員への転換の際には、勤務の変更など労働者の負担を伴う場合も多い、また、いわゆる正社員から勤務地限定等の多様な正社員への転換の際には賃金の低下を伴う場合も多い。

215

このように、転換は重要な労働条件の変更となることから、本人の同意が必要であることに十分留意すべきと考えられる」とされています。

　以上から、会社の事情から、限定正社員に対し、勤務地や職務の限定、あるいは勤務時間の限定を一時的であれ解除しようとする場合、そのような解除をお願いする理由、経緯や、限定の解除後の勤務地、職務内容、勤務時間等の内容等について十分な情報を提供し、同意を得る必要があります。

　この点、就業規則による労働条件の不利益変更に関する同意の効力に関し、労働者の立場や情報取集能力に限界があることに鑑みて「当該変更により労働者にもたらされる不利益の内容及び程度、労働者により当該行為（筆者注：同意のこと）に至った経緯及びその態様、当該行為に先立つ労働者への情報提供又は説明の内容等に照らして、当該行為が労働者の自由な意思に基づいてなされたものと認めるに足りる合理的な理由が客観的に存在するか否かという観点からも、判断されるべき」と判断された山梨県民信用組合事件（最判平成28年2月19日労判1136号6頁）の最高裁判所の考え方からも上記のような十分な情報提供が必要と解されます。

2　転換制度

⑴　転換制度の意義

　本人の事情により、より働きやすい就労形態として、正社員から限定正社員に転換したい、あるいは限定正社員から正社員に転換したいという事態が想定されます。そこで、正社員と限定正社員間の転換制度を設けることは有益です。すなわち、「ワーク・ライフ・バランスの実現、企業による優秀な人材の確保・定着のため、いわゆる正社員から多様な正社員へ転換できることが望ましい」、また、「キャリア形成への影響やモチベーションの低下を軽減するため、多様な正社員からいわゆる正社員に再転換できることが望ましい」（有識者懇談会報告書）と考えられています。

⑵　転換制度を設ける場合の留意点

　転換制度の内容・しくみについては、その統一的公正な取扱いの必要から、また、紛争の未然防止や労働者による活用促進の点からも、就業規則等で明確にしておくことが肝要です（有識者懇談会報告書参照）。

　転換制度をどのように就業規則等で設定するかについては、企業ごとにその限定の種類、範囲、期間、時期等も異なることから、企業ごとの事情に基づいてその転換制度の内容を決めていく必要があるかと思います。参考までに、制度設計において検討すべき事項をいくつかあげてみます。

---

①　労働者からの転換の応募資格として、一定の年齢・役職に達していることを必要とするか否か。

②　転換についてその時期や回数に制限を設けるか否か。

③　本人の申出に加え所属長の推薦、あるいは面接、試験による一定レベルへの到達を要件とするか否か。

　具体的な規定の仕方については、有識者懇談会報告書「別紙2　就業規則、労働契約書の規定例」が参考になります（【書式23】）。

　なお、有識者懇談会報告書では、育児介護休業法に基づく所定外労働時間の制限の請求や勤務時間短縮措置の申出に応じる場合は、これらの措置は一時的なものであり、育児介護の事情が変わったときは元のフルタイムに戻ることが前提とされていることから、あえて「転換」として扱う必要もないとの指摘もされています。

【書式23】　転換制度の規定例

就業規則、労働契約書の規定例

Ⅰ　就業規則の規定例

＊　「多様な正社員」の普及・拡大のための有識者懇談会における企業ヒアリング等
における事例を基に作成したものであり、時間、賃金水準等については、あくまで
例示であり、この水準にすべきというものではない。また、雇用区分や手当等の名
称等についても同じく例示である。

◎　労働条件の明示（雇用区分の明確化）

＊　勤務地、職務、勤務時間の限定に特化した規定例を示すが、それぞれの限定の区
分を組み合わせて規定する例もあった。また、勤務地等の具体的な限定の内容は、
労働契約書等で通知している例もあった。

【１　勤務地の限定】

① 勤務地限定のない雇用区分の例

規定例）

「総合職の勤務地は限定せず、会社の定める国内・海外の事業所とする。」

「総合職は、勤務地の制限なく転居を伴う全国異動を前提として勤務するものと
する。」

② 勤務地を一定地域内に限定する雇用区分（ブロック、エリア内異動）の例

規定例）

「地域限定正社員の勤務地は、会社の定める地域内の事業所とする。」

「地域限定正社員の勤務地は、原則として、採用時に決定した限定された地区と
する。」

「地域限定正社員は、勤務する地域を限定し、都道府県を異にし、かつ転居を伴
う異動をしないものとする。」

「地域限定正社員は、原則として、本人の同意なく各地域ブロックを越えて転居
を伴う異動を行わない。

ブロック区分	都道府県
北海道・東北ブロック	北海道、青森、岩手、秋田、宮城、山形、福島
関東ブロック	東京、神奈川、埼玉、千葉、茨城、栃木、群馬
東海ブロック	愛知、岐阜、静岡、三重
近畿ブロック	大阪、兵庫、京都、滋賀、奈良、和歌山

③ 勤務地を通勤圏内に限定する雇用区分の例

規定例）

「地域限定正社員の勤務地は、採用時の居住地から通勤可能な事業所とする。」

「地域限定正社員は、本人の同意なく転居を伴う異動を行わないものとする。」

「地域限定正社員は、自宅から通勤可能なエリア内で勤務するものとする。」

　＊　企業ヒアリングにおいて、通勤圏内を概ね通勤時間1時間30分以内とする例

　があった。

④　勤務地を特定の事業所に固定する雇用区分の例

規定例）

「地域限定正社員の勤務場所は、1事業所のみとし、事業場の変更を伴う異動は行わないものとする。」

「地域限定正社員の勤務場所は、労働契約書に定める事業所とする。」

【2　職務の限定】

①　職務限定のない雇用区分の例

規定例）

「総合職は、職務区分に限定がなく、経営組織上の基幹的業務に従事する。」

「総合職は、企画立案、折衝調整、営業、管理業務にわたる総合的な業務を行う。」

②　職務の範囲を①より限定する雇用区分の例

規定例）

「職務限定正社員は、限定分野の定常的な基幹業務を行う。」

「職務限定正社員は、限定分野の定常業務を行う。」

③　特定された職務に限定する雇用区分の例

規定例）

「職務限定正社員は、一定の職務区分において、その職務区分ごとに必要とされる業務に従事する。」

「職務限定正社員は、法人顧客を対象とした営業業務に従事する。」

「職務限定正社員は、販売職として、商品の販売業務に従事する。」

【3　勤務時間の限定】

①　所定労働時間を限定する雇用区分の例

規定例）

「短時間正社員は、1年間の所定労働日数を150日以上250日以内、所定労働時間数を1,000時間以上1,700時間以内の範囲で雇用契約により定めるものとする。」

「短時間正社員の労働時間は、1日6時間とする。各勤務日の始業・終業時刻は前月20日までにシフト表により定めるものとする。

始業時刻	終業時刻	休憩時間
午前 9 時00分	午後16時00分	12時00分から13時00分まで
午前11時00分	午後18時00分	14時00分から15時00分まで

　＊　企業ヒアリング等において、1 日の所定労働時間を労働契約書で定め、変形労働時間制を採用している事例があった。

② 時間外労働を行わない雇用区分の例
　規定例）
　　「勤務時間限定正社員は、1 日の労働時間を 8 時間とし、所定労働時間を超える勤務を行わないものとする。」
　　「会社は、勤務時間限定正社員の所定労働時間を延長して勤務することを命じないものとする。」

◎処遇（賃金水準の設定）
① 賃金係数を設定する例
　地域別の規定例）
　　「1．全国を Ⅰ 〜 Ⅲ 地域に区分し、各地域に次の賃金係数を設定する。
　　　　Ⅰ 地域100、Ⅱ 地域95、Ⅲ 地域90
　　　2．勤務地限定のない総合職は、賃金係数100を適用する。
　　　　勤務地が限定された地域限定正社員の基本給、職務手当は、前項の地域区分及び賃金係数を適用する。」

　コース別の規定例）
　　「異動手当は、基本給、職務手当等の合計額に、異動コース別の賃金係数を乗じた額を支給する。
　　　全国異動コース100、エリア異動コース95、転居転勤なしコース85」
　＊　企業ヒアリングにおいて、いわゆる正社員と職務の範囲に差がない多様な正社員について、概ね上記の水準としていた事例があった。
　＊　39頁にもあるとおり、上記はあくまで例示であり、個々の区分の賃金係数等は雇用管理の実態等に応じて労使の話合いの下、決定されるものである。

② 全国異動者に転勤プレミアムを支給する例
　規定例）
　　「勤務地限定のない総合職には、基本給等月例給の 5 ％〜 10％の範囲で転勤手当を支給する。」
　＊　企業ヒアリングにおいて、多様な正社員と同じ賃金テーブルを適用し、別途手当を支給する事例があった。

◎雇用区分の転換

【1　非正規雇用の労働者→多様な正社員への転換】

規定例）

「1．契約社員（有期契約）から地域限定正社員への転換を希望する者は、12月31日までに所定の申請書を会社に提出しなければならない。

2．前項の契約社員は、勤続3年以上であること。

3．会社は、地域限定正社員への転換を希望する契約社員の中から、選考試験に合格した者を4月1日付けで地域限定正社員に登用する。」

【2　多様な正社員→いわゆる正社員への転換】

① 転換の回数、役職・年齢等を制限する例

規定例）

「1．地域限定正社員から総合職への転換を希望する者は、12月31日までに所定の申請書を会社に提出しなければならない。

2．前項の地域限定正社員は、係長級以上であって資格等級2級に2年以上在任したものであること。

3．会社は、登用試験、人事面接等の結果転換を認める場合、合格した者を4月1日付けで総合職に認定し、人事通知書により通知するものとする。

4．前項の総合職から地域限定正社員への転換については、転換後3年以内は行わない。また、相互転換の回数は2回までとする。」

＊ 企業ヒアリングにおいて、年齢や上司の推薦等を要件とする事例もあった。

② 転換の回数、役職・年齢等を制限しない例

規定例）

「1．地域限定正社員から総合職への転換を希望する者は、12月31日までに所定の申請書を会社に提出しなければならない。

2．会社は、登用試験、人事面接等の結果転換を認める場合、合格した者を4月1日付けで総合職に認定し、人事通知書により通知するものとする。」

③ 会社都合により転換する例

規定例）

「1．会社は、やむを得ない業務上の都合により、地域限定正社員に対し本人の同意を得て、期間を定め総合職として勤務を命ずることがある。

2．前項の場合、総合職として勤務する期間は、総合職としての処遇を受けるものとする。」

【3　いわゆる正社員→多様な正社員への転換】

① 転換の随時申請を認める例

転換の理由を問わない場合の規定例）

　　「1．総合職から職務限定正社員への転換を希望する者は、3か月前までに所定の
　　　　申請書を会社に提出しなければならない。
　　　2．会社は、人事面接等を行った結果転換を認める場合、職務限定正社員に認
　　　　定し、人事通知書により通知するものとする。」

介護等特別の事由による場合の規定例）
　　「1．次のいずれかに該当する場合に、総合職から地域限定正社員への転換を希
　　　　望する者は、原則としてその事由が発生する3か月以内に、所定の申請書
　　　　を会社に提出しなければならない。
　　　　ア　扶養する2親等内の親族の介護等が必要なとき
　　　　イ　本人の傷病等により、転居を伴う異動が困難となったとき
　　　　ウ　その他転居を伴う異動を行うことが困難な特別の事情があるとき
　　　2．会社は、人事面接等を行った結果転換を認める場合、地域限定正社員に認
　　　　定し、人事通知書により通知するものとする。
　　　3．会社は、1項の事由がなくなったときは、本人の申出により総合職への転換
　　　　を行うものとする。」

②　転換の回数、役職・年齢等を制限する例
　規定例）
　　「1．総合職から地域限定正社員への転換を希望する者は、12月31日までに所定の
　　　　申請書を会社に提出しなければならない。
　　　2．前項の総合職は、係長級以上であって資格等級3級に2年以上在任したも
　　　　のであること。
　　　3．会社は、人事面接等の結果転換を認める場合、4月1日付けで地域限定正社
　　　　員に認定し、人事通知書により通知するものとする。
　　　4．前項の地域限定正社員から総合職への転換については、転換後3年以内は
　　　　行わない。また、相互転換の回数は2回までとする。」
　　　＊　企業ヒアリングにおいて、年齢等を要件とする事例もあった。

③　転換の回数、役職・年齢等を制限しない例
　人事面接等により判断する場合の規定例）
　　「1．総合職から地域限定正社員への転換を希望する者は、12月31日までに所定の
　　　　申請書を会社に提出しなければならない。
　　　2．会社は、人事面接等の結果転換を認める場合、4月1日付けで地域限定正社
　　　　員に認定し、人事通知書により通知するものとする。」

本人の希望のみにより転換する場合の規定例）
　　「1．総合職から地域限定正社員への転換を希望する者は、12月31日までに所定の
　　　　申請書を会社に提出しなければならない。

２．会社は、特別の事情がない限り、４月１日付けで地域限定正社員に認定し、人事通知書により通知するものとする。」

◎　経営上の理由等により事業所閉鎖等を行う場合の人事上の取扱（解雇事由）
規定例）
「労働者が次のいずれかに該当するときは、解雇することがある。
・事業の運営上又は天災事変その他これに準ずるやむを得ない事由により、事業の縮小又は部門の閉鎖等を行う必要が生じ、かつ他の職務への転換が困難なとき」
「労働者が次のいずれかに該当するときは、解雇することがある。
・事業の縮小、事業の閉鎖等を行う必要が生じたときであって、通勤可能な範囲に他の事業所がなく、かつ本人の事情により異動ができない場合で、継続雇用が困難なとき」

Ⅱ　労働契約書の規定例
＊　「多様な正社員」の普及・拡大のための有識者懇談会における企業ヒアリング等における事例を基に作成したものであり、時間等については、あくまで例示であり、この水準にすべきというものではない。また、雇用区分社員区分の名称等についても同じく例示である。

①　労働契約書（労働条件通知書）で勤務地を限定する例
規定例）
「勤務地：首都圏の各営業所に限る
従事する業務内容：住宅事業の販売・広告戦略に関する企画・立案」

②　就業規則に社員区分を定義し、労働契約書で勤務地や職務を限定する例
規定例）
「社員区分：地域限定正社員
就業の場所：横浜事業所
従事すべき業務の内容：研究会の準備・運営、データ分析・処置等」
＊　就業規則の規定例
「地域限定正社員とは、特定の事業所で、労働契約書に明示された業務に従事する事業所間異動のない社員をいう。」

③　就業規則に社員区分を定義し、労働契約書で勤務時間を限定する例
規定例）
「社員区分：短時間正社員
所定労働日数：１か月20日
所定労働時間：１日７時間（年間1680時間）

　　　　　　　　　　ただし、各勤務日及び始業・終業時刻は前月20日までにシフト
　　　　　　　　　　表により定める。」
　　　＊　就業規則の規定例
　　　　「短時間正社員とは、期間の定めのない雇用契約であって、1年間の所定労働時
　　　　間数を1000時間以上1700時間以内の範囲で労働契約書により定めたものとす
　　　　る。」
　　　＊　企業ヒアリング等において、1日の所定労働時間を労働契約書で定め、変形
　　　　労働時間制を採用している事例があった。

(参考)
○毎年定期に交付する職務等級の通知書で社員区分や勤務地限定を明示する例
　記載例)
　　　下表の「勤務地コース」において、社員区分が総合職Bコースであって、勤務地
　　が関東ブロック内で、転居を伴う異動があることを示すもの

○○年度　等級・号俸が以下の通り決定いたしましたので通知いたします。	
等級・号俸	
職能等級	3
職能号俸	3
職務等級	3
職務号俸	2
勤務地コース	関東ブロックB

　　＊　採用時又は転換時に、社員区分を記載した労働契約書を作成
　　＊　社員区分は就業規則に定義
　　　「総合職Nコース：勤務地の限定がないもの
　　　　総合職Bコース：一定のエリア内で転居を伴う異動があるもの
　　　　総合職Aコース：転居を伴う異動がないもの」
　　＊　このほか、採用時や転換時に辞令で通知するほか、労働者本人から同意書の提
　　　出を求める事例があった。

　　　　　　　　　　　　　　　　　　　　　　　　　(「有識者懇談会報告書」別紙2)

　　　　　　　　　　　　　　　　　　　　　　　　　　　　　　　(三上安雄)

Q57　勤務地限定ないし職務限定正社員の解雇

　勤務地限定正社員についてその勤務地の事業場を閉鎖することを理由に解雇できますか。

　また、職務限定正社員についてその職務がなくなる場合、あるいはその職務について適性、能力を欠いている場合に解雇できますか。

　勤務地限定正社員であっても、勤務地の事業場を閉鎖することを理由として整理解雇をする場合、配置転換が可能な場合であれば本人にその打診をし、解雇回避に努めるべきです。また、解雇回避の努力として、希望退職者募集による合意解約などの方法も検討する必要があると考えられます。次に、職務限定正社員に対し、その職務がなくなることを理由に整理解雇をする場合、当人の同意なくして他の職務に配置転換することはできないものの、配置転換が合理的で可能な場合においては本人にその打診をすべきと考えられます。

1　整理解雇の有効性

　整理解雇の有効性は、①人員削減の必要性、②解雇回避努力、③人選の合理性、④手続の相当性という4つの事項を総合考慮して判断されます（上記4つの事項は、解雇権濫用にあたるかどうかを判断する際の考慮要素を類型化したものであり、各々の要件が存在しなければ法律効果が発生しないという意味での法律要件ではないとの見解を示した裁判例として、ナショナル・ウェストミンスター銀行（第3次仮処分）事件（東京地決平成12年1月21日労判782号23頁等）があります）。

2　勤務地限定正社員と整理解雇

　前記1の整理解雇の有効性判断は、基本的に企業が配置転換権を有する正
社員を前提とするものであり、人員削減の必要性がある場合であっても一般
に配転などの措置により解雇を回避する努力が求められます。では、勤務地
限定正社員の場合、解雇回避措置として配転を試みる義務が生じるのか否か
が問題となります。

　この点につき、職種・勤務地を限定された従業員の場合であっても、解雇
回避のための努力を求めるべきであるとの考え方も有力です（菅野和夫『労
働法〔第12版〕』796頁）。裁判例において、例えば、学校法人専修大学（専大北
海道短大）事件（札幌地判平成25年12月2日労判1100号70頁）で、「原告らの就
業場所が北海道短大に限定されていたという事実は、原告らがその同意なく
して北海道短大以外の場所で就業させられないことを意味するにとどまり、
……使用者である被告が労働者である原告らに対して行うべき雇用確保の努
力の程度を軽減させる理由となるものではないと解すべきである。したがっ
て、被告は、本件募集停止（筆者注：学生の募集停止のこと）決定にあたり、
できるだけの雇用確保の努力をすべきであったというべきである」と判断し
ています。

　したがって、勤務地限定正社員に対し、当人の同意なくして他の勤務地に
配置転換することはできませんが、事業所を閉鎖する場合の整理解雇を検討
する場合には、配置転換が可能な場合においては本人にその打診をすべきと
考えられます。

　また、解雇回避努力として、希望退職者募集を行う、あるいは個別に退職
勧奨を行うなど、できる限り労働契約の合意解約をめざしたということも評
価されると思います。この場合、合意解約による退職後の生活保障の意味も
含めて退職一時金（ないし退職加算金等）として経済的な優遇措置を設ける
ことが通例です。その金額の程度が問題となることがありますが、例えば、

ヴァリグ日本支社事件（東京地判平成13年12月19日労判817号5頁）では、特別退職金が約1か月強の賃金相当額では、優遇措置として程度が低いとして解雇回避努力が尽くされたとはいえないと判断されています。退職一時金（ないし退職加算金等）の経済的な優遇措置も、当該企業の経営状況から判断して相当といえるようなものでないと解雇回避努力として評価されないおそれがあります。

　ちなみに、前掲・学校法人専修大学（専大北海道短大）事件では、本件解雇を回避するため、系列大学への受入れを要請し、一部受け入れてもらった、あるいは、早期退職希望者には退職金および退職加算金に加え基本給の7カ月分の退職特別加算金を支払い、希望退職者には退職金および定年までの残余年数に応じた基本給の6カ月ないし14カ月分の退職加算金を支払うこととしてそれぞれ希望退職者の募集を行っていること、本件解雇に伴う原告らの不利益を軽減する方法として、被告の費用負担による再就職支援会社の利用を提案したり、他の学校法人に対し北海道短大の教員の紹介状を送付し採用機会を得られるよう努めたりしたことに鑑みれば、本件解雇および本件解雇に伴う不利益を回避、軽減するための努力を十分に尽くしたものである、と認めました。

3　職務限定正社員の職務がなくなる場合の解雇（整理解雇）

　前記1でも説明したとおり、整理解雇の有効性は、①人員削減の必要性、②解雇回避努力、③人選の合理性、④手続の相当性という4つの事項を総合考慮して判断されます。そして、職種・勤務地を限定された従業員の場合であっても、解雇回避のための努力を求めるべきであるとの考え方が有力です（前掲・菅野796頁）。この点に関し、参考になる裁判例として、例えば、債権者が従前ついていたアシスタント・マネージャーのポジションが消滅し、配転させるポジションがないとして、一定額の金銭支給および再就職活動の支援を内容とする退職条件を提示して雇用契約の合意解約の申入れをしたが、

債権者（筆者注：労働者のこと）がこれを受け入れなかったために普通解雇した事案に関する前掲・ナショナルウェストミンスター銀行（第 3 次仮処分）事件があります。

　同事件で、裁判所は、「余剰人員を他の分野で活用することが企業運営上合理的であると考えられる限り極力雇用の維持を図るべき」としたうえで、「債権者との雇用契約を従前の賃金水準を維持したまま継続するためには、債務者（筆者注：使用者のこと）としては債権者をサポート部門における他の管理職のポジション（当時14のポジションがあった。）に配転することが必要であったが、前記認定事実及び審尋の全趣旨によれば、これらのポジションに就いている者はいずれも、それぞれ担当業務で必要とされる専門知識・能力を有する者と評価された結果として当該ポジションに就いていることが明らかであるから、これらの者に代えて債権者を当該ポジションに就けることが合理的であるとする根拠はない」などとして、結論として「債務者としては、債権者との雇用契約を従前の賃金水準を維持したまま他のポジションに配転させることはできなかったのであるから、債権者との雇用契約を継続することは現実的には不可能であったということができ、したがって、債権者との雇用契約を解消することには合理的な理由があることが認められる」との判断が示されています。この判断からもわかるように、裁判所は、少なくともその配転可能性を検討のうえ、解雇の有効性を判断しています。

　したがって、職務限定正社員に対し、当人の同意なくして他の職務に配置転換することはできませんが、その職務がなくなった場合の整理解雇を検討する場合には、配置転換が合理的で可能な場合においては本人にその打診をすべきと考えられます。

4　職務限定正社員の能力不足等を理由とする解雇

　労契法16条により解雇が有効となるためには、解雇について客観的に合理的な理由が認められ、かつ、解雇が社会通念上相当と認められる必要があり

ます。能力不足を理由とする解雇の場合、一般の正社員については、能力不足を理由とする解雇が認められるのは、①その能力不足が著しく、かつ、②指導、教育をしてもその改善がみられず、かつ、他の能力が活かせる可能性のある職務への配転等を行ってもなおその能力不足が解消されないような場合です（セガ・エンタープライゼス事件（東京地決平成11年10月15日労判770号34頁等））。

　しかし、管理職として採用された、あるいは高度な専門職として採用されたなどその職務能力があることを前提に採用されたような場合、その能力・成績については一般社員より厳しく判断され（雇用契約の前提として求められた能力に照らして能力不足・成績不良が判断され）、また、配転等による雇用維持の義務も縮減されると解されます。

　例えば、海外での勤務歴に着目し、業務上必要な英語力および日本語の語学力、品質管理能力を備えた即戦力の人材として、主事1級として採用したが、①品質管理に関する専門的知識や能力が不足していること、②原告が作成した英文の報告書には、到底是認しがたい誤記、誤訳がみられ、期待した英語能力に大きな問題があるばかりか、日本語の能力も当初履歴書等から想定されたものとは異なり極めて低いものであったこと、③さらに、上司の指導に反抗するなど勤務態度も不良であったことを理由に解雇を有効と判断したヒロセ電機事件（東京地判平成14年10月22日労判838号15頁）があります。同事件では、その能力不足はその雇用の前提として求められている能力に照らして判断されています。

　また、配転等による雇用維持の義務については、メルセデス・ベンツ・ファイナンス事件（東京地判平成26年12月9日労経速2236号20頁）が参考になります。この事件は、21年間の銀行勤務の後に中途採用された専門職で、日常的に高圧的、攻撃的な態度をとり、トラブルを発生させていた社員の解雇の有効性をめぐり、「原告は、職種や配置の転換の可能性を検討することなく解雇したのは、解雇回避努力を尽くしたものとは評価し得ないと主張する

が、原告の言動に照らすと、その原因である原告の性向等は容易に変わり得ないものと推測でき、職種や配置を転換することによって問題が解決ないし軽減されるという事態は想定し難いから、職種や配置の転換の可能性を検討していなかったとしても、そのことをもって解雇回避義務を尽くしていないと評価するのは相当ではない」とされ、さらに、被告が、原告の他の従業員らとのコミュニケーションおよび行状の問題性について、何度も原告との面談を実施し、注意を行い、懲戒処分たるけん責処分も行うなど、改善の機会を与えてきたにもかかわらず原告の行動が基本的に変わることがなかったことに対して解雇に至ったことは社会通念上相当であると判断されました。

　なお、原告は、「被告が原告に対し個々の言動を指摘した上で注意や指導をしたことはない」と主張しましたが、21年間にわたる銀行勤務の後に本件雇用契約を締結し、月額50万円近い賃金の支払いを受けて稼働し、相応の経験を有する社会人として、自らの行動を規律する立場にあり、あらためて注意されなければわからないような事柄ではない、被告の面談等は何が問題であるのか通常の理解力があれば容易に認識しうる方法で注意や指導をしていたと評価できるとして、原告の主張をしりぞけています。

　このように、雇用維持の義務については、職務が限定されている社員の問題性（能力不足等）との関係から職種や配置の変更により雇用維持を図ることが合理的かつ現実的に可能であれば格別、そうでない限り職種や配置の変更による雇用維持の義務は求められていないものと解されます。他方、本人の問題性について注意や指導をすることはある程度必要とは解されますが、一般の正社員とは異なり、もともとそのような能力、適性を備えていることが前提で雇用契約が締結されていることから注意や指導の程度も本人が容易に理解できるようなレベルで足りると解されます。

　なお、有識者懇談会報告書では、「能力不足を理由に直ちに解雇することは認められるわけではなく、高度な専門性を伴わない職務限定では、改善の機会を与えるための警告に加え、教育訓練、配置転換、降格等が必要とされ

る傾向がみられる。他方、高度な専門性を伴う職務限定では、教育訓練、配置転換、降格等が必要とされない場合もみられるが、改善の機会を与えるための警告は必要とされる傾向がみられる」と指摘されているところです。

（三上安雄）

6 成果主義型賃金制度

Q58 年功型賃金制度から成果主義型賃金制度への変更

当社では、テレワーク等の本格導入に伴い、年功型賃金制度から成果主義型賃金制度に変更することになりました。適用しやすい職種と適用しづらい職種、および、制度の導入にあたって注意するべき点を教えてください。

A 労働者の成果を数値化しやすい職種、例えば営業職や工場での作業職は成果主義型賃金制度に適用しやすく、反対に成果を数値化しにくい職種、例えば人事・総務、経理、法務などの管理系の職種は成果主義型賃金制度を適用しづらいと考えられます。また、制度の導入にあたり、成果を判断する評価制度の構築や賃金制度を変更することによる就業規則の不利益変更の問題に注意をする必要があります。

1 年功型賃金制度と成果主義型賃金制度

⑴ 年功型賃金制度と成果主義型賃金制度の違い

⒜ 年功型賃金制度

日本においては、長期雇用慣行を前提として、勤続年数に応じて企業内の地位と責任が上昇するとともに賃金も上昇するという年功序列的な処遇がとられることがよくみられます。このような制度を一般的に年功型賃金制度といいます。

そして、この年功型賃金制度においては、年齢給と職能給を柱として賃金制度が構築されています。年齢給は年齢や勤続年数に応じて賃金が増加する給与をいいます。

　これに対して、職能給は労働者の能力を賃金に反映するために使用者が職能資格を制度化し、その資格とランクに対応して賃金を決定する給与をいいます。この職能の昇格や昇級は人事考課で決定されるので、年功型賃金制度においてもその賃金の一部分において労働者の成果をベースとして賃金が決定されています。

(B)　成果主義型賃金制度

　成果主義型賃金制度とは、年功的な賃金制度を排除して、仕事の成果や仕事に発揮された能力を重視する賃金制度のことをいいます。例えば、企業内の職務を職責の内容や重さに応じて等級に分類し、その等級ごとに賃金の給与範囲を設定する職務等級制度や管理職に対する年俸制度があげられます。

　この成果主義型賃金制度においては、給与が労働者の能力や成果を基礎として決定されることから、その能力の判断や成果の判定が賃金決定の重要な要素となります。

(C)　両者の違い

　年功型賃金制度と成果主義型賃金制度の大きな違いは、個別具体的な賃金決定における労働者の能力や成果の反映度にあるといえます。年功型賃金制度においては、職能給という一部分において労働者の能力や成果が賃金に反映されるにすぎません。これに対して、成果主義型賃金制度においては、労働者の能力を基礎として職務等級およびその給与の範囲が決定されます。そのうえで、さらに労働者の成果を基にしてその範囲内における具体的な賃金が決定されることになります。したがって、賃金の大部分が労働者の能力や成果に基づいて決定されます。

(2)　成果主義型賃金制度に適用しやすい職種と適用しにくい職種

(A)　適用しやすい職種

　成果主義型賃金制度の中で職務等級制度を例にしますと、まず、企業内における個別具体的な職務を各職務等級に振り分け、さらに各職務を職責の内容や重さに応じて等級に分類します。その後、各労働者の現状の職能などを

基礎として該当する職務および等級に振り分けます。そして、一定期間の職務遂行の成果をベースとして所属部門長と労働者の面談や部門長の判断により当該年度の具体的な給与が決定されます。

この過程において、最後の個別具体的な給与の決定が特に重要と考えられるところ、成果の判断が数値化しやすい職種であれば恣意的な判断が入りにくく、具体的な給与の決定に疑義が生じにくいといえます。例えば、営業部門であれば、その成果は営業の結果であり数値化されていることから、営業部門の労働者の成果を判断することは比較的容易といえると考えられます。また、工場勤務の労働者において、労働者の個別作業により成果物が数値化されるものであれば、労働者の成果を判断することが容易といえます。

したがって、成果主義型賃金制度は、労働者の成果が具体的に見える、数値化できる職種に適用しやすいといえます。

(B)　適用しにくい職種

これに対して、人事・総務、経理、法務などの管理系の職種はその成果を数値化することが比較的難しいところです。例えば、社内の問題に対応する人事・総務において、問題が多数発生し、その対応をしたときは成果が多く、問題が発生しなかったときは成果が少ないと判断されるのは適切ではありません。なぜなら、人事・総務の事前の対応により問題が発生しなかった場合もあり、その事前の対応も評価されるべきといえるからです。また、社内の制度の構築などを担当した場合、当該労働者自身はその成果は大きいと考える反面、成果を判断する上司がその結果を過小評価し、双方の間で齟齬が生じる可能性があります。

以上のことから、成果を数値化することが比較的難しい管理系の職種は成果主義型賃金制度に適用しにくいといえます。

2　成果主義型賃金制度を導入する際の注意点

⑴　適切な評価制度の構築

　成果主義型賃金制度で紛争が発生しやすい場面を考えると、最終的な賃金を決定する過程において、労働者の成果を評価する場面があげられます。労働者が自身の成果を過大評価したり、上司が部下の成果を過小評価したり、嫌がらせなどにより恣意的に成果を認めないことにより、双方の成果に対する評価に齟齬が生じ得るからです。

　このような齟齬を防止するためにいくつかの注意点が考えられます。まず、年度の当初に上司と部下の双方で該当年度の目標を決定し、また成果の判断方法を確認することがあげられます。次に、期中においても面談を行い、現状や期初の面談の内容を確認します。さらに、期末に上司と部下が面談を行い当該目標における部下の成果の達成度を確認し、翌年の目標を設定します。このようなプロセスを経る評価制度を構築することで、上司と部下の間に齟齬が発生することを防止することが肝要といえます。職務等級制における低評価による降級ないし給与減額が争われた裁判例（エーシーニールセン・コーポレーション事件（東京高判平成16年11月16日労判909号77頁））においても、当該職務等級制における評価の手続・基準等の定めが合理的なものか、それらの手続・基準に従って評価が適切に行われているかを判断しており、その評価決定のプロセスが重要視されているところです。

⑵　就業規則の不利益変更

　次に、これまで年功型賃金制度を採用していた企業が成果主義型賃金制度に変更する場合、就業規則を変更することになるため、就業規則の変更の手続をとる必要があります。

　まず、成果主義型賃金制度によりすべての労働者の賃金が上昇し、今後もこれまでの賃金の金額を下回らないのであれば、このような成果主義型賃金制度への変更は就業規則の不利益変更には該当せず、また労働者も黙示的に

同意をするものと考えられます。

　しかしながら、成果主義型賃金制度へ変更するということは労働者の成果により賃金の増減を設けて、労働者の労働意欲を刺激することにあります。したがって、成果主義型賃金制度の導入により、労働者の賃金が減少する可能性があることが一般的であり、就業規則の不利益変更に該当すると考えられます。

　この点について、使用者は労働者の合意を得ることにより労働契約の内容となっている就業規則を不利益に変更することが認められております（労契法9条参照）。しかしながら、使用者が全労働者の同意を得ることは多大な労力が必要であり、また就業規則の不利益変更に合意をしない労働者も存在します。このような場合、同法10条の規定に従って、労働条件の不利益変更の手続を経る必要があります。

⑶　**裁判例**

　年功序列型から成果主義型の賃金制度に変更したことに伴う就業規則の不利益変更の有効性について争われた裁判例として、ノイズ研究所事件（東京高判平成18年6月22日労判920号5頁）があります。

　この裁判例において、就業規則の不利益変更が合理的であることを判断する際に、その合理性の有無を就業規則の変更によって労働者が被る不利益の程度、使用者側の変更の必要性の内容・程度、変更後の就業規則の内容自体の相当性、代償措置その他関連する他の労働条件の改善状況、労働組合との交渉の経緯、他の労働組合または他の従業員の対応、同種事項に関するわが国社会における一般的状況等を総合考慮して判断すべき、としています。

　まず、使用者側の賃金制度の変更の必要性について、他のメーカーとの競争激化を理由として、税引き前損益が損失に転じた経営状況の中で、報奨制度によるインセンティブにより労働生産性を高めて、業績を好転させるということは、高度の経営上の必要性があったと認定しています。

　次に、当該裁判例は、労働者が被る不利益は旧賃金制度の下で支給されて

いた賃金額より顕著に減少した賃金額が支給される可能性があると指摘しつつ、この就業規則の変更は賃金決定のしくみ、および基準を変更するものであり、労働者は人事評価の結果次第で昇格も降格もあり得ることから、新賃金制度の考課査定に関する制度が合理的なものであれば、賃金制度の変更の内容も合理的なものであるということができる、と判断しています。そして、考課査定についても旧賃金制度下において行われていた人事考課の訓練と少なくとも同程度の人事考課の訓練が新賃金制度下においても行われると推認されることなどを理由として、その内容に合理性があるとしています。

　また、労働者が被る不利益についても、今回の変更により賃金原資総額は減少しないこと、1年目は変更前後の賃金の差額を全額支給、2年目は差額の50％を調整給として支給することを指摘し、必要な緩和措置がとられていると判断しています。

　さらに、あらかじめ従業員に変更内容の概要を通知して周知に努め、組合との団体交渉に応じ、労使間の合意を成立させることにより円滑に賃金制度の変更を行おうとする態度に欠ける点はなかったと判断しています。

　そして、上記を総合的に判断し、当該裁判所は使用者による就業規則の不利益変更には合理性があると判断し、その有効性を肯定しています。

⑷　対応方法

　上記の裁判例を参考にしつつ、本件においての対応方法を検討すると、具体的には、まずは労働条件の変更の必要性、なぜ成果主義型賃金制度へ変更する必要があるのか、を検討する必要があります。例えば、テレワークの導入により、社員の自主的な労働意欲の向上、およびそれによる成果の達成を重視することに方針を転換するため、賃金制度もその成果主義に合致するように変更する必要があるなどの理由が考えられます。

　次に、労働者の受ける不利益の程度、例えば、制度の変更に伴う賃金の減額幅を検討する必要があります。新制度の導入により賃金が数十％の大幅な減額を強いられる労働者がいる場合、漸次的に賃金の減少を行い、その不利

益を和らげることが考えられます。

　そして、変更後の就業規則の内容の相当性、例えば支給率の減少率は労働条件の変更の必要性との関係で合理的・相当な内容であるのか、などを考慮する必要があります。この点については、上記で述べた評価制度の内容、評価決定のプロセスの合理性、労働者の不利益の程度やその緩和の有無などを総合的に判断するものと考えられます。

　さらに、使用者と労働組合や従業員との間でその変更内容の交渉や説明を行う必要があります。例えば、大多数の従業員が加盟している労働組合があるのであれば、使用者は労働組合に対して休業手当を変更する必要性、その内容を説明したうえで、労働組合から質問を受け付けたり、その修正の有無などを協議したりすることが考えられます。他方、労働組合がない場合や従業員の大半とまでは加入していない労働組合しかない場合、使用者は労働組合に対する説明・協議とともに従業員に対しても全体説明会などを開催して、その内容を説明し、質疑応答を受け付ける必要があると考えられます。

　以上の内容などを総合的に判断して、その労働条件の変更が合理的なものであり、使用者が変更後の就業規則を労働者に周知させた場合は、使用者と労働者との間の労働契約の内容である労働条件は、当該変更後の就業規則、ここでは成果主義を前提とした新賃金制度が有効になると考えられます（労契法10条参照）。

（萩原大吾）

Q59 成果主義型賃金制度を導入後、目標達成について大きな差が出た場合

　成果主義型賃金制度を導入したものの、感染症の影響の程度により、目標達成について大きな差が出ました。その場合でも、新たに導入した評価制度をそのまま適用し、賃金カット、降格等の措置をしてもよいのでしょうか。

　　予期せぬ事情により労働者の業務に影響が出た結果、各人の目標達成に大きな差が出た場合においても、新たに導入した評価制度を予定どおり適用し、賃金カット、降格等の措置を行うことは可能と考えられます。しかしながら、新制度の導入の初年度の場合、感染症のまん延防止を理由として顧客への営業が困難であった場合や事業場が休業したことよる労務提供時間の短縮があった場合などは、特別な事情を評価に反映することが望ましいと考えられます。

1　新評価制度導入時の注意点

　成果主義型賃金制度は労働者の労働の成果を基礎として賃金を決定する制度ですので、これまでいわゆる年功序列型賃金制度を運用していた企業が成果主義賃金制度に変更する際には、通常、新しい評価制度を導入し、労働者の労働の成果を適切に評価できることが望ましいところです。

　しかしながら、上司が一方的に部下の行動を評価するような評価制度では、部下がどのような成果を求められているのか、どのように評価されるのかが不明となり、労働者に不満が発生するおそれがあります。

　そこで、評価制度を導入する際は、まず年度の当初に上司と部下の双方で該当年度の目標を決定し、また成果の判断方法を確認することがあげられま

す。次に、期中においても面談を行い、現状や期初の面談の内容を確認します。さらに、期末に上司と部下が面談を行い当該目標における部下の成果の達成度を確認し、翌年の目標を設定します。このようなプロセスを経る評価制度を構築することで、上司と部下の間に齟齬が発生することを防止することが肝要といえます。

2　特別な事情を考慮する必要性の有無

⑴　新制度導入の初年度の場合

　成果主義型賃金制度への変更に伴い新評価制度を導入した初年度の場合、感染症という特別な事情により労働者の労務の提供や成果に影響が生じたのであれば、当該事情を評価に反映することが望ましいと考えられます。

　すなわち、成果主義型賃金制度に変更するということは就業規則の不利益変更が伴うものと考えられます。そして、就業規則の不利益変更の有効性を判断する一事情として、労働者の受ける不利益の程度が考慮されるところです。特に労働者の受ける不利益が大きい場合には不利益緩和措置が要請され、労働者が新評価制度により賃金のカットや降格の影響を受ける際にはその一部にとどめることが望ましいと考えられます。そして、新評価制度の導入初年度はどのように評価が行われるのか、どのような事情が考慮されるのかが不明瞭な場合があります。このような状況の中で感染症のまん延という事情により多数の労働者の成果、および評価に想定以上の悪影響が生じたのであれば、労働者に不利益が生じ過ぎ、就業規則の不利益変更の有効性に不利な事情として働くおそれがあります。

　そこで、就業規則の不利益変更の有効性を担保するという見地から本設問では感染症のまん延とそれに伴う労働への影響を考慮する必要性が高いと考えられます。

⑵　新制度導入の 2 年目以降の場合

　成果主義型賃金制度および新評価制度の導入 2 年目以降の場合、労働者は

すでにどのように評価が行われるのか、どのような事情が考慮されるのかを理解していることから、感染症の影響により目標達成に影響が出たとしても、原則として当該事情をその結果に考慮する必要性はないと考えられます。

しかしながら、例外的に次のような事情がある場合には、感染症による影響を考慮すべきと考えられます。例えば、顧客の大多数が感染症に罹患したり、感染症予防を行ったりしたことで、労働者がほとんどの顧客と接することができず、営業成績が未達となった場合、労働者に目標を達成することは不可能を強いることになるため、評価を実施する前提を満たしていないと考えられます。

また、労働者が労務の提供中に感染症に罹患したことにより労務の提供が困難になった場合、労働者の感染症の罹患の原因は使用者側にあることから、その影響を労働者のみに押し付けることは不平等と考えられます。

そこで、上記のような特別な事情がある場合には、評価自体を修正し、賃金カットや降格などを実施しないといった配慮も必要になるのではないかと考えられます。

（萩原大吾）

7　日本的ジョブ型雇用

Q60　ジョブ型雇用とは

　近時日本で導入が広がっているジョブ型雇用はどのようなものでしょうか。

　また、伝統的な日本型雇用（メンバーシップ型雇用）とどのように異なるのでしょうか。

　ジョブ型雇用になじみやすい仕事はあるでしょうか。

> **A**　ジョブ型雇用では、仕事の難易度や専門性に応じて賃金を決めます。日本型雇用では、ゼネラリストとして採用し、異動が予定され、年功的な昇給が予定されているのに対し、ジョブ型雇用では職務を特定し採用され、異動はなく、職務が変わらない以上賃金も変わらない傾向にあります。日本経済団体連合会（経団連）の調査によると、職務や役割を明確化しやすい管理職や専門職種にジョブ型雇用を適用するケースが目立っています。

1　ジョブ型雇用の意義

　ジョブ型雇用の意義は論者によりさまざまで、例えば、内閣は「ジョブ型正社員」と「勤務地限定正社員、職務限定正社員等」を同義と考えているようですが（令和元年 6 月21日閣議決定「規制改革実施計画」）、本書では、職務ごとに、役割や具体的な仕事内容、給与水準、責任範囲、必要な能力・経験などを明確にしたジョブ・ディスクリプション（職務記述書）を作り、仕事の難易度や専門性に応じて賃金を決めるというものを前提とします。

　これまで日本では、終身雇用を前提とし、それに付随して年功賃金を採用し、異動を経てゼネラリストを育成するいわゆる「メンバーシップ型」雇用

（「日本型雇用」ということもあります）が多くみられました。ところが、日本経済の停滞などにより、終身雇用が維持できなくなったほか、デジタル人材などの高度専門人材や海外人材、若年人材を採用するにあたり年功賃金では適切な処遇を求める人材の採用が難しくなったことなどから、入社年次にかかわらず、業務内容や能力により処遇をする必要性を生じ、「ジョブ型」雇用の導入が議論されるようになってきました。

　報道等によれば、日立製作所（2014年に管理職を対象としてジョブ型雇用システムへ転換。2021年度から国内の社員約16万人を含むグループの社員約30万人すべてをジョブ型雇用としていく予定とのこと（経団連事務局編『2021年版 春季労使交渉・労使協議の手引き』64頁））、KDDI（2021年から。また、同年4月に入社する新卒者約270名の4割はジョブ型採用とのこと（2021年1月26日付日本経済新聞朝刊））、資生堂、富士通、三井住友海上火災保険（2021年から）などでジョブ型雇用が導入されているとのことです。

　そこで、日本の企業風土や労使慣行にもマッチする、例えば、最初は無限定正社員で働き、キャリアを積んだのちジョブ型雇用に転換していくこと（湯元建治・パーソル総合研究所編著『日本的ジョブ型雇用』27頁、161頁）や組織内の従業員それぞれが担う役割を決め、日々のマネジメントや評価、処遇との連動を強化する「役割型雇用」（2020年10月8日付日本経済新聞朝刊）といった日本的ジョブ型雇用が模索されています。

　ジョブ型雇用の場合、入社年次にかかわらず、有能な社員ほど難易度が高く待遇も良いポストにつくことができ、年功賃金や順送り人事を否定することになります。経団連の調査によると、ジョブ型雇用を導入している企業の割合（導入予定・検討中含む）は25.2％であり、その理由（複数回答）は、「専門性を持つ社員の重要性が高まったため」（60.2％）、「仕事・役割・貢献を適正に処遇に反映するため」（59.2％）、「優秀な人材を確保・定着させるため」（53.4％）の3つに回答が集中しているとのことです（前掲・経団連事務局60頁）。ただ、日本企業の人事制度では、異動を経てゼネラリストを育成する

ことを想定しているのに対し、ジョブ型雇用では適所適材を原則としており、異動は類似した職種を前提としており、全社的にジョブ型雇用を導入することのハードルは高く、前掲・経団連事務局でも、「職務や役割を明確化しやすい管理職や専門職種に適用するケースが目立っている」、「入社後に企業主導で自社の人材育成によって職務遂行に必要な知識や能力を取得させるより、すでに習得・保有している即戦力となる人材を中途採用する傾向が強く出ている」とされています。

2　日本型雇用との違い

　ジョブ型雇用と日本型雇用におけるいわゆる総合職正社員の違いについて、採用、異動、賃金の各項目につき説明します。

⑴　採用、異動

　日本型雇用における総合職正社員の採用では、業務内容を特定せず、異動を前提としてゼネラリストとして採用し、異動が予定されているのが一般的です。

　他方、ジョブ型雇用では、ジョブ・ディスクリプション（職務記述書）等により職務内容を特定して採用され、異動が予定されていないのが本来です。配置転換を行う場合には、同意が必要となります（経営法曹研究会報100号20頁、57頁）。職務記述書は、ジョブ型雇用で用いられる、個々のポストの職務内容を明文化して、職務評価の基礎材料に位置づけるもので（柴田彰＝加藤守和『ジョブ型人事制度の教科書』87頁）、①各職務への期待を明らかにする、②等級格づけ（職務評価）の評価根拠とする、③各職務への配置適性判断や人材開発に活用するといった目的で用いられます（加藤守和『日本版ジョブ型人事ハンドブック』83頁）。ただし、コーン・フェリーが2021年に行った実態調査では、ジョブ型雇用の対象となるすべてのポジションで職務記述書をもつ企業は調査協力33社中約半数の17社にとどまり、ジョブ型雇用イコール職務記述書ではありません（前掲・加藤81頁）。記載内容は上記①ないし③の目

的に応じて増減しますが、応募者が個別に会社と契約する雇用契約の基準となる、労働条件通知書＋αと考えるとわかりやすいでしょう（職務記述書のサンプルは後掲【書式24】。赤津雅彦「『ジョブ型』雇用に適応した賃金改革の実務」労働法令通信2580号29頁）。なお、職務記述書をゼロから作成してもよいですが、すでに「役割等級定義書」、その役割が具体的にはどの職務に相当するかを一覧表にした「基準職務リスト」（○が担当職務、△がバックアップ職務、◎が監督職務等）などを作成している企業ではこれらをそのまま活用することもできます（前掲・赤津29頁）。なお、職務記述書は、組織の改廃や新設、職務内容の変更に伴い、更新する必要があります（前掲・加藤82頁）。

⑵　賃　金

日本型雇用では、年功的な昇給が予定されているのに対し、ジョブ型雇用では年功的な昇給はなく、職務が変わらない以上賃金も変わらない傾向にあります。

また、ジョブ型雇用では、「報酬は仕事に応じて支払われるべき」という大方針に基づいています。住んでいる場所や家族構成などによって支払われる住宅手当や家族手当といった属人的な手当は、本質的には仕事の価値とは関係なく、上記大方針に反するため、ジョブ型雇用を導入するタイミングで属人的な手当を廃止するケースはあるとされています（前掲・柴田＝加藤145頁）。実例として、非管理職まで含んだ制度改定の場合、給与の絶対額が低く、属人的な手当が占める比率も高く、属人的な手当の廃止は難しい一方、管理職を中心にジョブ型雇用を導入する企業は多く、その場合、属人的な手当の廃止が比較的容易とされています（前掲・柴田＝加藤145頁）。

⑶　解　雇

詳細はQ63で述べますが、ジョブ型雇用の場合、職務記述書等により職務内容を特定し、日本型雇用の場合に比して、求められる能力等について明確に説明して雇用されます。そのため、能力不足が判明した場合の解雇権濫用の判断は、従来の日本企業に一般的な、職務内容等を特定せず、能力開発を

企業が引き受けているとみられてきたいわゆるメンバーシップ型雇用の場合に比して緩和され得ると解されます（荒木尚志『労働法〔第4版〕』329頁）。

3　ジョブ型雇用になじみやすい仕事

　ジョブ型雇用になじみやすい仕事としては、年功賃金（日本型雇用）では適切な処遇や求める人材の採用が難しくなった、デジタル人材などの高度専門人材や海外人材、若年人材があげられます。経団連の調査によると（複数回答）、ジョブ型雇用が適用されている社員の範囲は、「管理職」が54.2％（全員22.0％、一部32.2％）、「非管理職社員・一般社員」が40.7％（全員1.7％、一部39.0％）となっているほか、「社員全員」に適用しているとの回答が23.7％あり、ジョブ型雇用を適用している職務・仕事（複数回答）については、「システム・デジタル・ＩＴ」（70.8％）が最も多く、以下、「研究・開発」（63.1％）、「技術系専門職種」（60.0％）、「経理・財務・会計」（58.5％）の順であり、ジョブ型雇用という性質上、職務や役割を明確化しやすい管理職や専門職種に適用するケースが目立っているとのことです（前掲・経団連事務局60頁）。

【書式24】　ジョブ・ディスクリプション（職務記述書）例

職務記述書

①　担当職務の名称
　　（〇〇職・〇等級・〇級、または、名刺上のタイトル名）
②　職務の目的
　　（役割等級定義書から、〇等級定義を抜粋）
③　責任の範囲
　　（〇等級・基準職務リストから、△〇◎印合計10項目までを抜粋）
④　職務の内容
　　（〇等級・基準職務リストから、主な担当職務5項目を抜粋）
⑤　職能要件
　　（〇等級・基準職務リストに付随した能力要件・経験年数、公的資格名）
⑥　署名欄

※前述のように、すでに「役割等級定義書」、その役割が具体的にはどの職務に相当する
　かを一覧表にした「基準職務リスト」（〇が担当職務、△がバックアップ職務、◎が監
　督職務等）などを作成している企業ではこれらをそのまま活用することもできます。
（前掲・赤津29頁）

（村田浩一）

Q61 ジョブ型雇用を導入する場合に必要な規定、注意点

年功型賃金制度の企業に（日本的）ジョブ型雇用を導入する場合に必要な規定や注意点にはどのようなものがありますか。

 ジョブ型雇用の内容を制度として規定する必要があるでしょう。すでに雇用している労働者をジョブ型雇用に変更する場合、就業規則の不利益変更を行うことになるので注意が必要です。

1　ジョブ型雇用の制度化

Q54で限定正社員の制度化につき説明しましたが、この説明はジョブ型雇用にもそのままあてはまり、異動の有無・範囲、解雇規定（職務を限定する場合、担う職務がなくなる場合における解雇に関する規定）等を明らかにするため、これらに関する規定を設ける必要があるでしょう。

2　就業規則の最低基準効

労契法12条は、「就業規則で定める基準に達しない労働条件を定める労働契約は、その部分については、無効とする。この場合において、無効となった部分は、就業規則で定める基準による」と定め、就業規則は労基法と同様に、事業場の労働条件の最低基準を画する機能が与えられています（最低基準効）。

年功型賃金制度の企業に（日本的）ジョブ型雇用を導入する場合、特に賃金制度について、就業規則で定める基準を下回らないように注意する必要があります。

3　注意すべき規定

⑴　定期昇給

　ジョブ型雇用では、職務が変わらない以上賃金も変わらない傾向にあるため、定期昇給をやめて仕事の対価だけを払うことになるでしょう（経営法曹研究会報100号38頁）。

　就業規則で定期昇給を定めていて、これをジョブ型雇用の労働者に適用したくない場合、就業規則でこれらの規定を適用しない旨を定める必要があります。

⑵　賃金テーブル

　通常の正社員について賃金規程等で賃金テーブルを定めている場合、その適用がない旨も就業規則で定めておいた方がよいでしょう。

　ジョブ型雇用の賃金の方が高い場合は問題にはなりませんが、通常の正社員の賃金テーブルを適用した方が賃金が高くなる場合、賃金テーブルに定めた賃金が発生するおそれがあり、注意が必要です。

⑶　属人的手当

　手当は仕事に関する手当と属人的な手当に分かれ、住んでいる場所や家族構成などによって支払われる住宅手当や家族手当等は、本質的には仕事の価値とは関係なく、ジョブ型雇用の「報酬は仕事に応じて支払うべき」という大方針に反すると考えられます（柴田彰＝加藤守和『ジョブ型人事制度の教科書』144頁）。通常の正社員に属人的手当を支給し、ジョブ型雇用の労働者にこれを支給しない場合、就業規則でその旨を定める必要があります。

⑷　ジョブ型雇用のコースを規定化する

　実際的な対応としては、就業規則でジョブ型雇用に関する規定を１章設け、定期昇給や通常の正社員に適用される賃金テーブル、異動、解雇に関する定めを適用しない旨や、ジョブ型雇用の労働者に適用される異動、解雇に関する定めや、報酬幅に関する規定を設けることになるでしょう。規定例は後述

249

【書式25】のとおりです。

4　就業規則の不利益変更

　ジョブ型雇用の労働者を新たに雇用するのであれば、その者との関係では就業規則を不利益に変更しても、不利益変更の問題は出てきませんが、すでに雇用している労働者をジョブ型雇用に変更し、すでに適用している就業規則の有利な規定の適用を外す場合、就業規則の不利益変更を行う必要があります。

　就業規則の不利益変更にあたっては、原則として全従業員の同意を得る必要があり（労契法 9 条）、または、仮に結果的に同意が得られないとしても、変更後の就業規則を周知しかつ合理性があれば不利益変更ができると定められています（同法10条）。この合理性の判断にあたっては、

　　①　労働者の受ける不利益の程度

　　②　労働条件の変更の必要性

　　③　変更後の就業規則の内容の相当性

　　④　労働組合等との交渉の状況その他の就業規則の変更に係る事情

が考慮されます（同法10条）。そして、特に賃金、退職金等の重要な権利、労働条件に関する不利益変更を行うためには「高度の必要性に基づいた合理的な内容のものである場合」である必要があるとされています（大曲市農協事件（最三小判昭和63年 2 月16日労判512号 7 頁）、第四銀行事件（最二小判平成 9 年 2 月28日労判710号12頁）等）。

　ジョブ型雇用の導入は、賃金等に関するものであることが通常ですので、通勤手当等実費支給的な労働条件の不利益変更の場合を除き、高度の必要性に基づいた合理的な内容のものである場合である必要があると考えられます。

　また、④手続にあたっては、労働者に生ずる「具体的な不利益の内容や程度についても、情報提供や説明」がされる必要があると考えるべきでしょう。

【書式25】　就業規則の規定例（ジョブ型雇用）

第○章　ジョブ型雇用のコース

第○条（適用関係）

　ジョブ型雇用の労働者には、第○条（異動）、第○条（解雇）②（勤務成績又は業務能率が著しく不良で、向上の見込みがなく、他の職務にも転換できない等就業に適さないとき。）及び④（精神又は身体の障害により業務に耐えられないとき。）、賃金規程第○条（定期昇給）、並びに、賃金規程第○条（職能給）、第○条（住宅手当）及び第○条（家族手当）の定めは適用しない。

第○条（異動）

　会社は、業務上必要がある場合に、ジョブ型雇用の労働者に対して就業する場所の変更、及び、雇用契約において定める範囲で従事する業務の変更を命ずることがあるが、雇用契約において定める範囲を超えて従事する業務の変更を命ずることはない。

第○条（解雇）

　ジョブ型雇用の労働者について、雇用契約で定められた職務を行う能力・資格・経験等が欠け、雇用契約で定められた職務がなくなり若しくは減少し、又は、精神又は身体の障害により当該業務に耐えられないときは、教育・配転等を行うことなく、ジョブ型雇用の労働者を解雇することがある。

第○条（賃金）

　ジョブ型雇用の労働者の報酬幅、昇降級及び賞与については別表○のテーブルを適用し、住宅手当及び家族手当は支給しない。

（村田浩一）

Q62　ジョブ型雇用と同一労働同一賃金

　ジョブ型雇用を導入した場合、同一労働同一賃金問題が解決されたことになりますか。

　ジョブ型雇用を導入することが直ちに同一労働同一賃金の問題を解消することはありません。ただし、ジョブ型雇用の導入を契機に属人的な手当を廃止するなど労働条件の相違が解消されることや、ジョブ型雇用とすることで、正社員の職務の内容や、職務の内容および配置の変更の範囲が明確化し、労働条件の相違の理由が説明しやすくなることはあるでしょう。

1　同一労働同一賃金とは

　無期・フルタイム労働者と短時間・有期雇用労働者との間の労働条件の相違について、パート・有期法では、以下のとおり、8条で均衡待遇、9条で均等待遇を定めており、両者を総称していわゆる（日本版）同一労働同一賃金ということがあります（番号、下線は筆者）。

> 均衡待遇（8条）　事業主は、その雇用する短時間・有期雇用労働者の基本給、賞与その他の待遇のそれぞれについて、当該待遇に対応する通常の労働者の待遇との間において、当該短時間・有期雇用労働者及び通常の労働者の①業務の内容及び当該業務に伴う責任の程度（以下「職務の内容」という。）、②当該職務の内容及び配置の変更の範囲③その他の事情のうち、当該待遇の性質及び当該待遇を行う目的に照らして適切と認められるものを考慮して、不合理と認められる相違を設けてはならない。
> 均等待遇（9条）　事業主は、職務の内容が通常の労働者と同一の短時間・有期雇用労働者……であって、当該事業所における慣行その他の事情からみて、当該事業主との雇用関係が終了するまでの全期間において、①その職務の内容及び配置が当該通常の労働者の②職務の内容及び配置の変更の範囲と同一の範囲で変更されることが見込まれるもの……との間で同一の取り扱いをしなければならない。

　そして、平成30年6月1日に出されたハマキョウレックス事件最高裁判決

（最判平成30年6月1日労判1179号20頁）、長澤運輸事件最高裁判決（最判平成30年6月1日労判1179号34頁）では、一般論として、有期契約労働者と無期契約労働者との個々の賃金項目に係る労働条件の相違が不合理と認められるものであるか否かを判断するにあたっては、両者の賃金の総額を比較することのみによるのではなく、当該賃金項目の趣旨を個別に考慮すべきことや、不合理であると判断されたとしても、有期契約労働者の労働条件が比較の対象である無期契約労働者の労働条件と同一のものとなるものではなく、賃金の差額を請求できるものではなく、賃金の差額相当額の損害賠償を請求できるにとどまることなどが判示されています。

2　説明義務

　また、事業主は、上記不合理な待遇の禁止（パート・有期法8条）に関して事業主が待遇を決定するにあたって考慮した事項、並びに、短時間・有期雇用労働者と通常の労働者との間の待遇の相違の内容および理由について、短時間・有期雇用労働者に対して説明することが義務づけられました（同法14条2項）。さらに、短時間・有期雇用労働者が事業主に説明を求めた場合に事業主から不利益を受ける可能性があるとの不安から説明を求めることを躊躇することがないように、事業主に対して、説明を求めたことを理由として解雇その他の不利益な取扱いをすることを禁止しています（同法14条3項）。

3　同一労働同一賃金問題とジョブ型雇用の関係

　正社員をジョブ型雇用にしたとしても、正社員に適用される労働条件と短時間・有期雇用労働者に適用される労働条件に相違がある場合、同一労働同一賃金の問題を生じるため、ジョブ型雇用を導入することが直ちに同一労働同一賃金の問題を解消することにはなりません。

　ただ、Q60で前述したとおり、ジョブ型雇用では、「報酬は仕事に応じて支払われるべき」という大方針に基づいており、住んでいる場所や家族構成

などによって支払われる住宅手当や家族手当といった属人的な手当は、本質的には仕事の価値とは関係なく、上記大方針に反するため、ジョブ型雇用を導入するタイミングで属人的な手当を廃止するケースはあるとされています（柴田彰＝加藤守和『ジョブ型人事制度の教科書』145頁）。そのため、ジョブ型雇用の導入を契機に労働条件の相違が解消されることはあり得ます。

　また、ジョブ型雇用とすることで、正社員の職務の内容や、職務の内容および配置の変更の範囲が明確化し、労働条件の相違の理由が説明しやすくなることはあるでしょう。

【書式26】　待遇差説明例

【ジョブ型雇用の正社員には職務給が、契約社員には月給または時給が支給される例】
　ジョブ型雇用の正社員に対しては、職務内容によって定められた給与水準の範囲で能力、経験、責任等に応じた職務給が支給されるのに対し、契約社員に対しては、職務内容、能力、経験、労働市場の状況に応じて個別定められた月給または時給が支給されます。両者は金額決定のしくみも考慮要素も異なるため、単純に金額のみを比較することはできません。

【ジョブ型雇用の正社員にも契約社員にも家族手当が支給されない例】
　ジョブ型雇用の正社員にも契約社員にも家族手当は支給されておらず、両者の間に労働条件の相違はありません。

（村田浩一）

(Q63) ジョブ型雇用の社員に対する解雇

　ジョブ型雇用として雇用し、一定の業務を指示した社員について、能力不足等が判明した場合に解雇のハードルは下がるのでしょうか。

　また、当該職務がなくなった場合に解雇のハードルは下がるのでしょうか。

A　求められる能力等について明確に説明され、その不足が判明した場合、能力不足等を理由とする解雇のハードルは下がると考えられます。また、雇用契約で定められた業務が廃止された場合、解雇回避努力自体は求められる傾向にありますが、配転等や希望退職募集を検討すべき範囲が限定される可能性があります。当人の同意なくして他の職務に配置転換することはできないものの、配置転換が合理的で可能な場合においては本人にその打診をすべきと考えられます。

1　ジョブ型雇用の労働者に対する能力不足等を理由とする解雇

　Q57の4で職務限定正社員の能力不足等を理由とする解雇について説明しましたが、この説明はジョブ型雇用の労働者にもそのままあてはまります。

　一般の正社員については、能力不足を理由とする解雇が認められるのは、①その能力不足が著しく、かつ、②指導、教育をしてもその改善がみられず、かつ、他の能力が活かせる可能性のある職務への配転等を行ってもなおその能力不足が解消されないような場合と解されます（セガ・エンタープライゼス事件（東京地決平成11年10月15日労判770号34頁）等）。

　管理職として採用された、あるいは高度な専門職として採用されたなどその職務能力があることを前提に採用されたような場合、その能力・成績不良については一般社員より厳しく判断され（雇用契約の前提として求められた能

力に照らして能力不足・成績不良が判断され）、また、配転等による雇用維持の義務も縮減されると解されると考えられます。例えば、トライコー事件（東京地判平成26年1月30日労判1097号75頁）では、被告Y社の顧客向けの記帳、経理業務を専門に担当するコンサルタントとして勤務していた原告Xが、その業務遂行につき、期限を守らない、会計処理を誤る、顧客からの問合せに適切に回答しないなど職務を解怠したことが、Y社の就業規則の解雇事由である「特定の地位、職種または一定の能力を条件として雇い入れられた者で、その能力、適格性が欠けると認められるとき」に該当するとして、配転を経ることなく、解雇が有効と判断されています。特にジョブ型雇用の労働者の場合、ジョブ・ディスクリプション（職務記述書）等により職務内容を特定し、求められる能力について明確に説明して雇用されていると考えられますので、能力不足等が判明した場合の解雇権濫用の判断は、従来の日本企業に一般的な職務内容等を特定せず、能力開発を企業が引き受けているとみられてきたいわゆるメンバーシップ型雇用の場合に比して緩和され得ると解されます（荒木尚志『労働法〔第4版〕』329頁）。もっとも、そのような明確な説明を行うことなく、また、就業規則等で従来の日本企業と同様に改善の見込みがないと認められる場合に限って解雇し得るとしていた場合には、従来どおりの厳格な判断がなされることになるともされています（荒木尚志ほか編『労働判例百選〔第9版〕』148頁）。【書式25】のジョブ型雇用の労働者の解雇の規定例（ジョブ型雇用の労働者について、雇用契約で定められた職務を行う能力・資格・経験等が欠け、雇用契約で定められた職務がなくなり、もしくは減少し、または、精神または身体の障害により当該業務に耐えられないときは、教育・配転等を行うことなく、ジョブ型雇用の労働者を解雇することがある）も参考にしていただければと思います。

　また、ジョブ型雇用の労働者の能力不足等が判明した場合の解雇権濫用の判断がメンバーシップ型雇用の場合に比して緩和されるといっても、改善可能性を一切考慮せず直ちに解雇するのではなく、恒常的PIP（Performance

Improvement Program（Planの場合もあります）、すなわち、業務改善プログラム（またはプラン）を行い、一定期間を定めて具体的な課題や目標を設定し、その達成状況をみること）は有効と考えます（「恒常的PIP」に言及する文献として、大路和亮「"ジョブ型雇用"を正しく理解し、戦略的に導入する」労政時報4007号74頁）。

2　ジョブ型雇用の労働者に対する職務がなくなったことを理由とする解雇

　Q57の3で職務限定正社員の職務がなくなる場合の解雇（整理解雇）について説明しましたが、この説明はジョブ型雇用の労働者にもそのままあてはまり、解雇（整理解雇）の有効性は①人員削減の必要性、②解雇回避努力、③人選の合理性、④手続の相当性という4つの事項を総合考慮して判断されます。解雇回避努力自体は求められる傾向にありますが、配転等や希望退職募集を検討すべき範囲が限定される可能性があります。例えば、被解雇者に他の職務を遂行する能力があるとは認められないことを理由に配転を不要とした例として学校法人村上学園事件（大阪地判平成24年11月9日判例秘書06751133）や佐伯学園事件（福岡高判昭和56年11月26日労民集32巻6号865頁）があり、勤務地が限定されている被解雇者の解雇にあたり他の勤務地における希望退職募集を不要とした例としてシンガポール・デベロップメント銀行（本訴）事件（大阪地判平成12年6月23日労判786号16頁）があります。ジョブ型雇用の労働者に対し、当人の同意なくして他の職務に配置転換することはできませんが、その職務がなくなった場合の整理解雇を検討する場合には、配置転換が合理的で可能な場合においては本人にその打診をすべきと考えられます。

【書式27】　解雇通知書例

令和　年　月　日

　　　　　殿

〇〇〇〇株式会社

人事部長　　　　　印

解雇通知書

　当社は貴殿を〇〇を行うためのジョブ型雇用の労働者として採用しましたが、貴殿は、〇年〇月〇日に〇〇が行えず、〇年〇月〇日には〇〇が行えず、〇〇を行えないものと判断せざるを得ないため、当社は、貴殿が就業規則第〇条〇号に定める「雇用契約で定められた職務を行う能力・資格・経験等が欠け」に該当すると判断し、貴殿を令和〇年〇月〇日付で解雇します。〇日分の解雇予告手当〇〇万円を、当該解雇日までに、貴殿の給与振込口座に振り込んで支払います。

以　上

（村田浩一）

8　妊産婦の保護や育児と就業の両立

Q64　フレックスタイム制と育児短時間勤務の併用

　フレックスタイム制を導入していますが、育児短時間勤務と併用する
ことはできるのでしょうか。

　育児短時間勤務をとっている場合、通常よりも１日の所定労働
時間が短くなりますが、フレックスタイム制は、特定の者に対し
て１カ月等の総労働時間を少なく設定することもできるため、両
者を併用することができます。

1　育児短時間勤務

　育児短時間勤務とは、３歳未満の子を養育する育児休業を取得していない
労働者が希望した場合に、勤務時間を短縮することができる制度をいいます。
当該制度では、１日の所定労働時間を原則として６時間とする措置を含む、
所定労働時間を短縮する措置を講じなければならないとされています（育児
介護休業法23条１項、同施行規則74条１項）。

　当該制度は、「育児休業から復帰し、又は育児休業をせずに、雇用を継続
する労働者にとっては、ある程度心身が発達する３歳に達するまでの時期は
子の養育に特に手がかかる時期であり、とりわけ保育所に子どもを預ける場
合における送り迎えなど、子育ての時間を確保することが雇用を継続するた
めに重要であることから、３歳に満たない子を養育する労働者であって育児
休業をしていないもの……に関して、所定労働時間を短縮することにより当
該労働者が就業しつつ子を養育することを容易にするための措置を講ずる義
務を事業主に課したもの」です（「育児休業、介護休業等育児又は家族介護を行
う労働者の福祉に関する法律の施行について」平成28年８月２日：最終改正令和

3 年11月 4 日付雇均発1104第 2 号）。

2　フレックスタイム制

　フレックスタイム制とは、一定の期間についてあらかじめ定めた総労働時間の範囲内で、労働者が日々の始業・終業時刻、労働時間の長さを自ら決めることのできる制度のことをいいます（なお、フレックスタイム制の詳細については、Q43以下参照）。

3　併　用

　育児短時間勤務をとる場合、 1 日の労働時間が短くなりますので、フレックスタイム制の適用は難しいのではないかという問題が生じ得ます。もっとも、フレックスタイム制には法律で労働時間の下限が設けられているわけではないため、 1 カ月等の総労働時間を少なく設定することもできます。また、労働者ごとに 1 カ月等の総労働時間の設定を変えることもできます。

　そのため、育児短時間勤務の短い労働時間を前提とした、フレックスタイム制の制度設計は可能であり、両者を併用することができます。

　フレックスタイム制と育児短時間勤務を併用することにより、子どもの送り迎え等に柔軟に対応することができたり、子どもの用事等で時間が必要なときは短い勤務として、また、時間に余裕のある日は長めに勤務したりする等、より柔軟に育児の都合に合わせて働くことができます。これにより育児をしながら就業することを助け、育児のための離職の防止がより期待できると考えられます。

（瀬戸賀司）

Q65　育児短時間勤務と短日数勤務

　育児短時間勤務の制度はありますが、社員が時間ではなく日数を減らしてほしいと希望してきました。短日数勤務の希望に応じる義務はありますか。

A　短日数勤務の希望に応じる義務はありません。しかし、１日の所定労働時間を６時間とする制度を定めたうえで、労働者が選択できる形とすれば、そのほかに１日の所定労働時間は変えずに所定労働日数を減らすことができる制度等を設計することは可能です。そのため、柔軟な働き方を図るために、会社の状況や労働者のニーズに応じて短日数勤務を含む制度設計を検討することも必要であると思われます。

1　育児短時間勤務

　育児短時間勤務とは、３歳未満の子を養育する育児休業を取得していない労働者が希望した場合に、その者に対し１日の所定労働時間を原則として６時間とする措置を含む、所定労働時間を短縮する措置を講じなければならないという制度のことをいいます（育児介護休業法23条１項、同施行規則74条１項）。なお、「原則として６時間」とは、１日の所定労働時間を６時間とすることを原則としつつ、通常の所定労働時間が７時間45分である事業所において短縮後の所定労働時間を５時間45分とする場合等を勘案し、短縮後の所定労働時間について、１日５時間45分から６時間までを許容する趣旨であることとされています（「育児休業、介護休業等育児又は家族介護を行う労働者の福祉に関する法律の施行について」平成28年８月２日：最終改正令和３年11月４日付雇均発1104第２号（以下、「通達」といいます））。

2　所定労働日数の削減

　上記通達では、1日の所定労働時間を6時間とする措置を設けたうえで、そのほかに、例えば1日の所定労働時間を7時間とする措置や、隔日勤務等の所定労働日数を短縮する措置などを、あわせて設けることも可能である旨も定められています。

　そのため、使用者が原則として1日の所定労働時間を6時間とする措置を定めたうえであれば、その他、1日の所定労働時間は変えずに、所定労働日数を減らすことができる措置（隔日勤務や特定の曜日のみを勤務する等）を一緒に設け、労働者にいずれかを選択してもらう制度とすることも可能です。

　なお、所定労働日数を減らすことができる制度を設けなければならないものではなく、短日数勤務の希望に応じる義務があるわけではありません。もっとも、育児の状況に合わせた柔軟な勤務ができるほうが育児を行う労働者が継続的に就業しやすくなるため、労働者のニーズが多い場合には、会社の状況も踏まえ、短時間勤務だけではなく、短日数勤務の選択肢を設けることを検討されることも望ましいと思われます。

（瀬戸賀司）

Q66 保育園、小学校等の臨時休園や休校の際の社員の有給休暇

保育園、小学校等が一定期間、臨時休園や休校をした際に、社員が子どもの世話をするために当該期間について休みがほしいと希望してきました。この場合どのように対応すべきでしょうか。

　　基本的には有給休暇の取得をしてもらうように促すことが考えられます。また、子ども自身が病気などの場合には子の看護休暇を取得することも考えられます。さらに、会社や労働者の実情に合わせ、臨時的に、在宅勤務を認めたり、社内に臨時的に託児スペースを設ける等して子連れ出社を認めたりする等の特別対応をするケースもあります。その他、政府の助成金がある場合には、積極的に活用すべきです。

1　原則的な取扱い・有給休暇の取得の奨励

　労働者には、労働契約に従った労務提供義務があり、子どもの世話をする必要があり出勤できない場合には、労務の提供ができないため、通常の欠勤と同様の取扱いとなります。

　労働者が有給休暇の取得を申請する場合には、有給休暇を付与することになります。なお、会社が一方的に有給休暇の取得をさせることはできません。

　実務上、突発的な事由で一定期間休むことになる場合には、会社から労働者に対して、有給休暇の取得を促すことが多いと思われます。

2　子の看護休暇（育児介護休業法16条の2・16条の3、同施行規則32条）

　子の看護休暇とは、小学校入学前の子どもを養育する労働者が、子どもが

ケガや病気の際に世話をするために、また子どもに予防接種や健康診断を受けさせるために取得することができる休暇のことをいいます。

　原則として、日雇い労働者を除きすべての労働者が取得できますが、労使協定を結ぶことで、入社 6 カ月未満の労働者や 1 週間の所定労働日数が 2 日以下の労働者からの申出を拒否することができます。

　休暇日数は、対象となる子どもが 1 人のときは年に 5 日、2 人以上のときは年に10日、取得することができます。

　子ども自身が病気などの場合には、当該子の看護休暇を取得することも考えられます。

3　特別な対応の検討

　新型コロナウイルス感染症を理由とした臨時休校等が全国的に行われた際には、親、親戚や友人に子どもを預けることが難しい場合等に、（業務に支障が生じることもある程度甘受し）在宅での勤務を認めたり、社内に託児スペースを設ける等して子連れ出社を認めたりして、臨時的な特別対応をするような会社もありました。

　このように、緊急事態の場合には会社や労働者の実情に合わせ、特別な対応を検討する必要があるかと思います。

4　助成金の活用

　政府が助成金を支給している場合もあり、当該助成金を活用する等して特別有給休暇制度を設ける等の対応も考えられます。

　新型コロナウイルス感染症による臨時休校等に関する助成金として、「小学校休業等対応助成金」等がありました。これは新型コロナウイルス感染症への対応として、臨時休校等をした小学校等に通う子どもの世話を行う労働者に対し、事業主が有給の休暇（労基法上の通常の有給休暇を除く）を付与した場合に、助成金を支給する特例の制度です（令和 4 年 6 月30日まで対象。※

令和4年5月執筆現在。社会情勢により変動の可能性があります）。

　当該制度は、特例であるため、今後どうなるか不透明な状況ではありますが、政府の助成金制度等も活用しつつ育児と就業の両立を図りやすくし、働きやすい職場づくりを検討すべきであると思われます。

（瀬戸賀司）

⑨　高年齢者の活用

Q67　定年後再雇用における均衡処遇等

　　当社では定年後再雇用により嘱託社員となった場合、退職時の正社員
の際の給与より減額となりますが、その処遇差がいわゆる同一労働同一
賃金の関係からどの程度の減額なら許されますか。

　　また、定年後再雇用において従事させる業務について留意すべき点が
ありますか。

> **A**　　事案により異なりますので、許される具体的な減額幅を示すこ
> とは難しいですが、定年前と職務内容、人材活用のしくみにおい
> て相違がある場合についてはある程度その賃金の引下げ幅も緩や
> かに解されると思います。職務内容、人材活用で変わりのない定
> 年後再雇用時の年収を引き下げる場合においては、引下げ後の賃
> 金水準等も加味されるなど厳格な判断がなされる可能性が高いと
> 思います。定年後再雇用後の職務については、定年前と職種を異
> にする業務につかせる場合はその理由をしっかり説明できるよう
> にしておきましょう。

1　定年後再雇用と同一労働同一賃金に関する法規制

　パート・有期法において定年後再雇用者を対象から除外していませんので、
定年後再雇用者が短時間雇用労働者である場合や有期雇用労働者である場合
には、同法が適用されます。以下、問題となるパート・有期法8条および9
条について説明します。

⑴　パート・有期法8条

　定年後再雇用が有期雇用の場合、通常の労働者との待遇差についてはパー

ト・有期法が適用されます。旧労契法20条に違反する不合理性の有無に関し、長澤運輸事件（最判平成30年6月1日民集72巻2号202頁）で最高裁判所は、有期労働者が定年後再雇用者であることが、同条における不合理性判断において、同条にいう「その他の事情」として考慮されることとなる事情にあたると判断しました。もっとも、定年後再雇用であるからといって直ちに通常の労働者と定年後再雇用の有期雇用労働者との間の待遇の相違が不合理ではないとされるものではありません。同事件で最高裁判所は、「有期契約労働者と無期契約労働者との個々の賃金項目に係る労働条件の相違が不合理と認められるものであるか否かを判断するに当たっては、両者の賃金の総額を比較することのみによるのではなく、当該賃金項目の趣旨を個別に考慮すべきものと解するが相当である」とし、例えば、正社員が欠勤せずに勤務した場合に支給される精勤手当について、従業員に対して休日以外は1日も欠かさず出勤することを奨励する趣旨であるとし、定年後再雇用の嘱託乗務員と正社員の職務の内容が同一である以上、両者の間でその皆勤を奨励する必要性に相違はないというべきとして、嘱託乗務員に支給しないことは不合理であると判断しています。

　パート・有期法8条においても、定年後再雇用であることは「その他の事情」として考慮されると考えられます。また、同条では、待遇差の不合理性判断の事情として、「当該待遇の性質及び当該待遇を行う目的に照らして適切と認められるもの」とされていますので、その待遇の性質や目的によっては、旧労契法20条において上記の精勤手当について不合理と判断した前掲・長澤運輸最高裁判例のように、当該待遇の性質・目的から、定年後再雇用であることを「その他の事情」として考慮することが否定される場合があると考えられます。

⑵　パート・有期法9条

　定年後再雇用の場合、多くの例では、定年前と同じ業務を行っていても責任の程度が異なる、あるいは職務の内容・配置の変更の範囲、いわゆる人材

活用のしくみが異なると思われますが、これがパート・有期法9条の「通常の労働者と同視すべき短時間・有期雇用労働者」に該当する場合、短時間・有期雇用労働者であることを理由として差別的取扱いをすることが禁じられます。

　この短時間・有期雇用労働者であることを理由とする、というのは、「労働時間が短いことのみをもって」あるいは「労働契約に期間の定めのあることのみをもって」という意味と解されます（通達「短時間労働者及び有期雇用労働者の雇用管理の改善等に関する法律の施行について」（平成31年1月30日）第3の4(9)参照）。

　したがって、定年後再雇用者と通常の労働者の待遇差が、短時間雇用あるいは有期雇用であることを理由とするものではなく、定年後再雇用であることが理由であれば、このパート・有期法9条の違反の問題ではないと解されます。

2　定年後再雇用における処遇差

　定年後再雇用の場合、定年退職前の給与額と比べ、定年後再雇用後の給与額が減額されて支給するケースは少なくありません。この定年後再雇用者の待遇について通常の労働者との相違について不合理性が争われた裁判例について主なものを後記〔表3〕にあげました。これら裁判例をみると、実際にどの程度の減額であれば不合理となるかを一概に論じることは困難ですが、裁判所はおおむね、定年後再雇用における職務の内容、人材活用のしくみ、退職金の有無・金額、再雇用後の給与の水準、年金の受給状況などを総合的に考慮し、判断しているといえます。

　例えば、前掲・長澤運輸事件では、最高裁判所は、能率給・職務給の不支給について、嘱託乗務員には能率給よりも高い係数が設定されている歩合給を支給されること、これにより、正社員の基本給・能率給・職務給の合計額と比べ、嘱託乗務員の基本賃金・歩合給の差は2％〜12％にとどまってい

ること、嘱託乗務員が一定の条件を満たせば老齢厚生年金の支給を受けることができるうえ、老齢厚生年金の報酬比例部分の支給が開始されるまでの間、２万円の調整給を支給されることとなっていたことなどの事情を総合考慮し、職務内容および職務内容・配置の変更の範囲が同一であるといった事情を踏まえてもその相違は不合理とは認められないと判断しています。また、賞与の不支給についても、嘱託乗務員が定年後再雇用された者であり、定年退職にあたり退職金の支給を受けるほか、老齢年金およびその比例報酬部分の支給が開始されるまでの調整給の支給があること、嘱託乗務員の賃金（年収）が定年退職前の79％程度となることが想定されているなどの事情を総合考慮し、不合理とは認められないと判断しています。

　また、前掲・長澤運輸事件最高裁判所判決の前の裁判例ではありますが、正社員（専任講師）から定年後再雇用され時間講師となった原告が、定年退職後の賃金が退職前の賃金の30％から40％前後を目安と定められていたとしてその相違の不合理性を争った事件（学究社事件（東京地立川支判平成30年１月29日労判1176号５頁））で、裁判所は、定年退職前の専任講師は、変形労働時間制の下で授業だけでなく生徒・保護者への対応、研修会への出席等が義務づけられているのに対し、定年後再雇用における時間講師は、変形労働時間制の適用はなく、原則として割り当てられた授業のみを担当するもので、両者の間にはその業務の内容および当該業務に伴う責任の程度、つまり職務の内容に差があること、定年後の賃金を定年前より引き下げることは一般的に不合理ではないことから、相違は不合理であるとはいえないと判断しています。

　そのほか、前掲・長澤運輸事件最高裁判所判例後の裁判例として、日本ビューホテル事件（東京地判平成30年11月21日労判1179号55頁）では、定年退職時の年収の約50％〜54％という格差があるものの、職務内容、人材活用のしくみに差異があり、また、もともと定年時の年俸そのものが職務内容に比べ高額であることや高年齢雇用継続給付金を考慮すれば定年退職時の年収

の約63％に相当する等の理由から不合理であるとはいえないと判断していま
す。そのほか、北日本放送事件（富山地判平成30年12月19日労経速2374号18頁）
などでも不合理と判断されていません。

　他方、名古屋自動車学校事件（名古屋地判令和2年10月28日労経速2434号3
頁）では、職務内容、人材活用のしくみにおいて相違がない事案で、定年退
職時の年収が賃金センサス上の平均賃金を下回る水準で、定年後再雇用の基
本給が月額7万円から8万円という金額で若年正社員の基本給を下回り、賃
金総額が定年退職時の57.1％〜63.2％というもので、労働者の生活保障の観
点からも看過しがたい水準であるとして、定年退職時の60％を下回る限度で
不合理と判断しました。この60％という数値はあくまで当該事案においての
事例判断と解されます。

　上記の裁判例の傾向から考えると、定年前と職務内容、人材活用のしくみ
において相違がある場合についてはある程度その賃金の引下げ幅も緩やかに
解されているように思いますが、職務内容、人材活用で変わりのない定年後
再雇用時の年収を引き下げる場合においては、裁判所からは引下げ後の賃金
水準等も加味され厳格な判断がなされる傾向があるものと考えられます。

〔表3〕　**定年後再雇用の賃金差をめぐる主な裁判例**　○：不合理でない、×：不合理

事件名	格差	職務内容、人材活用のしくみ	○×	備考（考慮されたその他の事情等）
長澤運輸事件（最判平成30年6月1日民集72巻2号202頁）	正社員との格差2〜12％	いずれも相違なし。	○	老齢厚生年金受給、年金開始まで調整給2万円。定年時に退職金受給。格差は左記の程度にとどまる。労使協議を経ている。
学究社事件（東京地立川支判平成30年1月29日労判1176号5頁）	定年退職前の正社員の3〜4割程度	職務内容異なる。	○	定年後再雇用であること。

事件名	格差	職務内容、人材活用のしくみ	○×	備考 （考慮されたその他の事情等）
五島育英会事件 （東京地判平成30年10月11日労経速2355号3頁）	専任教諭の定年退職時の水準の約6割（基本給、調整手当、賞与の基本賞与部分の合計額で比較）	いずれも相違なし（専任教諭の所属・職種変更は50年で4件程度）。	○	定年前は年功的要素を含む賃金体系。 高年法の枠外（定年は65歳）。 組合との合意あり。
日本ビューホテル事件（東京地判平成30年11月21日労判1197号55頁）	定年退職時の年収の約50%～54%	いずれも異なる。	○	定年前は年功的性格。高年齢雇用継続給付金を考慮すれば約63%。定年時の年俸は業務内容に比べ高額に設定。
北日本放送事件（富山地判平成30年12月19日労経速2374号18頁）	定年退職前の原告に相当する正社員の約73%	いずれも異なる。	○	正社員の賃金体系は長期雇用を前提とするもの。 高年齢雇用継続給付金、企業年金と平均月額賃金を合計すれば、正社員時の基本給を上回る。 労使協議によるもの。
名古屋自動車学校事件（名古屋地判令和2年10月28日労経速2434号3頁）	定年退職時の45%または48.8%以下	いずれも相違なし。	×（部分的救済※）	定年退職時の賃金が賃金センサス上の平均賃金を下回る水準、若年正社員の基本給も下回る。賃金総額が定年退職時の57.1%～63.2%。労使自治が反映されていない。 ※　労働者の生活保障の観点からも看過しがたい水準に達しているとして、定年退職時の60%を下回る限度で不合理と認められるとしている。

3　定年後再雇用において従事させる業務内容

　定年後再雇用において従事させる業務については、対象者の適性、能力、経験を活かせる業務につかせることが本来企業における人材活用点からも有用であることは明らかですが、他方、組織の適正な人員構成、組織の活性化という点からそのような形をとることができない場合も十分に想定されます。この場合、一般論としていうと、定年後再雇用においてついてもらう業務が定年前と異なる業務となることを説明し、その他の労働条件を含めて提案をし、これに対し、対象者が合意できれば定年後再雇用の雇用契約を締結することができます。しかし、対象者がそのような業務での再雇用を望まないということになると定年後再雇用の雇用契約締結に至らない（つまり定年をもって雇用契約が終了し、その後の雇用関係は発生しない）ということになります。

　この点について、本人が、定年前に従事していた業務であるサウンド設計業務に定年後再雇用においてもつきたいとの思いから、会社が提示した人事総務の業務につくことを拒み、会社からの定年後再雇用の申込みを拒否して雇用契約の締結ができず定年を迎えたという事案で、両者間に雇用関係の存在を否定した裁判例（アルパイン事件（東京地判令和元年5月21日労判1235号88頁））があり、至極当然の判断といえます。

　他方、定年まで事務職についていた原告に対して定年後再雇用として提示した業務内容がシュレッダー機ゴミ袋交換および清掃（フロアー内窓際棚、ロッカー等、シュレッダー作業は除く）、再生紙管理、業務用車掃除であり、単純労務職としての業務内容であったという事案で、まったく別個の職種に属する業務内容の提示は継続雇用の実質を欠くとして改正高年法の趣旨に反する違法なものと認定され、1年間分の給与相当額の賠償請求を認めた裁判例（トヨタ自動車ほか事件（名古屋高判平成28年9月28日労判1146号22頁））があります。この事件は、巨大企業において事務職として多種多様な業務がある

にもかかわらず、清掃業務等以外に提示できる事務職として業務があるか否か十分な検討を行ったとは認められないとして、単純労働を提示して対象者が定年退職せざるを得ないように仕向けた疑いさえ生じる、というような認識を裁判所に与えてしまったような事件であり、特殊な事例判断と考えます。企業において、本人の問題性があること、そして、定年後再雇用において、これまでの職種の業務を与えることができないことを明確に示せるのであれば、たとえ職種を変えた業務内容での提示であっても高年法の趣旨に反するとは解されませんので、許されると思います。

（三上安雄）

Q68　定年後再雇用後の雇止め、定年後再雇用拒否

当社では定年後再雇用として１年ごとの有期雇用契約を締結しています。ところが、今回の契約更新にあたり、当社の業績の急激な悪化を理由に人員削減をせざるを得なくなりました。そのため、今回契約更新ができないとして雇止めをせざるを得ないのですが、雇止めは認められますか。

また、今年新たに定年退職する予定の定年後再雇用の候補者について業績悪化を理由に再雇用を拒否することはできますか。

本設問における雇止め、あるいは再雇用拒否は、それが客観的に合理的な理由に基づき、かつ社会通念上相当といえるような場合には認められると考えられます。

1　雇止めと労契法19条

有期雇用の場合、その契約内容として定められた雇用期間が満了した場合、雇用契約は終了し、更新をしないことが問題となることはない、というのが原則ではありますが、労契法19条１号に定める、実質的に無期契約と同視し得る場合や同条２号に定める、継続雇用（更新されること）への合理的な期待が生じているような場合、雇用契約の更新をせず契約を終了とする雇止めに客観的に合理的な理由と、雇止めが社会通念上相当と認められることが必要となります。

2　高齢者雇用安定法と雇止め

60歳定年について、高年法は高年齢者雇用確保措置として、①定年を65歳まで延長する、②65歳までの継続雇用制度を導入する、あるいは③定年の定めの廃止、この３つのいずれかの措置をとることを求めています。定年後再

雇用はこの②の措置義務として企業が行う高齢者雇用です。それゆえ、定年後再雇用は、たとえ有期雇用という雇用形態をとったとしても、65歳まで継続して雇用される制度として予定されていることから、前記1で述べた労契法19条2号に定める、継続雇用（更新されること）への合理的な期待が生じているような場合にあたると解されます。そのため、雇止めに客観的に合理的な理由と、雇止めが社会通念上相当と認められることが必要となります。

　会社の業績悪化を理由に人員削減をしなければならないという経営上の理由により雇止めをしなければならないという場合、整理解雇に準じて4つの要素を考慮して雇止めの有効性が判断されるものと考えられます。

　すなわち、①人員削減の必要性、②希望退職の募集等人員削減（雇止め）回避の努力、③人選の合理性、④雇止めに至る手続の相当性です。

3　再雇用拒否

　定年後再雇用については、その対象者は解雇事由や退職事由に該当する場合を除き、原則希望者全員とされています（高年法9条3項、「高年齢者雇用確保措置の実施及び運用に関する指針」（平成24年11月9日付厚労省告示第560号））。では、定年後再雇用の対象者にあたる場合で、会社が経営上の理由から再雇用を拒否できるでしょうか。

　この点に関して判断した裁判例として、フジタ事件（大阪地判平成23年8月12日労経速2121号3頁）があります。この事件で、裁判所は、会社が一定の具体的、客観的な基準に該当する者について継続して雇用することを容認していたこと、他方、定年退職した労働者としては自らが継続雇用を希望した場合には、一定の要件を満たせば雇用されるという合理的な期待があったことから、期間の定めがある雇用契約における雇止めの適否が問題となる利益状況に類似しているとして、解雇権濫用法理を類推適用し、原告らが定年後再雇用を希望し、具体的客観的に定められた要件を充足するにもかかわらず、被告がこれを拒否する、つまり経営不振等雇用の継続が困難と認められ

る客観的に合理的な理由と社会通念上の相当性が必要である旨判示しています。なお、上記裁判例は、定年後再雇用の対象者基準を設けることが認められていた時期のものであり、現在は希望者全員雇用（ただし、解雇事由や退職事由にあたる場合は除く）とされており、定年退職者が継続雇用される期待を当然に有していると解されます。

　したがって、本設問においても、急激な経営悪化に伴い、人員を削減しなければならない必要性がある場合において、例えば、実際に希望退職の募集を行っているような事情や役員報酬や賃金の減額等経費削減などを行い人員削減を回避するための措置を講じているなどの事情があり、今年新たに定年退職する予定の定年後再雇用の候補者について業績悪化を理由に再雇用を拒否することが客観的に合理的な理由に基づくと判断され、かつ社会通念上も再雇用拒否が相当であると判断される場合には、再雇用拒否も認められると解されます。

（三上安雄）

Q69 定年延長

60歳の定年を65歳に延長する場合に、60歳以降の賃金をそれまでの賃金額より低い金額として支給することは可能ですか。

また、退職金をそれまでと同様に60歳時点で支払い、その後の雇用期間は退職金支給の対象としないことは可能ですか。

A 前段については、労働者との合意に基づく変更であれば問題はないと考えられ、また、合意を得られず、就業規則変更により行う場合、それが労働条件を不利益に変更する場合、労契法10条の「合理性」が認められれば、可能です。

後段については、定年延長前に入社した従業員の利益保護の観点から、定年を延長しても旧定年までの勤続期間を対象とする退職金を旧定年時において支給することは可能です。

1 定年延長を伴う賃金減額

65歳まで定年が延長される一方、60歳以降の賃金をそれまでの賃金額より引き下げることについて、労働者との間で合意に基づき行う場合（労契法8条、9条）であれば特に問題はないと考えられますが、合意が得られない場合は、就業規則を変更することで上記のような労働条件の変更を行うことが考えられます。この場合、定年が延長となる一方、それまでの基本給や役職手当、賞与などの賃金を引き下げることが十分に想定されます。その結果、例えばそれまでの継続雇用制度の定年後再雇用によって得るであろう賃金も含めて65歳まで得られるであろう賃金額と同等ないし上回っている場合は問題がないと思いますが、それを下回るなど、その労働条件が実質的に不利益に変更されるという場合には、その就業規則の不利益変更が有効となるためには、労契法10条の「合理性」が認められる必要があります。

　この点に関しては、第四銀行事件最高裁判決（最判平成9年2月28日民集51巻2号705頁）が参考になります。同事件では、55歳から60歳に定年を延長し、55歳以降の賃金額をそれまでより引き下げ（本俸、役付手当、賞与を減額、定期昇給不実施）、それまで55歳から58歳までの定年後在職制度の適用を受ければ58歳まで勤務して得ることを期待することができた賃金額を60歳定年近くまで勤務しなければ得ることができなくなるなど、その労働条件が不利益に変更されるというものでした。最高裁判所は、上記変更は、当時60歳定年制の実現が社会的にも強く要請される一方、定年延長に伴う賃金水準等の見直しの必要性が高く、また、55歳以降の労働条件は既得の権利とまではいえないうえ、変更後の就業規則に基づく55歳以降の労働条件の内容は55歳定年を60歳に延長した多くの地方銀行の例とほぼ同様であり、その賃金水準も他行や社会一般の賃金水準と比較してもかなり高いこと、定年が55歳から60歳に延長され、安定した雇用が確保される利益は決して小さいものではないこと、さらに、行員の約90％で組織されている労働組合からの提案を受け、交渉、合意を経て、労働協約を締結したうえで行われたものであることから、変更後の就業規則の内容は労使間の利益調整がされた結果としての合理的なものであると一応推測することができること、などを考慮し、合理的な内容のものであると認めることができないものではない、としてその変更後の効力を認めました。

　この最高裁判所判決を参考に、本設問を検討するに、65歳までの定年延長の必要性、定年延長後における60歳から65歳までの賃金水準を見直す必要性は一般的には認められるものの、本設問の特徴は、それまで実施している、60歳以降65歳までの定年後再雇用は高年法に基づく措置義務として行うものであり、希望者全員を再雇用するのが原則とされている点にあります。この定年後再雇用される利益の保護は法の要請に基づくものであり、それゆえ、これにより得られるであろう賃金を含め、これまで得られると期待される60歳から65歳までの賃金の額を下回るであろう本件の定年延長による賃金水準

の見直しの必要性が認められるのか、が問われると思います。また、その見直しにより被るであろう不利益と、定年後再雇用に比して定年延長により得られるであろう安定した雇用確保の利益、さらに、その見直し後の賃金水準が同業他社や社会一般の水準と比べどうなのか、労働組合等他の社員の意向はどうかという点も検討する必要があるでしょう。

2　定年延長と退職金の支給時期

　次に、定年を延長した場合、退職金はその支給原因である定年退職が後にずれることにより、退職金の支給日が後にずれることになります。この退職金支給日が後になることは、対象者にとって、例えば退職金による借入金の一括返済を予定している等、事情によっては不利益を被る場合もあります。そこで、定年を延長した場合において、退職金をそれまでと同様に延長前の定年年齢（例えば、設問のように60歳）時点で支払い、その後の雇用期間は退職金支給の対象としないという扱いも労働者に対する配慮としてその制度設計の必要性はあると考えられます。延長前の定年退職までの退職金は賃金規程などで定められ、契約内容となっていたと解され、上記の取扱いはこれを満たすものであり、その年齢から延長された新たな定年年齢までの間を対象とする退職金の加算をするかどうかは当該企業における制度設計の問題として、退職金の加算をしないという選択も認められると解されます。したがって、退職金をそれまでと同様に延長前の旧定年年齢（例えば、設問のように60歳）時点で支払い、その後の雇用期間は退職金支給の対象としないという扱いも制度設計としては可能であると解されます。

　もっとも、退職金は本来退職の際に支給するものですから、税法上、定年退職前の旧定年退職時において退職金を支給することが認められるか、つまり退職所得として認められるのか、という問題があります。この点に関しては、所得税基本通達30-2(5)《引き続き勤務する人に支払われる給与で退職手当等とされるもの》で「労働協約等を改正していわゆる定年を延長した場

合において、その延長前の定年（以下、……「旧定年」という。）に達した使用人に対し旧定年に達する前の勤続期間に係る退職手当等として支払われる給与で、その支給をすることにつき相当の理由があると認められるもの」にあたる場合、退職所得としてよいとされています。

　そして、定年延長前に入社した従業員は、旧定年のときに退職一時金が支給されることを前提に生活設計をしており、定年延長により退職一時金の支給が65歳になると不都合が生じること、退職金規程の改正前および改正後においても退職一時金の金額が変わらないことは、退職一時金支給が65歳に延長されることは当該従業員に不利益となることから、このような不都合や不利益を雇用主として配慮する必要があるので、旧定年のときに退職一時金を支給することについて「相当な理由」があると認められると解されています（国税庁HP文書回答事例「定年を延長した場合にその延長前の定年に達した従業員に支払った退職一時金の所得区分について」参照）。以上から、定年延長前に入社した従業員に対し、旧定年に達する前の勤続期間に対する退職手当として支払うものについては退職所得として取り扱われることとなると解されます。

（三上安雄）

Q70 70歳までの就業機会の確保（努力義務）

令和3年4月1日から65歳から70歳までの就業機会の確保が努力義務となりましたが、その概要について教えてください。

 70歳までの雇用による就業機会の確保に加え、雇用によらない創業支援等措置による就業機会の確保が努力義務として定められました。

1　70歳までの雇用確保義務

事業主には、65歳までの雇用確保義務（65歳までの定年引上げ、65歳までの継続雇用制度の導入、定年廃止）がありますが、改正高年法が令和3年4月1日から施行され、70歳までの就業確保が努力義務となりました。

以下、概要を説明します。

2　対象となる事業主

対象となる事業主は次のとおりです。

① 定年を65歳以上70歳未満に定めている事業主

② 65歳までの継続雇用制度（70歳以上まで引き続き雇用する制度を除く）を導入している事業主

3　対象となる措置

次の①〜⑤のいずれかの措置（高年齢者就業確保措置）を講じるよう努める必要があります。

① 70歳までの定年引き上げ

② 定年制の廃止

③ 70歳までの継続雇用制度（再雇用制度・勤務延長制度）の導入（特殊関

係事業主に加えて、他の事業主によるものを含む）

　65歳までの高年齢者雇用確保措置と同様、心身の故障のため業務に耐えられないと認められる、勤務状況が著しく不良で引き続き従業員として職責を果し得ないこと等就業規則に定める解雇事由または退職事由に該当する場合は継続雇用しないことができます。

　なお、「他の事業主」による継続雇用制度を導入する場合、事業主は、当該他の事業主との間で、当該他の事業主が対象となる高年齢者を引き続いて雇用することを約する契約を締結する必要があります。

　さらに、創業等支援措置として、

④　70歳まで継続的に業務委託契約を締結する制度の導入

⑤　70歳まで継続的に以下の事業に従事できる制度の導入

　ⓐ　事業主が自ら実施する社会貢献事業

　ⓑ　事業主が委託、出資（資金提供）等する団体が行う社会貢献事業

　この社会貢献事業とは、社会貢献活動その他不特定かつ多数の者の利益の増進に寄与することを目的とする事業である必要があり、特定または少数の利益に資することを目的とした事業は対象となりません。

　なお、ⓑについては、事業主が社会貢献事業を実施する者との間で、当該者が対象となる高年齢者に対して当該事業に従事する機会を提供することを約する契約書を締結する必要があります。

　なお、上記④、⑤については過半数組合等の同意を得たうえで、措置を導入する必要があります。労働者の過半数を代表する労働組合がある場合にはその労働組合、そして労働者の過半数を代表する労働組合がない場合には労働者の過半数を代表する者の同意が必要です。

　また、③〜⑤の事業主が講じる措置については、対象者を限定する基準を設けることができますが、その場合は過半数労働組合等との同意を得ることが望ましいとされ、さらに、労使間で十分に協議された基準であっても、事業主が恣意的に高年齢者を排除しようとする趣旨や、他の労働関係法令・公

序良俗に反するものは認められないこととされています（「高年齢者就業確保措置の実施及び運用に関する指針」平成 2 年10月30日付厚労省告示第351号）。

4　指導助言等

　厚生労働大臣は、必要があると認めるときに、事業主に対して、高年齢者就業確保措置の実施について必要な指導および助言を行うこと、当該措置の実施に関する計画の作成を勧告すること等ができることとされています。

（三上安雄）

⑩　退職者の活用

Q71　定年退職前に退職した正社員の再雇用

　　定年退職前に、出産、育児、介護等によって退職した者に対し再雇用
を認める制度を導入する際にはどのような点に注意すべきでしょうか。

> **A**　自社での就労経験者の再雇用を充実させるべく、退職時の再雇
> 用応募資格認定の要件や再雇用応募時の資格要件等を定めておく
> ようにしつつ、最終的な再雇用の採否および労働条件の決定は使
> 用者に裁量権があるような設計にしておくべきです。

1　定年前に退職した正社員の再雇用

　　定年退職後の再雇用については、高年齢者雇用確保措置として高年法9条
に定めがありますが、定年前に退職した正社員の再雇用については法令上の
定めはありません。そのため、再雇用に関する制度設計は、使用者による裁
量によって定めることができます。実務上は制度化せず、退職した正社員を
あらためて正社員として採用したり、有期雇用社員として契約するなど、退
職者や使用者の業績・業務量の状況等に応じ、ケースバイケースの対応をし
ている企業の方が多いように思われます。それは、勤務日数、賃金等労働条
件について、労働契約書で定めるなどして、個別的かつ柔軟な対応がとりや
すくなるということによるものと解されます。

　　しかし、結婚、妊娠、出産、育児、介護等ライフイベントの際に、離職率
が顕著に高い企業においては、離職後、一定期間のうちに、復帰してもらう
ことによって、働きやすい職場やワーク・ライフ・バランスの実現を図りた
いと考えることもあります。その場合、育児や介護の休業等に関する法令や
社内制度では対応できないものの、離職しても復帰しやすい環境、具体的に

は、定年前に退職した正社員に関する再雇用制度（以下、「再雇用制度」といいます）を整えることによって、その点を実現できるようにしていきます。

2　再雇用応募資格の退職時での認定

　企業の業績等は刻々と変わっていきますし、会社も生き残りをかけて変革していく必要もありますので、企業規模等によりますが、現在と10年前の状況とは異なっていることの方が多いように思われます。そのため、再雇用制度を整備するにしても、「退職者が希望した場合には再雇用する」といった使用者が雇用を義務づけられると、とらえられるような規定を設けることはせず、優先的に雇用する再雇用制度への応募を認める資格の認定を退職時に行うような対応をしておいた方がよいです。具体的な例としては、以下のすべてに該当する退職者には、「再雇用応募資格認定書」を手交し、就労できる状況になった場合には「再雇用希望」を人事部に連絡しやすい状況をつくっておくことがよいでしょう。さらに、可能であれば、退職の時点で、将来再雇用を希望することがあるか否かの意向くらいは確認しておいた方がよいでしょう。場合によっては、使用者から退職者に対し、再雇用の打診をするかもしれません。ただ、この場合、在職時の個人データの利用目的について、「再雇用のための連絡のため」および「再雇用時の人事管理のため」といった内容の変更・追加をしておく必要がある点には注意が必要です。

〈退職時の再雇用応募資格認定の要件〉（例）

①　自己都合退職による円満退職であること

②　勤続年数が5年以上、在職時に2つ以上の部署での経験があること

③　退職前5年間の人事評価が平均以上であること

④　退職前5年間の出勤率が90％以上であること

※　年次有給休暇付与の出勤率算定に際して出勤したものとみなす日については出勤とする。

〈**再雇用応募時の資格要件**〉（例）

① 当該社離職から 5 年以内であること

② ①には該当しないものの、直近の就労していない期間が 3 年以内であること

③ 就労に支障のない健康状態が確認できること

④ 会社が提示する労働条件に合意できること

3　その他注意事項

再雇用応募者に、フルタイムか否か、無期か有期の雇用か否かなどといった希望を申し出てもらうことになりますが、最終的に雇用形態を決定するのはあくまでも使用者であるという建つけは維持しておくべきです（雇用形態によって適用となる就業規則も異なります）。また、年次有給休暇の付与、退職金や職能資格の滞留年数等に影響する勤続年数については、退職前の期間との通算や合算はしないことについても明確にしておくべきです。また、あらためて試用期間を設定するか否かも検討する必要があります。

（根本義尚）

Q72 パートタイマーとして再雇用された正社員経験者の扱い

正社員が育児や介護等の家庭の都合で退職しましたが、会社の要請もあって1日6時間、週3日、1年契約のパートタイマーとして勤務することになりました。初回契約終了時点での雇止めは違法となることはありませんか。

 　　　自社での正社員経験者を退職の翌日にパートタイマーとして再雇用する場合には、使用者としても基幹業務に従事してきた経験を活かした配置等を考えるのが一般的であることなどを踏まえ、労契法19条2号の適用があると考え、慎重な対応を検討すべきです。

1　労契法19条

労契法19条は、有期労働契約のうち以下の①または②に該当し、労働者が契約更新の申込みをするか、期間満了後遅滞なく契約の申込みをした場合に、使用者による拒絶が客観的に合理的な理由を欠き、社会通念上相当であると認められなければ、同一の労働条件で承諾し、労働契約が更新されることを定めています。

---

① 　有期労働契約が反復して更新されたことにより、雇止めをすることが解雇と社会通念上同視できると認められる場合（労契法19条1号）
② 　労働者が有期労働契約の契約期間の満了時に、その有期労働契約が更新されるものと期待することについて合理的な理由が認められる場合（同法19条2号）

裁判例は、①当該雇用の臨時性・常用性、②更新の回数、③雇用の通算期間、④契約期間管理の状況、⑤雇用継続の期待をもたせる使用者の言動の有

無、⑥同様な立場の他の労働者の雇止め状況、⑦その他雇用継続の期待の有無など諸般の事情を総合考慮して、個々の事案ごとに判断しています。その中でも、有期労働契約を反復更新してきた場合には、通常、更新の回数を重ねるたびに更新の期待が大きくなると解されます。そのため、無期雇用の正社員だった労働者が自己都合により退職した翌日から有期雇用の短時間労働者（以下、「パートタイマー」といいます）として勤務を開始した場合、初回の有期労働契約となり、その契約期間満了により当然に労働契約が終了するものとして、労契法19条の適用を受けないと解するのか、それまでの無期労働契約の期間についても何かしら考慮されることになり、同条の適用を受けるのかということが問題になります。

2　有期労働契約締結の際のやり取りの状況等が重要

(1)　労契法19条の適用がないケース

使用者の事情や要請が一切なく、労働者の事情が原因で正社員としての就労が難しくなって、労働者自ら有期雇用のパートタイマーへの変更を申し出、使用者が了承した結果、パートタイム労働契約書を締結した場合には、原則として、労契法19条の適用はないと解されます。ただし、当該契約締結では、正社員時代の担当業務から一定程度補助的業務に変更し、賃金その他の労働条件についても、他のパートタイマーと同レベルの水準を設定のうえ、雇用継続の期待をもたせるような言動等をしないようにする必要があると解されます。

(2)　労契法19条の適用があるケース

自社の正社員経験者を退職の翌日にパートタイマーとして再雇用する場合、使用者は基幹業務に従事してきた経験を活かした配置を考えるのが通常で、人材活用、人件費の抑制、生産性の向上にもつながり、合理的な人事配置となるため、そのような配置を行うとともに、賃金等の労働条件についても一定の配慮をする方が一般的ではないかと思われます。そのような対応をする

場合には、原則として、労契法19条2号の適用があると考えておいた方が現実的であり、以下のとおり、裁判所も同様の考え方に立っているものと解されます。

① 正社員が母親の介護のため、週3日の有期雇用契約社員となり、初回契約期間満了で雇止めとなった事案に関し、簡易手続によって補助的業務や臨時的な業務を行うパートタイマー採用と異なり、一定期間正社員で基幹業務を担当済みであることを指摘し、契約書に「定年：満60歳」、「雇用継続制度：就業規則に準じる」といった定めがあり、労働者の要望を受けて契約社員に使用する一般的な更新の有無および基準に関する文言を修正し、賃金も時給から月給にしていることなどから雇用継続の合理的期待が生じているとして雇止めを違法とした裁判例（大阪地判平成24年11月16日労判1068号72頁および大阪高判平成26年6月21日労判1089号56頁〔医療法人清恵会事件〕）。

② 育児休業終了後、労働者の希望によって週3日の有期契約社員となり、雇止めとなった事案に関し、希望の際に、「本人が希望する場合は正社員の契約再変更が前提です」と記載された説明文書を受領していたが、正社員への再変更は会社の合意が必要であったという意思解釈を行い、無期労働契約の成立を認めなかったものの、将来、正社員として勤務する環境が整い、本人が希望する場合に、正社員としての再雇用を想定していることなどを理由に、労契法19条2号の適用があると判断したが、雇止めにも合理的な理由があると判断した裁判例（東京高判令和元年11月28日労判1215号5頁〔ジャパンビジネスラボ事件〕）。

（根本義尚）

11　業務委託契約への切替え

Q73　雇用契約から業務委託契約への切替え

雇用契約関係にある社員について、雇用契約から業務委託契約に切り替えることはできますか。

 　個別に合意をすることで、雇用契約から業務委託契約への切替えはできます。

1　雇用契約から業務委託契約への切替え

雇用契約においては、従業員は、使用者の指揮命令に従って、労務を提供することが求められ、使用者は、賃金を支払う義務を負います。そして、雇用契約では、従業員は、勤務にあたり、雇用契約における所定労働日に所定労働時間について、勤務従事することが求められます。また、勤務に際しては、就業規則における服務規律等を踏まえた勤務が求められます。一方、使用者としても、労基法や労契法などの各種労働関係法規の規制の下に労務提供を受けることとなります。

雇用契約は、従業員にとって、労基法や労契法等の保護を受ける側面もありますが、勤務場所や勤務時間等を含め拘束性の強い働き方であるといえます。

そこで、業務の完了や成果を重視する職種（たとえば、デザイン・設計、コンサルタント、インストラクター、証券会社外交員、記者、士業、配送等）について、業務完遂能力が高い従業員については、より自由度と裁量性のある働き方をしてもらい、業務成果や業務完了に対して報酬を支払うこととする業務委託契約に変更することが考えられます。この業務委託契約は、法的性質としては、請負契約または準委任契約かその混合的な性質があるといえます。

個人と契約することになりますので、委託を受ける個人は、個人事業主とし
て業務遂行することになります。最近ではフリーランスとして個人が業務委
託を受ける形態が増えてきており、例えば余暇を使ってフードデリバリーの
配達員となるケースもみられますが、この配達員には個人事業主としての契
約があります。今後、フリーランスの個人事業主への業務委託契約を活用す
るケースが増えてくることが考えられます。

　この契約の切替えは、雇用契約の合意解約と新たな業務委託契約の締結に
より行うこととなります。参考までに、業務委託契約書の書式例を後掲しま
す（【書式28】）。

2　業務委託契約と労働者性

　雇用契約を合意解約し、業務委託契約に切り替えた場合に、労基法や労契
法、労組法などの労働関係法規の適用が一切及ばないのかというと、必ずし
もそうではありません。労働関係法規における労働者性は、契約の形式では
なく、実態を踏まえて実質的に判断されることになるからです。

　そして、労基法、労契法上の労働者性については、労働関係の実態におい
て事業者に「使用され」かつ賃金を支払われている労働関係と認められれば、
「労働者」となります。そのため、契約書の体裁や文言を委任や請負として
形式を整えたとしても、労働者性は、労働関係の実態により判断されます。
すなわち、労働者性は、以下を総合的に勘案し、個別具体的に判断されます
（「労働基準法研究会報告」昭和60年12月19日付厚生労働省）。

> 1　使用従属性に関する判断基準
>
> 　(1)　指揮監督下の労働
>
> 　　①仕事の依頼、業務従事の指示等に対する諾否の自由の有無、②業
> 務遂行上の指揮監督の有無、③拘束性の有無、④代替性の有無
>
> 　(2)　報酬の労務対償性

```
2　労働者性の判断を補強する要素
 (1)　事業者性の有無
    ①機械、器具の負担関係、②報酬の額
 (2)　専属性の程度
 (3)　その他
```

　また、労組法上の労働者性は、労基法よりも広いと解されています。個人事業主への業務委託契約の形式をとっていたとしても、労働組合に加入し、団体交渉申入れ等がなされる事案があります。これまでには労働委員会命令等では、住宅設備機器の修理補修の業務を委託された技術者、音響機器の修理補修の業務を委託された個人代行店、自転車による配送業務従事者などで、労組法上の労働者性が肯定されています。

　労働委員会や裁判所における労働者性の判断を踏まえ、厚生労働省は「労使関係法研究会報告書」（平成23年7月）を公表し、以下のとおり判断要素を整理しています。

```
1　基本的判断要素
 (1)　事業組織への組入れ
 (2)　契約内容の一方的・定型的決定
 (3)　報酬の労務対価性
2　補充的判断要素
 (1)　業務の依頼に応ずべき関係
 (2)　広い意味での指揮監督下の労務提供、一定の時間的場所的拘束
3　消極的判断要素
 (1)　顕著な事業者性
```

　以上の要素について、1をもとに2と合わせて総合判断し、ただし、3が認められる場合は、労働者性が否定されうるとされます。

3　個人業務委託契約における保護法制

　近時、多様な働き方が推奨される傾向にあり、フリーランスの個人事業主は、ギグ・エコノミー（インターネットを通じて短期・単発の仕事を請け負い、個人で働く就業形態）の拡大による、高齢者雇用の拡大、健康寿命の延伸、社会保障の支え手・働き手の増加などに貢献することが期待されるともいわれます。

　そこで、令和3年3月には内閣官房・公正取引委員会・中小企業庁・厚生労働省「フリーランスとして安心して働ける環境を整備するためのガイドライン」〈https://www.mhlw.go.jp/content/11911500/000759477.pdf〉 以下、「フリーランスガイドライン」といいます）が公表されるに至り、事業者とフリーランスの取引について、独占禁止法、下請法、労働関係法令の適用関係について詳細な整理をしています。労働者性がない業務委託契約であるとしても、優越的地位の濫用の禁止や、不当な代金支払い遅延防止等の規制はありますので、契約の切替えをする場合に留意する必要があります。フリーランスガイドラインでは、下請法を踏まえた契約書の雛形例が紹介されていますが、【書式28】の業務委託契約書例は同雛形の項目も踏まえ、適宜付加したものです。

【書式28】　業務委託契約書例

業務委託契約書

　甲及び乙は、甲が乙に対し、業務を委託するにあたり、次のとおり契約を締結する。

1　委託業務内容
　①○○コンサルタント業務及びこれに附帯する業務（以下「本件業務」という。）
　②乙は甲に対し、毎月10日までに前月の本件業務の実施状況を書面で甲に報告する。

2　報酬の額及び諸経費
　①月○○万円（消費税等別）
　②本件業務に関して乙に生じた通信費・交通費・その他諸経費は、乙の負担とする。
　③契約期間の中途で終了した場合でも、甲は乙の実施割合に相当する報酬を支払うものとする。

3　報酬の支払期限
　　甲は、当月分の報酬を翌月15日限り、乙の指定する金融機関口座に振り込んで支払う。振込手数料は甲の負担とする。

4　善管注意義務
　　乙は、本件業務を善良なる管理者の注意をもって遂行する。

5　再委託
　　乙は、本件業務の遂行上必要な場合は、甲の事前の書面承諾を得て本件業務の一部を第三者に委託することができる。但し、再委託した場合であっても、乙は本契約上の義務を免れないものとする。

6　解　除
　①甲または乙は、２カ月前に書面で予告することにより、本契約を解除することができるものとする。（※本解除規定は、無理由での予告解除を意図したものですが、受託者側から拒否される可能性もあります。）
　②甲または乙は、相手方に債務不履行がある場合は、相当期間を定めて書面催告した上で、なお不履行が続く場合は本契約を解除することができる。
　③甲または乙は、相互の信頼関係を損ねた場合には、１カ月前に書面予告することで本契約を解除することができる。

7　秘密保持
　　甲及び乙は、本契約の履行に際して知り得た相手方に関する情報を秘密として扱うものとし、かつ本契約の目的以外に使用せず、当該相手方の事前の書面による同意を得ない限り、第三者に開示又は漏洩してはならない。

8　有効期間
　　本契約の有効期間は、XXXX年XX月XX日から１年間とし、期間満了の３カ月前までに契約終了の意思表示が当事者の一方からなされない場合には、本契約は１年間更新されるものとし、以後も同様とする。

9　協　議
　　本契約に定めのない事項は甲乙協議の上、解決を図るものとする。

○○年○○月○○日

甲

乙

（増田陳彦）

Ⓠ74 切り替えた業務委託契約の解消

雇用契約から業務委託契約に切り替えた者について、業務委託契約を
解消する場合どのような点に注意したらよいでしょうか。

Ⓐ 　相手方に解消を拒否する姿勢がある場合には、解消理由を事前
に整理しておき、理由を説明できるようにすることが適切です。
できるだけ、合意解除をすることが望ましいのですが、一方的解
除をする場合には、実質的には解雇や雇止めであるとして争われ
る可能性がありますので、そのようなリスクを軽減するため、契
約締結当初から、労働者性の実態がない業務委託契約となるよう
に注意が必要です。

1　業務委託契約の解消

　雇用契約から個人業務委託契約に切り替えた場合、業務委託契約の解消は
期間途中解除による場合と、期間満了による解消があり得ます。

　期間途中解除については、合意による解除と、相手方に債務不履行がある
場合の解除があります。解消しようとするには相応の理由があることが通常
かと思いますが、委託業務の縮小や廃止等の委託する企業側の事情というこ
ともあれば、受託者の業務遂行能力の不足や委託業務の未完成、不履行とい
う受託者側の事情ということもあります。

　いずれであっても、一方的な解消を行うことは、契約解消の有効性をめぐ
るトラブルの可能性を残すことになりますので、事前に契約解消の理由を整
理して説明したうえで、協議による合意解除をすることが適切です。契約終
了のお願いの参考例を後掲しますが（【書式29】）、契約解消の経過を残す意
味でも、文書にて申入れをしたうえで、協議をすることがスムーズです。

2　業務委託契約の解消に伴うリスク

　協議によって合意解除できない場合には、一方的に解除することになります。Q73であげた業務委託契約書の例（【書式28】）では、双方から 2 カ月前予告で特に理由がなくとも期間途中解除することを可能にしていますが、このような規定を定めていたとしても、無理由の解除が常に有効ということにはならないと考えられます。例えば、相当の期間にわたり業務委託契約関係が継続し、契約継続に対する期待が強く、また、契約継続のための設備投資等をしているとか、業務委託契約への依存度が高いようなケースでは、信頼関係を破壊するような事情がない限り解除できないという見解（継続的契約の法理）があります。一部の裁判例では、このような見解も踏まえ、契約解除を制限したり、一定期間の損害賠償を命じています。また、このような法理を適用しないとしても、信義則による解除制限ということもあり得ます。

　したがって、ある程度継続してきた業務委託契約を解除する場合には、どのような理由で解除するのかを整理し、理由が十分かどうかを事前に検討したうえで、解除することが適切といえます。

　また、業務委託契約の形式をとっていたとしても、Q73で述べた要素により、実態として労働者性がある場合には、業務委託契約の解除や期間満了での終了は、実質的には解雇や雇止めであるとして、トラブルになる可能性もあります。そのようなリスクを軽減するため、契約締結当初から労働者性を帯びる実態とならないように適正な業務委託契約とすることが望まれます。

【書式29】　業務委託契約終了願い例

契約終了のお願い

○○○○年○月○日

○○○○　殿

株式会社△△△△

前略

　当社は貴殿との間で○○年○月○日付け業務委託契約（以下「本契約」という。）を締結していますが、貴殿におかれては本契約に基づいた業務遂行について、不備やクレームが多々出ております。具体的には既にご説明してきた通り……等です【※ある程度具体的に記載することが望ましい。】。

　この間、再三にわたり改善を求めてきましたが、一向に改善されないため、本契約の第○○条に基づき○○年○月○日をもって本契約を解除させていただきたく、まず協議させていただきたくお願いをするものです。

　なお、残念ながら協議による解除に至らない場合には、上記期日にて解除させていただきますので、本書をもってあわせてご通知いたします。

草々

（増田陳彦）

● 著者一覧 ●

三上　安雄（みかみ　やすお）

ひかり協同法律事務所

〒105-0001

東京都港区虎ノ門 5 -11- 2　オランダヒルズ森タワー 16階

TEL　03-5733-2800　FAX　03-3433-2818

〈主な著書・論文〉

『最高裁労働判例―問題点と解説』第Ⅱ期 3 巻～ 5 巻(共著、日本経団連出版)

『懲戒処分の実務必携Q＆A―トラブルを防ぐ有効・適正な処分指針―』（共
　　著、民事法研究会）

『詳解　働き方改革関連法』（編著、労働開発研究会）

『多様な働き方の実務必携Q＆A―同一労働同一賃金など新時代の労務管理』
　　（共著、民事法研究会）

増田　陳彦（ますだ　のぶひこ）

ひかり協同法律事務所

〒105-0001

東京都港区虎ノ門 5 -11- 2　オランダヒルズ森タワー 16階

TEL　03-5733-2800　FAX　03-3433-2818

〈主な著書・論文〉

『Q＆A　解雇・退職トラブル対応の実務と書式』(共著、新日本法規出版)

『Q＆A　人事労務規程変更マニュアル』(共著、新日本法規出版)

『懲戒処分の実務必携Q＆A―トラブルを防ぐ有効・適正な処分指針―』（共
　　著、民事法研究会）

『詳解　働き方改革関連法』（編著、労働開発研究会）

『多様な働き方の実務必携Q＆A―同一労働同一賃金など新時代の労務管理』
　　（共著、民事法研究会）

298

根本　義尚（ねもと　よしひさ）

根本法律事務所

〒101-0052

東京都千代田区神田小川町１-６-４　新福神ビル３階

TEL　03-3251-6600　FAX　03-3251-6655

〈主な著書・論文〉

『これで安心！ 地域ユニオン（合同労組）への対処法─団交準備・交渉・妥
　　結・団体交渉への対応─』(共著、民事法研究会)

『管理職のための労働契約法・労働基準法の実務』(共著、清文社)

『これから始める仕事と介護の両立支援』(共著、労務行政)

『諸手当管理の教科書─現状をとらえあるべき姿へ改革を進めるために』(共
　　著、労務行政)

『実務Q&Aシリーズ　退職・再雇用・定年延長』(共著、労務行政)

萩原　大吾（はぎはら　だいご）

根本法律事務所

〒101-0052

東京都千代田区神田小川町１-６-４　新福神ビル３階

TEL　03-3251-6600　FAX　03-3251-6655

〈主な著書・論文〉

『諸手当管理の教科書─現状をとらえあるべき姿へ改革を進めるために』(共
　　著、労務行政)

『実務Q&Aシリーズ　賃金・手当・賞与・退職金』（共著、労務行政）

『実務Q&Aシリーズ　懲戒処分・解雇』（共著、労務行政）

『実務Q&Aシリーズ　募集・採用・内定・入社・試用期間』(共著、労務行政)

村田　浩一（むらた　こういち）

根本法律事務所

〒101-0052

東京都千代田区神田小川町 1 - 6 - 4　新福神ビル 3 階

TEL　03-3251-6600　FAX　03-3251-6655

〈主な著書・論文〉

『退職勧奨・希望退職募集・PIPの話法と書式』（編著、青林書院）

『同一労働同一賃金の実務と書式』（編著、青林書院）

『SNSをめぐるトラブルと労務管理—事前予防と事後対策・書式付き〔第 2 版〕』（共著、民事法研究会）

『外国人雇用の法律相談Q&A—在留資格の確認から労務管理まで』（編集代表、法学書院）

『変化する雇用社会における人事権～配転、出向、降格、懲戒処分等の現代的再考～』（共著、労働開発研究会）

瀬戸　賀司（せと　よしつか）

杜若経営法律事務所

〒101-0052

東京都千代田区神田小川町 3 -20　第 2 龍名館ビル 8 階

TEL　03-6275-0691　FAX　03-6275-0692

〈主な著書・論文〉

『教養としての「労働法」入門』（共著、日本実業出版社）

『同一労働同一賃金の実務と書式』（共著、青林書院）

『新型コロナウイルス感染症に関する労働問題Q&A』（共著、労働調査会）

『外国人雇用の法律相談Q＆A—在留資格の確認から労務管理まで』（共著、法学書院）

「事例でわかる　人事労務管理の視点から見るネット上の誹謗中傷対策」（ビジネスガイド54巻11号）

雇用契約変更の実務必携 Q&A

令和 4 年11月13日　第 1 刷発行

定価　本体 3,300円＋税

著　　　者　三上安雄・増田陳彦・根本義尚・萩原大吾・村田浩一・
　　　　　　瀬戸賀司
発　　　行　株式会社　民事法研究会
印　　　刷　文唱堂印刷株式会社

発行所　株式会社　民事法研究会
〒150-0013　東京都渋谷区恵比寿3-7-16
〔営業〕TEL 03(5798)7257　FAX 03(5798)7258
〔編集〕TEL 03(5798)7277　FAX 03(5798)7278
http://www.minjiho.com/　　info@minjiho.com

落丁・乱丁はおとりかえします。　　　　ISBN 978-4-86556-512-6 C2032 ¥3300E
表紙デザイン：袴田峯男

テレワークやフリーランス、副業や兼業の労務管理全般について総合的に解説！

テレワーク・フリーランス
の労務・業務管理Q&A

ロア・ユナイテッド法律事務所　編
編集代表　岩出　誠

A 5 判・330 頁・定価 3,520 円（本体 3,200 円＋税 10％）

▶雇用型・自営型テレワークや副業・兼業、独立系フリーランスなどの新しい働き方、労働形態を
　企業が活用する観点から、最新の法令・裁判例、ガイドライン等を踏まえて、適切な労務管理を
　行うための実務と必要となる規定例、トラブルが発生した場合の対処法などをQ&Aで解説！

▶新型コロナ禍で注目されたテレワークや、独禁法との関係で業務管理が論点になるフリーランス、
　最近話題の副業や兼業の労務管理全般について1冊で総合的に解説した決定版！

▶テレワーク特有の勤怠管理や情報管理関係だけでなく、派遣社員等の処遇、セクハラ・パワハラ
　や在宅のため生じやすい SNS 関係トラブル等も網羅！

▶企業の人事・労務関係者、弁護士、社会保険労務士等の方々に必携となる1冊！

本書の主要内容

第1章　柔軟な働き方としてのテレワーク、フリーランス・副業等の概要

第2章　雇用型テレワークの労務管理
- Ⅰ　労務管理上の課題
- Ⅱ　労働基準関係法令の適用および留意点等
- Ⅲ　労働安全衛生法の適用および留意点
- Ⅳ　労働災害の補償に関する留意点
- Ⅴ　テレワークにおける人事評価・人材育成
- Ⅵ　テレワークにおけるハラスメント
- Ⅶ　テレワークの実施に際しての費用負担と社会保険料、税務等
- Ⅷ　テレワーク関連訴訟の管轄・準拠法等
- Ⅸ　テレワーク実施上の情報セキュリティ
- Ⅹ　就業規則・給与規程・セキュリティ規程等

第3章　自営型テレワークの業務管理

第4章　副業・兼業の労務・業務管理

第5章　フリーランスの業務管理

発行　民事法研究会

〒150-0013　東京都渋谷区恵比寿 3-7-16
（営業）TEL. 03-5798-7257　FAX. 03-5798-7258
http://www.minjiho.com/　info@minjiho.com